本书系浙江省 2022 年度中高职一体化课程改革重大课题"浙江省中职课程改革的演进逻辑与一体化课改的整体设计研究"的研究成果。(课题编号：2022VPZGZ010)

Study on
Skill Evolution and Vocational Education
Curriculum Reform

技能演进
与职业教育课程改革研究

程江平◎著

ZHEJIANG UNIVERSITY PRESS
浙江大学出版社
·杭州·

图书在版编目（CIP）数据

技能演进与职业教育课程改革研究 / 程江平著. —
杭州：浙江大学出版社，2022.11
ISBN 978-7-308-23172-5

Ⅰ.①技… Ⅱ.①程… Ⅲ.①职业教育－课程改革－
研究－中国 Ⅳ.①G719.2

中国版本图书馆CIP数据核字（2022）第194020号

技能演进与职业教育课程改革研究
JINENG YANJIN YU ZHIYE JIAOYU KECHENG GAIGE YANJIU
程江平　著

责任编辑	柯华杰
文字编辑	沈巧华
责任校对	汪荣丽
封面设计	雷建军
出版发行	浙江大学出版社
	（杭州市天目山路148号　　邮政编码　310007）
	（网址：http://www.zjupress.com）
排　　版	杭州林智广告有限公司
印　　刷	杭州高腾印务有限公司
开　　本	710mm×1000mm　1/16
印　　张	16
字　　数	221千
版 印 次	2022年11月第1版　2022年11月第1次印刷
书　　号	ISBN 978-7-308-23172-5
定　　价	60.00元

　　虽说是半路出家，屈指数来，从事职业教育管理和研究也有二十多年了。细想起来，自己的成长和职业教育的发展息息相关，职教的基因已经深深地储存在我的身体里，职教诸事都会牵动我的心弦。作为一名职教人，每当看到国家日益重视职业教育，出台重量级的法规文件，就会受到振奋鼓舞；每当看到职业教育蓬勃发展，培养出无数技能技术型人才，促进区域经济发展，内心倍感欣喜。但当面对社会对职业教育的误解、大众对职教学子的误读时，也会心感不安、些许无奈，总想什么时候用什么方式能以自己微小的力量为职业教育发声。作为一名浙江的职教人，我亲历了二十多年的浙江职教改革，一路走来虽筚路蓝缕，栉风沐雨，但在这场前行中结识了许多良师益友，与他们共同见证浙江职教人开拓进取、敢为人先的奋斗精神，诚实守信、脚踏实地的务实精神，开放包容、同舟共济的团结精神，正是依靠这些精神，这些年来浙江职教产生了一大批有分量的职教成果，有质量的职教经验，擦亮了浙江职业教育的金名片。但不得不说，我心里也有遗憾，作为一个职业教育管理者，对职业教育的理论研究不够充分，对浙江职教经验的梳理不够及时，对浙江职教成果的宣传不够有力，弥补遗珠之憾，是驱动我撰写这本专著的缘起。

　　职业教育的研究内容包罗万象，为什么选择"技能""课程改革"开展研究呢？

　　一是因为劳动力技能开发不仅是重要的民生问题，更是关乎国家经济转型发展的战略问题，但对这方面的研究国内还很薄弱。我国是人口大国，在过去相当长一段时间内，劳动力人口红利在经济社会的迅猛发展中起了很大的促进作用，但时移世易，随着人口结构的改变，当前我国面临劳动力技能开发的新问题。第七次全国人口普查结果显示，我国人口老龄化程度不断加深，劳动力人口（15~59 岁）比重持续下降，第二、第三产业的产值比和就业人口比重变化，使得技能型人才既要面对就业市场的不确定性，又要应对技能提升的要求。基于此，我国政府出台了一系列针对劳动力技能开发和技能型人才培养的法规和政策，彰显了政府对技能的高度重视。2021 年 4 月，全国职业教育大会首次提出了建设技能型社会的理念和战略。2021 年 10 月，中共中央办公厅、国务院办公厅发布《关于推动现代职业教育高质量发展的意见》，对技能型社会的发展进行了总体规划：到 2025 年，技能型社会建设全面推进；到 2035 年，技能型社会基本建成。但技能的内涵是什么？有哪些类型？有什么特征？又是如何演变发展的？怎样根据技能形成规律有效开展技能培养工作？对这些问题进行系统的思考与探讨，是技能型社会建设的现实需要，也是职教理论工作者应尽的义务。

二是因为为配合劳动力开发和技能型人才培养，本人所在单位在浙江省教育厅领导下开展了专业课程改革、选择性课程改革以及中高职一体化课程改革等 3 次课程改革，这 3 次改革一脉相承，前后贯穿十余年。通过课程改革在技能开发和技术技能人才培养方面进行了有益的探索，取得了一些可喜的成果，截至 2021 年，共计开发 50 多个专业教学标准，编写出版 221 本课改教材，其中 62 本被列为国家级规划教材，23 本被列为国家改革示范教材。与此同步的是一大批教师在课改中成长起来，被评为特级教师、正高级教师；课改研究成果转化为省厅政策文件，获省部级领导肯定性批示，两次获国家级教学成果奖。面对这些创新举措和行之有效的经验，我觉得有必要加以梳理总结，以对职业院校的课程改革、技能型人才培养的理论研究和实践探索贡献浙江经验。

"技能"是职业教育发展的重要线索，随着时代更迭，"技能"的含义不断发生变迁，并影响职业教育的育人逻辑。本书研究发现，职业教育育人模式的总体线索是：随着社会经济文化的发展发生着深刻的变化，体现了从注重生产技艺提升的"纵向技能"到注重关键能力的"横向技能"再到全面发展的"纵横技能"的逻辑变化。为了更清晰地展现这种育人逻辑，全书通过以下结构进行阐释。

本书共分四章，第一章是对"技能"嬗变的概括性描述，从历史长河中，从国际比较中，从实践现实中寻找它的真实意蕴，重新界定"技能"的含义，追寻技能与职业教育交融交织的演变历程。第二章梳理了纵向技能的概念内涵，揭示专业性、情境性、进阶性和熟练性的技能特征，描述了纵向技能传承、进阶、适应和分类的演变历程，并进一步阐述各阶段实现的关键环节和启示。第三章是对横向技能及其育人逻辑的描述。从社会发展角度揭示横向技能的内涵与发展脉络——为了让21世纪的年轻人有意义、可持续、负责任地生活，技能向非认知技能与能力的重要性转移，提出了横向技能的沟通与合作能力、问题解决能力、创新创业能力、学会学习能力等四大类别，并对四大类别技能的价值和内涵、类型和实质及其培养进行了阐述。第四章以浙江省职业教育十多年的课程改革为观察样本，从政策线索、实践线索、纵横未来三条主线，深度剖析浙江职业教育专业课程改革、选择性课程改革和中高职一体化课程改革是如何在技能内涵的价值变迁中进行创新探索的——在当时的社会背景下，面临怎样的问题、采取怎样的实施方略、取得了怎样的成效以及实现了哪些突破，提出了面向未来的职业教育"纵横交错"技能人才培养模式。

本书有两个较大的特点：一是描绘出了技能的"全景"，既关注了纵向技能，又关注了横向技能。二是将技能与职业教育的课程改革相关联，既用技能演进解释了过去的课程教学改革，也用技能发展预测了将来的改革方向。与同类书比具有较明显的"异质性"，希望能给职教人带去一些思考与启示，给非职教人一个重新认识、理解职业教育的机缘和可能，也算弥补了我的遗憾。

CONTENTS **目录**

|第一章|
"技能"的嬗变

| 第二章 |

纵向技能的深度挖掘

| 第三章 |
横向技能与未来世界

| 第四章 |
技能变迁中的本土实践

CHAPTER 1

| 第一章 |

"技能"的嬗变

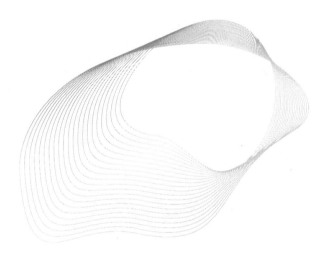

2021 年 4 月，全国职业教育大会创造性地提出了建设技能型社会的理念和战略，即加快建设国家重视技能、社会崇尚技能、人人学习技能、人人拥有技能的技能型社会。"技能"这个人们耳熟能详的词语重新进入了我们的视野。职教大会提倡的技能显然不是简单意义上的"操作劳动"，它承载着民族复兴和人民幸福的伟大使命。所以，我们有必要重新了解"技能"的含义，从历史长河中，从国际比较中，从实践现实中寻找它的真实意蕴，并看见它与职业教育交融交织的故事。

一、历史线索的探寻

在自然界中，动物为谋求生存具有各式各样令人惊叹的技能，如蜜蜂筑巢、蜘蛛织网、蚯蚓打洞等。人类出于生存与生活需求也需要掌握各项技能，但与动物的物种本能天生"技能"不同，人类的技能是在后天学习中，伴随着制造和使用工具的劳动产生的，最早泛指人类生产的技艺或能力。[①]

在中国，"技能"一词可追溯至春秋时期管仲所作的《管子·形势解》："明主，犹造父也。善治其民，度量其力，审其技能，故立功而民不困伤。"其义为：英明的君主同造父（西周著名御车者）一样，善于治理他的民众，度量民力，了解他们的技能，所以建立功绩事业而人民不感到疲困。如果统治者不了解民众的技能，让擅长捕鱼的去冶铁，让擅长农耕的去纺织，只会事倍功半，阻碍社会发展。可以看到，此处"技能"已具有"专门"

① 陈凡，陈昌曙.关于技能的哲学思考[J].社会科学辑刊，1990（3）：13.

的含义，这与春秋时期生产工具与生产技术显著进步（出现铁农具、牛耕、水利灌溉）、奴隶社会生产关系转向封建社会生产关系有着密不可分的关系。

"技能"在英语中为"skill"，这一单词出现于12世纪后期，源自古诺尔斯语（Old Norse）[①] "skil"，意为"辨别力、调整力"，显然，这指向脑力，而非体力；同时，"skill"又与"skilja（v.）"（分离、辨别、理解）相关，其印欧语词根为"skel"，指使用树皮、石头、扇贝、刀具、盾等工具的"切、砍、劈"动作技能。可以说，"skill"本身就包含了"技能"的演变，从学会使用工具到打造工具，从体力的动作到脑力的运转，技能（skill）始终处于演进之中。

通过长时间的生产劳动实践，人类逐渐在各个领域形成各种类型的技能，并为了持续生存与发展，对这些技能予以传承和延续，如古希腊时期的执事教育，以军事技能训练培养斯巴达勇士；中国先秦时期开始有意识地培养手工业工匠。尽管还未出现专门的教育组织、独立的教育过程和广泛实施的法律法规，[②] 但职业教育制度却由此催生出萌芽与发展的契机，并在之后为劳动者获得相关技能提供客观机会与条件。

在进入工业革命之前的古代社会，封建生产关系下以小农经济为主的自然经济是社会主流，家庭手工作坊成为重要的生产单位，父子相传、师徒相授的学徒制是技能传承与习得的主要方式，也是职业教育制度的萌芽形态。随着手工业规模不断扩大，早期城市形成，手工业者和商人成为新兴市民阶层，他们为了保护行业利益，联合组成行会，学徒制因此健全成熟起来。西欧各国通过颁布法案建立了学徒制度的各种规章制度，如师傅资格认定、学徒招雇数量、学徒培训年限、技能考核标准等，规范了技能培训。因此，工业革命之前，职业教育是以旨在传承技能的学徒制形态存

---

① 　维京时期至公元1300年通行于斯堪的纳维亚居民及其海外殖民地，在挪威东部发现。
② 　邓文勇.职业教育制度模式的历史嬗变及启示——基于技术生存的视角[J].职教通讯，2018，4（9）：24-28.

在的，而当技术革命与蒸汽时代来临，行会解体，学徒制衰落，劳动力需要掌握的技能与习得技能的方式发生了巨大的改变。

（一）第一次工业革命：蒸汽时代

1. 时代背景

从"珍妮纺纱机"到改良蒸汽机，人类社会终于在18世纪后半叶迎来了前所未有的技术大革新、生产力大跃进与社会大变革——第一次工业革命。这场革命始于生产领域的技术变革，从纺织业的"飞梭"开始，各行各业都逐渐出现了代替手工操作的先进机器，极大提升了生产力水平，但陡然大规模出现的新机器给原有的单一能源结构造成极大挑战，风力、水力、畜力等原始的自然动力已无法满足机器运行的需要。1776年，瓦特的改良蒸汽机的发明解决了这一难题，蒸汽能源的使用为大机器生产的工业提供了全天持续运转的高功率动力，机器得以在工业生产领域全面铺开，人类社会自此进入蒸汽时代。

以机器生产取代手工操作是第一次工业革命的主要特点，并引起了各方面的连锁反应。最先也是最直接的影响是生产力水平的极大提高，正如恩格斯所说，"自从蒸汽机和新的工具机把旧的工厂手工业变成大工业以后，在资产阶级领导下造成的生产力，就以前所未闻的速度和前所未闻的规模发展起来了"，[①] 不仅是英国，整个资本主义世界都进入经济大发展时期，社会财富成倍增加。

随之而来的是生产组织方式的全面颠覆。18世纪下半叶，英国棉纺织业开始实现机械化，手工纺纱的家庭作坊无法满足机器生产的环境条件、设备条件与技能条件，20多万个手工织工家庭受到打击，原有的手工业、学徒制与行会组织逐步瓦解，劳动力急需寻找新的出路。[②] 资本家为了提高

---

① 马克思，恩格斯.马克思恩格斯选集（第三卷）[M].中共中央马克思恩格斯列宁斯大林著作编译局，译.北京：人民出版社，1972：308.
② 翟海魂.发达国家职业技术教育历史演进[M].上海：上海教育出版社，2008：27.

生产效率，开始建造能够安置机器、雇用工人集中生产的厂房。自此，工厂成为工业社会最主要的生产组织方式之一。

生产力发展与生产组织方式革新加快了工业革命发生地的城市化进程，这是因为机器生产比手工制造效率更高，质量更稳定，手工业在市场竞争中日益显现出颓势，原先在家庭手工作坊中的师徒无法通过传统行当维持生计，而成了剩余劳动力大军中的一员，他们不得不走出乡村与传统手工业，流向城市与现代工业，同时推动了国家的城市化发展。然而，这种与传统社会秩序的彻底分裂也带来了新的问题。① 例如，这些剩余劳动力是在剧烈的社会变动中被迫走向城市与新行业的，他们所具备的直接的生产经验和劳动技艺并不符合现代生产对劳动力的要求，且生产组织方式的改变也不再适合以学徒制进行教育培训。大量未受过专门职业培训的劳工过剩与童工的出现使社会的不安定因素增加，但也加快了职业教育与培训新形式的孕育与诞生。②

2. 职业教育发展

在生产关系与生产组织形式的变化之中，工厂主窥探到资本主义世界里获取财富的秘密，大量雇用廉价劳动力，降低生产成本，最大限度压榨劳动力剩余价值，身无长物的贫苦儿童便成了工厂主们的"最佳选择"。巨大的社会贫富差距、学徒制的衰落与教育制度的不完善使得许多儿童不得不走上廉价童工的道路，使用童工也成了工业革命时期一种社会普遍现象。童工通常需要连轴工作十几个小时才能获得成年人工资的 1/3 到 1/2，有时食宿就是他们的唯一报酬，这极大地摧残了童工的身心健康。为了保护儿童与谋求资本主义的长远利益，英国开始出台保护童工的法案，将教育作为重要手段。

1802 年《关于徒工的健康与道德的法律》规定，在学徒的头四年中，

---

① 刘晓，陈志新.英、法、德三国职业教育与培训体系的发展演变与历史逻辑——一个历史制度主义视角的分析[J].外国教育研究，2018，45（5）：104—116.

② 翟海魂.发达国家职业技术教育历史演进[M].上海：上海教育出版社，2008：35.

应将劳动日的一部分用于读写算教育；每周礼拜日应对徒工进行 1 小时的宗教教育。1833 年《工厂法》规定，工厂主付给教师的薪酬从童工的周薪中截留 1 便士获得，并在设立的工厂学校中采用半工半读的教学方式。主日学校正是这段历史时期的产物。同时，出于维护社会稳定的目的，英国还开始兴办女子学校、公立学校、工读学校。这些学校主要面向贫民及其子女进行宗教教育、基础知识与职业技能的教育，使在城市游荡的剩余劳动力有所居、有所用、有所依、有所养。[①]这类职业技术教育机构脱胎于17、18 世纪出现的"慈善学校"，其创立被作为一种济贫手段，尽管其经济目的与宗教目的大于教育目的，但还是在一定时期内创造了技能学习机会。据估计，1831 年英国有 100 多万人在主日学校上学，1851 年超过 200 万人，其中大部分都是劳工阶层的孩子。[②]1852 年，伦敦共有 132 所不收取任何费用的贫民学校，学生数为 26000 人。[③]但需要说明的是，这些学校的教育均属初等教育，没有与之衔接的高一级教育，是一个与中等教育平行的系统，虽然部分学校开设了初级职业课程，但还谈不上真正意义上的职业教育。[④]

19 世纪初，为满足大机器生产的劳动力需求，英国创建了面向工人的中等教育性质的技工讲习所，为新的技术人员和其他熟练手工艺者提供技能指导，这是英国现代职业技术教育的开端。同期，德国在各行政区设立工业学校和补习学校；美国各州为培养工农业专门人才，兴办农业和机械工艺学院；法国拉玛蒂尼埃职业学校开展成年夜间讲座和贫穷儿童培训，为里昂工业发展培养了大批实用的技能人才。[⑤]职业教育形态由旧学徒制向

---

① 翟海魂.发达国家职业技术教育历史演进[M].上海：上海教育出版社，2008：45.
② 奥尔德里奇.简明英国教育史[M].诸惠芳，等译.北京：人民教育出版社，1984：73-74.
③ Sanderson M. Education, Economic Change, and Society in England, 1780-1870[M]. London: Macmillan Press, 1983: 21.
④ 翟海魂.发达国家职业技术教育历史演进[M].上海：上海教育出版社，2008：46.
⑤ 杨文杰，祁占勇.法国职业教育制度的发展历程、基本特征及启示[J].教育与职业，2018（3）：30-36.

现代职业教育转变，并走向制度化的学校形态的职业教育制度。[①]但必须承认，推动此项改革的动力并不是实现工业化目标，而是被动应对工业化带来的诸多社会问题[②]，这使第一次工业革命时期的"技能"显现出强烈的时代特点。

3. 技能的内涵及特点

劳动者所需技能及获取技能的方式在第一次工业革命带来的生产力发展、生产组织方式变革与职业教育形态改革中发生了前所未有的转变。大机器生产技术革命，使得传统手工业的全工序的个体生产方式向大规模、集中化、分工协作的机械、半机械化工厂生产方式转变，这推动了社会分工的深化与细化，并直接影响了劳动者的技能学习。在传统手工业中，虽然生产过程也有步骤拆解，但界限不分明，手工业者需要掌握整个生产流程，而工业化生产过程则被拆分为多个独立且清晰的生产环节，每个环节都由专人承担，如此工人便只需要掌握一两道工序的技能，由此，技能从整体走向细化和分离，"全科"式技能被"局部"技能替代。[③]

相较于手工制品，工业时代的商品在数量和精细化程度上都有了质的飞跃，却并不意味着生产难度提升了，这是因为工具的根本性革命反而将生产过程"去技能化"了。换言之，一大部分手工技能被机械操作取代，劳动者个人的技能要求相较于过去反而被"降维"了。随着机器技术的不断完善与改进，即使是文盲程度的工人或半熟练工，对最新研发出来的机器也能轻易上手。[④]英国格拉斯哥造船厂厂主曾说："过去必须是技术工人做的工作，现在一般工人也能完成。"相较于工人是否掌握了难度更高、数量更多的技能，工厂更关心工人对技能的熟练程度。伦敦一位工厂主曾总结

---

①　邓文勇.职业教育制度模式的历史嬗变及启示——基于技术生存的视角[J].职教通讯，2018，4（9）：24-28.

②　李立国.工业化时期英国教育变迁的历史研究[M].桂林：广西师范大学出版社，2010：120-121.

③　余祖光.发达国家技能形成制度的理论与案例分析——基于政治经济学的视角[J].教育与职业，2020，4（20）：14-23.

④　李立国.工业化时期英国教育变迁的历史研究[M].桂林：广西师范大学出版社，2010：65.

道："机械化追求的是速度，只要求工人能够使用机器，而无须具备全面的技术。"[1]

在这一历史时期，技能在集体意识里作为一种强调经验传承的、专门而简单的手工技术存在，这同样促成了传统学徒制的衰败。劳动者无须再向旧手工业者拜师学技，通过一对一的教导与训练，在生产过程中"边看、边学、边干"来掌握复杂的全套技能。正如美国著名教育家布鲁伯克所说的，当这些技术被机械化而体现在机器上之后，长时间训练的学徒教育就不必要了。[2]同时，工厂主们从利益最大化的角度出发也不再欢迎学徒制这种效率低、规模小、时间长的技能习得方式，他们希望工人尽快掌握劳动技能。应机械化大生产要求，工人们开始通过与生产过程分离、相对独立的集中培训或学校形态的职业教育而成为机器操作者。然而历史的进程总是缓慢、不均衡且艰难的，18世纪至19世纪的西方职业教育整体形态依然具有强烈的传统学徒制色彩，相比于职业学校的专门教育，工头、技能工人成为准技能工人和无技能功能的学习对象，[3]工房则是主要学习场所，技能形成仍主要依靠经验积累。

（二）第二次工业革命：电气时代

1. 时代背景

科技发展是有继承性和连续性的，蒸汽动力的机器应用与工厂制形成为第二次工业革命的发生提供了良好的基础，当生产力水平、社会政治经济制度和科学文化的发展累积到一定程度后，19世纪后半叶，人类社会从蒸汽时代跨入电气时代。以发电机和电动机的发明研制为开端，电力和石油代替蒸汽成了新的动力并应用于机器，带动了电力工业和电器制造业的

---

[1] 李立国.工业化时期英国教育变迁的历史研究[M].桂林：广西师范大学出版社，2010：124.

[2] 布鲁伯克.教育问题史[M].吴元训，译.合肥：安徽教育出版社，1991：90.

[3] 王星.技能形成的社会建构 德国学徒制现代化转型的社会学分析[J].社会，2015，35（1）：184-205.

迅速发展，诸如电话、电车等沿用至今的设备均为这一时期的伟大发明。电力的广泛应用得益于法拉第的电磁理论，这彰显出与第一次工业革命的极大不同：生产技术的革新来源于科学家而不再是工匠，生产力的发展依靠科学理论而不是经验。内燃机的发明愈加证明了自然科学与工业生产的结合紧密，人类开始娴熟地将煤气和汽油作为动力应用于生产和交通，汽车、飞机等现代交通工具被发明和应用，同时推动了石油开采业和石油化工工业的发展。

自然科学的新发展与新能源的应用促使发生第二次工业革命的主要国家产生了深刻的产业结构变化，由机械能驱动的轻工业为主转变为以电能驱动的重工业为主，冶金、机械、能源、化工等新兴产业纷纷崛起，交织形成了完整的重工业产业链，从而导致产品系统发生了质的飞跃。一方面，科学发明与工业生产体系大规模制造出改变人类生活方式、提高人类生活品质的工业产品，如照相机、电话等对社会生活有变革性意义的新产品，极大丰富了产品系统。另一方面，由于电能在精细程度、可控程度和便捷性上要远超蒸汽，工业生产的精细程度有了根本性提升，如电能可以直接改变产品系统的结构状态，精密零件加工和原材料生产等工业制造产业因此形成。

由于生产力的革命性飞跃，生产组织方式也发生了历史性的改变，即垄断组织的出现。在第一次工业革命中，棉纺织业等轻工业的技术含量相对较低，如服装可以通过纺纱厂、织布厂、印染厂和服装厂等多个互不干扰的生产过程制成，市场广大，不容易产生垄断。而在第二次工业革命中，以电力工业、化学工业、石油工业、汽车工业为主的重工业要求实行大规模的集中生产。如汽车不是由轮胎厂、发动机厂、涂料厂等几条生产线拼装，而是在汽车厂一体化的生产线上制造出来的。重工业产品的生产对工厂规模以及技术水平都有着较高的要求，因此重工业生产只集中在少数几家能提供完整生产链的大企业，从而形成了垄断。

2. 职业教育发展

1867 年万国博览会的举办，让各个国家意识到职业教育对于振兴产业的作用，职业教育成为主动走向未来的重要战略手段而非解决社会问题的被动选择。伴随着第二次工业革命的不断深化，职业教育显示出制度化、法治化、多元化以及成熟化的发展趋势。与以往主要依靠私人或民间教育组织提供职业教育不同，这一时期多数国家的职业教育发展都由政府推动，他们将职业教育看作一种国家事业，并通过出台法案的方式进行干预。

首先在法律层面奠定了职业教育的地位。如美国国会通过《戴维斯法案》（1907 年）和《佩之法案》（1912 年），明确提出应在普通中学之外成立职业学校。法国于 1919 年颁布的《阿斯蒂埃法》规定职业教育的任务由国家设置的专门部门承担，全国每一市镇均设立一所职业技术学校，学校的经费由国家和工厂雇主各承担一半。[1] 这些职业教育法律的颁布标志着现代职业教育制度已经形成并日益完善。

其次在职业技能的教学内容和组织形式上实现了突破，具有代表性的是俄罗斯于 1868 年正式提出的"俄罗斯法"。在教学内容上，它摒弃了传统的学徒制逻辑，而依据生产技术逻辑，将教学内容按操作顺序拆解为若干个环节和要素，以此作为教学计划制订的依据，集体教学也因此实现。在教学组织形式上，则创造性地开设了工厂实习课程，"工学结合"的先进性得以体现。1876 年"独立百周年纪念博览会"使"俄罗斯法"在美国、日本等多国产生广泛影响，如波士顿机械技术学校、麻省理工学院均学习了这一法案中技能的工厂、车间实习教学法，并取得明显成效。[2]

在第二次工业革命中，科学、教育与工业化的联系变得更为直接和紧密，用工需求转向了更多有文化的技能劳动者，各国逐渐意识到普及初等义务教育对技能发展的重要性。[3]1881 年法国成立了一所将小学高年级普

---

① 张斌贤，王晨. 外国教育史[M]. 北京：教育科学出版社，2015：277.
② 翟海魂. 发达国家职业技术教育历史演进[M]. 上海：上海教育出版社，2008：38.
③ 李立国. 工业化时期英国教育变迁的历史研究[M]. 桂林：广西师范大学出版社，2010：121.

通教育与职业教育相结合的国立初等职业学校，而后法国在法案中明确规定职业技术学校的教学内容由初等普通教育、基础职业技术知识和劳动实习三部分组成。① 美国则在快速发展中等职业技术教育的同时，率先向高等职业技术教育领域延伸和渗透，于 1862 年颁布《莫雷尔法案》，开创了高等教育中开展职业教育的先例，这也意味着高技能人才成为新的培养目标。德国也在这一时期将中等程度的职业学校逐渐升格为工科大学，从事高等职业技术教育。这种高等职业教育领域的探索与实践为美国、德国提供了大量的高技能人才储备，为他们长时间占据技能的上游位置奠定了基础。

多种改革举措并举令职业教育有了多元化发展和多层次体系，前者指向的是不同领域的技能教育，后者指向的则是不同层级的技能人才培养目标。如 20 世纪法国最终确立的初、中、高等相互衔接的三级结构职业教育体系，分别培养熟练工、行业专业人员和更高级别人才，如工长、劳动管理人员等。② 同时期的德国，部分企业则试图在传统手工业部门和现代工业部门之间的竞争中，寻找一种分裂式的技能形成模型来平衡双方利益③，这在某种程度上显现出"双元制"的趋向。

3. 技能的内涵与特点

第二次工业革命期间，技术进步与产业升级带来了劳动力技能需求的两种选择。一是把投资主要用于购置新机器，而以低薪聘用低层次技能劳动者，这是因为新机器和新技术的机械化程度大大提升，对操作技能的要求反而降低，如当时英国的船舶制造业。④ 但这种选择的实质是沿袭了旧的学徒制，着眼于短期利益而错过了时代机遇。二是培养、雇用新式技能劳动者，他们不仅要会安装、操作和维修机器，还要懂得生产原理与机械操

① 张斌贤，王晨.外国教育史[M].北京：教育科学出版社，2015：277.
② 杨文杰，祁占勇.法国职业教育制度的发展历程、基本特征及启示[J].教育与职业，2018（3）：30-36.
③ 刘晓，陈志新.英、法、德三国职业教育与培训体系的发展演变与历史逻辑——一个历史制度主义视角的分析[J].外国教育研究，2018，45（5）：104-116.
④ 李立国.工业化时期英国教育变迁的历史研究[M].桂林：广西师范大学出版社，2010：124.

作原理，甚至能对已有技术进行钻研，搞创造发明或技术革新。显然，这种选择符合建立在科学理论之上的工业发展新需求。

可见，"技能"在这一时期具有更加丰富的内涵，普通教育打下的良好科学文化知识基础，职业教育培养的熟练实践操作能力，以及一定的创新力，促使技能从"局部"重新回归至"整体"，不对单一工作岗位和具体任务作详细的任务技能分析，而是强调大多数职业或岗位所共有的一般性的素质和能力，即普适性的、关键性的能力。①

与此同时，技能开始加重职业性与专业性特质。社会生活水平由于生产力提升有了质的改变，相较于中世纪与第一次工业革命，人的温饱需求已经可以基本满足，进而人们谋求更高的生活质量，工作不再只是为了生存，而是可以实现更多精神追求的职业。这个意义上说，社会与个人寻求的是职业技能的获得。1937年，法国政府颁布《瓦尔特·保兰法》，明确在省市两级分设职业指导中心，规定未满17岁的青少年须经培训获得职业资格证书，如没有证书任何企业不得雇用。② 这项法案充分表明该阶段技能具有的强烈职业性，并将技能作为一种职业资格进行了规范化管理，技能学习与技能实践也有了过程性分离。

英国同样采取了证书制度来管理行业和规范技能。20世纪上半叶，英国多个行业均通过考试确定工人的技能水平再决定是否给予职业准入资格，包括化学、电力工艺协会、煤气工艺、造船工艺、纺织、建筑等。证书又分为普通国家证书和高级国家证书，后者需要在前者的基础上继续学完两年专修课程并通过考核才能拿到。这对劳动力的技能质量水准提出了更严格的要求，但若从劳动者角度出发，实则是拥有了更大的选择权与更高的自由度。产业升级与社会再分工推动了技能体系的完善，因而技能的范畴

---

① 陈鹏.职业能力观嬗变的社会逻辑及哲学溯源——以20世纪初为历史起点[J].职业技术教育，2010，31（10）：10-15.
② 杨文杰，祁占勇.法国职业教育制度的发展历程、基本特征及启示[J].教育与职业，2018（3）：30-36.

相较之前有了极大的拓展，劳动力不再局限于以纺织业为主的单一工业体系中，他们可以在庞大的新工业体系里进行更多尝试，这也推动了职业教育的发展。1931年至1939年，英国获得"普通"和"高级"国家证书的人数增长近一倍，职业技能学习成为越来越多人的选择。[①]

（三）第三次工业革命：信息时代

1. 时代背景

第二次世界大战结束后，人类社会进入一个相对稳定的休养生息时期，得以在政治、经济、科技、文化等各方面进行新的探索。科学理论的重大突破和专业人才队伍的不断壮大，点燃了第三次工业革命。与前两次相同的是，新能源和新技术的发明与应用依然是此次革命的主要标志；不同之处在于，原子能、核能给生产力发展注入了更强的动力，计算机技术、空间技术、微电子技术和通信技术则表明第三次工业革命实质是一场信息革命。伴随着经济全球化，人类进入生产力、生产关系、社会政治经济结构以及生存方式发生巨大转变的信息时代。

以信息技术、生物技术为代表的高新技术在这一时期获得了迅猛的发展，并能在极短的周期内转化成生产力，如第一次工业革命期间，摄影原理从发现到应用历经56年，而多媒体设想于1987年提出，仅隔4年多媒体电脑就问世了。[②] 这使得工业体系同时朝横向和纵向两个方向发展。一方面，相关科技的新兴产业正以不可思议的速度涌现和发展，分工越来越细，领域越来越多；另一方面，不同学科及其产业之间的联系越来越密切，相互联系渗透的程度越来越深，综合性科学研究越来越频繁。

产业结构也因此受到影响。根据经济学家莫维利的分析，第二次工业革命带来的由大企业主导的封闭式产业研发结构创新已向以中小企业为主

---

① 翟海魂.发达国家职业技术教育历史演进[M].上海：上海教育出版社，2008：46.

② 杨金土，孟广平，严雪怡，等.对技术、技术型人才和技术教育的再认识[J].职业技术教育，2002，23（22）：5-10.

的开放式创新转变，①这一变化也带来了制造模式和生产方式的重大变革。数字化技术使主流制造模式从削减式转变为叠加式，产品无须通过数道工序组装而可以快速成型，英国《经济学家》著名编辑保罗·麦基里因此预测大规模流水线制造从此终结，这意味着直接从事制造业人数将大幅减少。尤其是电子计算机、控制和自动化技术的发展，极大提升了生产的自动化程度，从而提高了劳动生产率，产品生产单位所需劳动力缩减，廉价劳动力丧失市场优势。②

信息技术不仅为人类提供了一种新的生产生活手段，而且对人类的社会意识、价值观念产生了深层次的影响。当人类开始挣脱机器为中心的生产生活，生态环境、合作共赢、可持续发展等成为世界议题，这也导致了社会各系统的变化。③

2. 职业教育发展

工业3.0时代的职业教育变革来自对社会发展矛盾的审视与反思。20世纪60年代人力资本理论与人力规划理论的提出使西方各国出现了职业教育热潮，但市场新增劳动力并没有受到较其父辈更好的教育，反而有越来越多未曾接受高技能职业训练的人进入劳动者队伍。④这显然不符合产业变革下雇主的新需求，失业率逐年升高，人们逐渐意识到现有职业教育模式已不再适应第三次工业革命所带来的产业升级、职业变化与岗位调整，自此职业教育进入基于经济、劳动力市场和教育政策有机结合的多元变革时期。⑤

1996年，欧洲委员会在"学徒制在增加就业机会中的作用"调研中发

---

① 第三次工业革命的起源、实质与启示[N]. 文汇报，2012-09-17（00D）.

② 周洪宇.第三次工业革命给人类社会带来什么[J].教育研究与实验，2013（2）：1-5.

③ 邓文勇.职业教育制度模式的历史嬗变及启示——基于技术生存的视角[J].职教通讯，2018，4（9）：24-28.

④ 翟海魂.发达国家职业技术教育历史演进[M].上海：上海教育出版社，2008：191.

⑤ 肖龙，陈鹏.历史寻径与时代审视：新时代职业教育与经济发展关系研究[J].教育与职业，2018（21）：27-34.

现，失业青年中接受过学徒培训者的失业率低于平均失业率，这说明学徒制对于经济发展和解决就业仍具有不可替代的作用。经过改进与完善，现代学徒制成为职业教育新形态，其实践结果证明职业教育的现代学徒制改革是符合信息时代要求的必然选择。首先扩大了职业技能的受教育面，从主要面向青年转为面向完成义务教育的几乎所有人。其次从传统行业向信息革命引起的广泛职业领域扩张，根据澳大利亚学者的研究，1995 年至2004 年，澳大利亚增长的注册学徒中有 68.5% 来自非传统学徒制行业，这推动了产业的进一步升级发展。现代学徒制在课程、教学、评价等方面的改革使职业教育质量明显提升，英国、荷兰等设置"阶梯化"和"模块化"的学徒制项目给了学生进行个性化选择的充足空间；法国将学徒制与正规教育系统进行整合，使学徒拥有更加灵活多元的职业生涯发展道路；现代学徒制提升了基础理论与通用技能在职业教育中的地位，以保证学徒能够学到更多样的职业技能以适应时代发展。[①]

　　现代学徒制的推行建立在校企合作前提下，校企联合双元育人成为这一时期职业教育新形态最主要的特点之一，德国双元制首先开展了成功的实践：设置了以职业能力为核心的课程，主要包括文化课、专业课和实训课；[②] 将学校的知识学习与企业的现场实践整合在一起，学校与企业共同承担培养技能型劳动者的责任；学生既是学校学生也是企业学徒，既有较为扎实的专业理论知识，又具备符合实战要求的专业技术。[③] 随后西方各国纷纷开始研究与效仿，对双元制进行改造和创新，如澳大利亚技术与继续教育（technical and further education，TAFE）模式，加拿大能力本位教育（competency based education，CBE）模式以及瑞士三元制等，尽管具体合作方案、培养方案各异，但均对消除职业教育旧制度弊病，实行有效的技能

---

① 关晶，石伟平.西方现代学徒制的特征及启示[J].职业技术教育，2011，32（31）：77-83.
② 刘淑云，祁占勇.德国职业教育制度的发展历程、基本特征及启示[J].当代职业教育，2017（6）：104-109.
③ 邓文勇.职业教育制度模式的历史嬗变及启示——基于技术生存的视角[J].职教通讯，2018，4（9）：24-28.

教育与培训做出了巨大贡献。

3. 技能的内涵与特点

第三次工业革命使人类社会的生产力前进一大步，无数新兴产业在短时间内涌现且成为社会经济文化发展的重要支柱，职业领域得到不断拓宽，技能也因此以前所未有的速度演进与更迭，信息时代的劳动者所面临的挑战愈发严峻。第三次工业革命需要的是大量的高端创新型人才和能够灵活运用各种技术的高素质技术技能型人才，[①] 他们能够通过接受教育和自我教育及时应对时代的变化。

寻找理论与实践的平衡是信息时代下技能习得的首要任务。劳动者的技能教育经历了重实践轻理论和轻实践重理论两个阶段，这两种趋势显然都无法培养出高质量的技能型劳动者。新时期的技能既需要有扎实的通识文化知识、学科科学基础，也需要高水平的实际操作能力。这一任务在现代学徒制的实践中得以完成。

虽然专业技能对于向第三次工业革命过渡至关重要，但是过分强调技术和技能却忽略了更深层次的改变，也辜负了时代的机遇。必须要让学生意识到第三次工业革命技能不仅仅是成为高效劳动者的职业工具，职业教育最重要的任务也并不是培养高效的劳动者，不应该带着前两次工业革命的实用主义心态去开展经济活动，而需要更新观念。[②]

劳动者和职业教育者需要注意这一时期的技能已具有终身性特点，从关注劳动者阶段性的职业与工作转为关注人的终身发展和可持续发展。如1981年法国颁布《提高青年人的职业水平和社会地位》指出了法国职业教育面临的困境，建议建构终身教育体系，将青年纳入城市生活和国家发展之中。[③] 信息时代，职业的消亡与兴起使得换工作、转行成为一种常态，因

---

① 王亚鹏.第三次工业革命冲击下的高职教育范式转换[J].教育与职业，2016（21）：38-42.

② 杰里米·里夫金.第三次工业革命——新经济模式如何改变世界[M].张体伟，孙豫宁，译，北京：中信出版社，2012：246.

③ 杨文杰，祁占勇.法国职业教育制度的发展历程、基本特征及启示[J].教育与职业，2018（3）：30-36.

而劳动者期望在职业教育中习得终身发展的技能，受到适应能力、可持续发展能力以及问题解决能力等方面技能的培养。

非物质性技能同样需要受到重视。20世纪70年代，美国学者赫尔夫戈特分析了新技术对工人在企业中地位的影响，团队中的工人变得更加重要和自治，需要身负更多责任。德国政府在"21世纪全球化社会的职业教育"会议上明确指出，要继续坚持双元制职业教育的发展模式，强化校企合作，同时加强对学生职业道德和职业发展能力的教育。[①] 信息时代不仅需要有文化技能、实践技能、可持续发展技能的劳动者，更需要具备技能道德的劳动者，他们基于职业又超越职业，担负起个人发展、行业发展与社会发展的职责。

在历史的寻觅中我们发现，以几次工业革命为时间分界的演绎，不仅是技能更迭的时代注脚，而且是推动技能发展的原生动力。给人最为直观的体会是：技能的发展不是技术的线性演进，也不能将其简单理解为机器换人，其中蕴含着技术本身的生长和一切与技术有关的社会因素的纠葛，而这种复杂性在第四次工业革命中会体现得更加明显。

二、国际动向

2013年，德国率先于汉诺威博览会上提出"工业4.0"战略，即第四次工业革命，这意味着人类从信息时代进入了智能化时代，主要特征是人工智能、大数据、物联网、云计算等信息技术的广泛应用。[②] 此次工业革命再一次变革了社会生产方式，细化了社会分工，劳动力市场出现新的需求。

智能工厂、智能生产、智能物流的出现使得生产组织方式改头换面，

---

① 刘淑云，祁占勇.德国职业教育制度的发展历程、基本特征及启示[J].当代职业教育，2017（6）：104-109.
② 赖德胜，黄金玲.第四次工业革命与教育变革——基于劳动分工的视角[J].国外社会科学，2020（6）：117-126.

万物互联的物联网实现了工厂各大硬件系统之间信息的即时传输与交互，虚拟仿真技术则帮助人们实时掌握生产环节的运转情况，生产过程中的数据依据设定的程序进行实时处理，灵活选择后续环节的最优方案，而这一决定并非来自人，而是内置系统的自行处理。① 这样的生产方式极大地提高了生产效率，改善了人的生活，在世界范围内推广开来。根据麦肯锡全球研究院 2017 年对全球 800 多种职业涵盖的 2000 多份工作内容进行分析得到的数据，预测全球 50% 左右的工作可以通过改进技术实现自动化，② 劳动者却因此面临新的技能挑战。

一方面，机器的劳动分工参与提升，原有的工人被替代，导致失业率不断攀升；另一方面，新技术刺激新兴产业的崛起，劳动者们被期望完成更加复杂、高级的劳动，"十三五"期间，我国高技能人才仅占技能人才总量的 28%，与发达国家存在较大差距。③ 如何度过工业革命 4.0 带来的"机器换人"全球热潮，如何成为智能时代所需要的高端技能人才，多个国际组织对此进行了调查、研究与解读。

（一）联合国教科文组织（UNESCO）

2012 年，联合国教科文组织（United Nations Educational, Scientific and Cultural Organization, UNESCO）在上海召开第三届国际职业技术教育大会，以"培养工作与生活技能：TVET 转型"为主题，指明工业革命 4.0 时代的职业教育将迎来一场以技能变革为核心的转型。2015 年，联合国教科文组织（UNESCO）联合儿童基金会、世界银行、人口基金、妇女署、难民署等国际组织在韩国仁川举办了世界教育论坛，通过了面向 2030 年教育的《仁川宣言》，提出了今后 15 年的教育发展愿景，"确保包容和公平的优质教育，

---

① 杨进.工业4.0对工作世界的影响和教育变革的呼唤[J].教育研究，2020，41（2）：124-132.

② 肖龙，陈鹏.历史寻径与时代审视：新时代职业教育与经济发展关系研究[J].教育与职业，2018（21）：27-34.

③ 李心萍.技能人才需求旺盛——我国技能劳动者超过2亿人，其中高技能人才超过5000万人[N].人民日报，2021-3-19（19）.

让全民终身享有学习机会"。基于这一核心理念，UNESCO 于同年 11 月在巴黎发布《教育 2030 行动框架》，确立了七大目标和行动举措。与第三次工业革命期间以普及基础教育为主要教育行动目标不同，2030 年全球社会和教育发展的核心议题是职业技术教育与培训（Technical and Vocational Education and Training，TVET），指向与广泛职业领域、生产、服务和生计有关的教育、培训与技能发展。[①] 2017 年，UNESCO 在唐山召开主题为"不断变化的技能：全球趋势与本土实践"的国际职业技术教育大会，进一步强调技能作为现代职业教育发展的核心概念，并进行了技能预测。

1. 传统视角：经济社会的基础技能

在传统视角下，劳动者首先要具备的是在经济社会生存与发展中的基础技能，因此 UNESCO 在《教育 2030 行动框架》中确立目标 6 为"到 2030 年，确保所有青年和大部分成年人，男性和女性，获得读写和计算能力"。这是基础教育与职业教育共同的基本目标，也是实现终身教育的前提。因为对于个体而言，即使是只拥有如读写算这样最基本的职业技能，也可以在本地获得劳动报酬，满足生存和发展需求。[②]

然而，第四次工业革命带来的生产技术变革使得劳动者技能与劳动力市场需求出现了不匹配的情况，UNESCO 在职业技术教育与培训战略中指出，这正是社会不得不面临居高不下的失业率的原因，而由于没有合格的劳动力，许多企业与资本会选择迁出，从而阻碍当地的经济发展。因此，无论是从宏观角度的社会进步，还是从微观角度的个人发展来看，劳动力都必须掌握除读写算以外的更多就业与谋生技能，这也是 UNESCO 所制定的第 5 个目标：到 2030 年，大幅度增加拥有相关技能的青年和成年人数量，这些技能包括就业、获得体面工作和创业的技术与职业技能。

---

① 李玉静.走向2030：UNESCO战略框架下全球职业教育发展趋势[J].现代教育管理，2017（7）：94-100.

② 哈夫丹.UNESCO关于技术和职业教育与培训的发展战略[J].职业技术教育，2009，30（6）：78-80.

　　随着产业升级，劳动力市场更关注劳动力是否能够提供支撑高附加值生产力、经济持续增长和竞争力增强的技能，这主要指那些与经济和社会生活部门的职业有关的专门技能，[①]包含实用技术、科学知识以及劳动态度。但是，由于技术更新换代的速度加快，陈旧技术过时的速度超过以往出现创新浪潮时的速度[②]，劳动者难以在短期内马上掌握适应新产业和新技术的技能，因此 UNESCO 在相关报告里指出，劳动者在获得特定职业所需技能的同时，更要注重关键技能的培养，即那些能帮助他们快速适应新型技术所需的通用技能，以应对不同环境、不同年龄以及各类突发事件。[③]

　　2. 可持续发展视角：绿色技能

　　可持续发展是工业革命4.0时代的经典议题，人们不再仅仅关注经济的增长速度，而将目光转移到了生态环境保护、公民终身学习、社会公平等问题上，职业教育同样需要可持续发展的前景。2005年，联合国教科文组织国际职业技术教育与培训联系中心与斯里兰卡的科伦坡技术教育规划学院在泰国曼谷举办了国际会议，会议旨在强调把可持续发展纳入 TVET中，发展减轻贫困、就业、公民和环境保护技能。[④]而后，UNESCO 在《教育2030行动框架》中进一步从可持续发展视角出发对技能进行了丰富，即学习者通过促进可持续发展所需的技能，实现可持续发展和可持续的生活方式、人权、性别平等、促进和平与非暴力文化、全球公民意识、理解文化多样性和文化对可持续发展的贡献。

　　在可持续发展视角下，绿色技能尤其受到关注，这是向绿色经济转型过程中所引起的劳动力技能转型。联合国环境规划署（United Nations

① 李玉静.走向2030：UNESCO战略框架下全球职业教育发展趋势[J].现代教育管理，2017（7）：94-100.
② 联合国教科文组织.职业技术教育与培训的转型：培养工作和生活技能[J].中国职业技术教育，2012（16）：23-39.
③ 李玉静.走向2030：UNESCO战略框架下全球职业教育发展趋势[J].现代教育管理，2017（7）：94-100.
④ 李玉静，刘海.绿色技能开发：国际组织的理念、政策和行动[J].职业技术教育，2017，38（9）：10-23.

Environment Programme，UNEP）对此进行了总结：在通过可再生能源、循环利用等节能减排的绿色生产、绿色制造、绿色服务过程中，旧的就业机会被替代或消失，如一些导致污染的工厂被取缔；新的就业机会产生，如废水治理、土地恢复等新兴产业出现；还有一部分劳动者，如水暖工、电工、金属制造工及建筑工所需要的技能系列、工作方法及职业形象方面将实现直接转型或重新定义。[①]

同时，UNESCO 在《可持续发展教育目标：学习目标》中强调，学习者、劳动者必须培养可持续发展的价值观以主动适应绿色经济的技能需求以及未来更多的技能变化，将世界的可持续发展而非个人工作作为技能学习的立场和出发点，并培养批判性思维，对自己的行动进行反思。这反映了绿色技能还应包括全球公民素养，正如联合国可持续发展大会上所倡导的，不仅仅追求强劲的经济表现，还必须采取全面、公平和有远见的办法。[②]

3. 公平视角：技能发展机会

UNESCO 在对技能的新阐释中显现出很强烈的公平意识，这也是行动框架的核心理念，主要表现为技能内涵以及技能获得上的性别公平、区域公平、族群公平等，这在《教育 2030 行动框架》中得到明确体现：到 2030 年，确保所有女人和男人平等获得负担得起和优质的技术、职业和不同形式的高等教育（目标 3）；到 2030 年，消除教育中的性别差异，确保残疾人、原住民和弱势儿童等弱势群体平等获取各级教育和职业培训（目标 5）。

从公平视域的技能内涵来说，具备技能是人们规避边缘化风险的重要条件。在现代工业社会中，技能是驱动就业的重要工具，缺失相关技能则会导致失业，进而被社会排斥，成为边缘人或弱势群体，这加剧了社会的

---

① 李玉静，刘海.绿色技能开发：国际组织的理念、政策和行动[J].职业技术教育，2017，38（9）：10-23.

② 联合国教科文组织.职业技术教育与培训的转型：培养工作和生活技能[J].中国职业技术教育，2012（16）：23-39.

不稳定性，难以促进社会公平。[①] 因此，各类人群都需要根据自身和所在地需求掌握相关职业的技能，以获得体面就业。

UNESCO 将技能看作推动社会公平的重要手段，但亦强调获得技能的过程需要得到公平与公正的保证，这主要是指，无论性别、年龄、民族、地区、国家，都有权利受到职业技能的教育与培训，这同样也是 UNEVOC 强调的"包容性"职业教育理念，旨在倡导消除所有学习者有效参与的障碍，尤其是那些更难获得技能发展机会的弱势人群，包括残疾人、难民、农村人口、贫困人口、孤儿、女性等。[②] 而这种公平的实现，则有赖于政府、教师、学习者、劳动者、雇佣者等全社会对职业技能学习的重新认识与所采取的行动。

（二）经济合作与发展组织（OECD）

经济合作与发展组织（Organization for Economic Cooperation and Development，OECD，简称经合组织）是由 38 个市场经济国家组成的政府间国际经济组织，旨在共同应对全球化带来的经济、社会和政府治理等方面的挑战，并把握全球化带来的机遇。经合组织指出，工业 4.0 时代的技术变革速度正呈现一种指数增长态势，这给社会、经济、教育等带来前所未有的挑战。科技的进步使得工作的性质有了巨大的改变，历经几次工业革命，人们将越来越多的工作时间花在需要更高层次思维和人际交往能力的非常规任务上，这导致人与工作、人与人、人与自然环境的关系发生了转变。为了缩短经历剧变的"社会阵痛期"，最大限度延长人类社会的繁荣期，经合组织提出急需重新考虑人类如何利用知识和技能来创造新产品、新机遇的问题，因而于 2015 年启动"教育 2030：未来的教育和技能"项目，主要着眼于两大问题：①今天的学生需要什么样的知识、技能、态度和价值观，才

---

① 李玉静.走向2030：UNESCO战略框架下全球职业教育发展趋势[J].现代教育管理，2017（7）：94-100.

② UNESCO-UNEVOC. Virtual conference on inclusive TVET[R].Bonn: UNESCO-UNEVOC, 2019: 2.

能在 2030 年成长为茁壮的青年并打造他们的世界？②教学系统如何有效地发展这些知识、技能、态度和价值观？基于此，经合组织分别在 2018 年和 2019 年发布了《OECD 学习框架 2030》和《OECD 学习罗盘 2030》，部分有关"技能"的问题被重新解读。

1. 技能：能力发展的先决条件

经合组织认为，到 2030 年，数据、数字素养、身心健康以及社会交往和情感态度都会成为人类能力的重要方面，而在学习框架和学习罗盘中，技能和知识、态度与价值观被看作是能力的共同组成部分与核心基础。具有良好的知识储备，不仅意味着要拥有学科思维和知识思维，而且要求养成解决实际问题的设计思维与系统思维。为了在未知的和不断变化的环境中应用他们的知识，需要现在的学生、未来的青年拥有广泛的技能，包括：①认知和元认知技能，如批判性思维、创造性思维，学会学习和自我调节；②社交和情感技能，如同理心、自我效能感和协作精神；③实践技能和身体技能，如使用新的信息通信技术设备。而要能够更好地调节知识与技能的关系以流畅地运用两者，离不开美德、信任、尊重多样性等价值观与态度。①

因此，在经合组织看来，能力不仅仅是"技能"，还是由技能、知识、态度和价值观组成的整体概念，但技能是锻炼能力的先决条件，只有掌握各项技能，知识才能连贯地调动起来，才谈得上养成、实践良好的价值观。从一个角度来说，技能也离不开强大的知识基础和正确的价值导向，因此，这几部分不是竞争关系，而是相互依存的，随着未来各种可能的出现，将比以往更考验技能与知识、态度、价值观之间的联系。②

---

①   OECD.OECD future of education and skills 2030 conceptual Learning Framework—OECD Learning Compass   2030[EB/OL].（2019−08−01）[2021−08−28].https://www.oecd.org/education/2030−project/teaching−and−learning/learning/learning−compass−2030/.

②   施芳婷，陈雨萌，邓莉.从原则指导到能力导向——UNESCO与OECD面向2030年的教育蓝图比较[J].世界教育信息，2020，33（12）：8−17，46.

2. 技能：指向变革与共同福祉

经合组织将为未来做好最充分准备的学生看作变革推动者，也就是那些拥有自己的"学习罗盘"的人，他们可以通过技能、知识和价值观对周围环境产生影响，给世界带来变革。因此，经合组织强调技能是带有变革意图的，并从三个方面对技能提出要求：一是创造新价值，为社会发展提供新的增长源，为当前的社会、经济和文化困境提供重要的解决方案，且创新经济体往往具有更高的生产力、更强的适应性，从而能支持更高的生活水平。因此，技能必须具有创新性，能够提供新的价值。二是调和紧张局势与困境，多元化趋势的加强在一定程度上会加剧不同文化、观点、利益的矛盾与冲突，这就要求年轻人具有处理紧张局势、调解矛盾、权衡利弊方面的技能，这种技能往往具有一种系统性，即从多个角度综合考虑矛盾的想法、逻辑和立场之间的关系，并做出周全的行动。三是承担责任，创造和解决问题都需要对自身行为承担责任，这体现一种道德和智力上的成熟。同样，运用技能时，也需要时刻进行自我反思和评估某项技能及其使用是否合乎道德规范，而能够自我批判、自我调节、自我控制、自我适应、自我效能，本身就是经合组织所倡导的技能的内涵。

经合组织指出，广泛地运用技能以克服不确定性，应对困境和失败，在逆境中前行，其动机不仅仅是找到一份高收入的好工作，年轻人还需要关心朋友、家人、社区和地球的福祉（well-being）。福祉不仅仅涉及物质资源的获取，例如工作、收入、住房，它还与生活质量相关，包括健康、教育、安全、环境、社会关系、公民参与、生活满意度等。获得福祉需要人们能够为包容性和可持续的未来做出贡献，形成明确的目标，与持有不同观点的人合作，寻找未开发的机会和探索问题的多种解决方案，这些都是有责任感且积极参与的公民所需的技能，以达成福祉为动力和目标。

3. 技能：终身学习与有效使用

自 2012 年开始，经合组织就为各国制定国家技能战略性综合方法以推动各国实现其经济和社会目标。经合组织认为世界正在经历快速发展的数字化、不断加强的全球化、愈演愈烈的人口老龄化以及持续上升的移民潮，根据"2012技能战略"在11个国家应用过程中的经验教训和世界发展大趋势，经合组织于2019年制定了新的技能战略，"2019新技能战略：以技能塑造更美好未来"（OECD Skills Strategy 2019: Skills to Shape a Better Future），在这一战略中，经合组织提出技能应该是被终身学习和有效使用的。①

终身教育是这一阶段大部分国家普遍推行的教育政策和社会文化，尤其是老龄化现象日益严重，越来越多老年人在劳动力市场上停留更长时间，并产生了新的技能需求。因此，在"2019新技能战略"中，经合组织首先提出的是相关技能的终身学习，即在整个生命历程中，"从摇篮到坟墓"，都要发展相关技能。经合组织又指出培养强大而广泛的技能只是第一步，为了确保国家和人民从技能开发的投资中获得充分的经济、社会价值，人们还需要学会充分有效地利用这些技能，即确保他们工作场所内、外都有机会使用技能，而在充分地使用中，技能又可得到进一步的发展，从而使技能的发展和使用形成良性循环。②

（三）世界银行（World Bank）

世界银行（World Bank，简称世行）是联合国的一个专门机构，由国际复兴开发银行、国际开发协会、国际金融公司、多边投资担保机构和国际投资争端解决中心五个成员机构组成，其宗旨在于向成员国提供贷款和投资，推进国际贸易均衡发展，从而帮助发展中国家消除贫困，促进可持续发展。近年来，技能的调查、投资与培训成为世行的一大关注内容。

1.技能调查

世行认为，要想发展技能就必须先对技能进行评估，只有培养正确的

---

① OECD.OECD Skills Strategy 2019: Skills to Shape a Better Future[EB/OL].（2019-09-07）[2021-08-30].https://www.oecd.org/skills/oecd-skills-strategy-2019-9789264313835-en.html.

② OECD.OECD Skills Strategy 2019: Skills to Shape a Better Future[EB/OL].（2019-09-07）[2021-08-30].https://www.oecd.org/skills/oecd-skills-strategy-2019-9789264313835-en.html.

技能才能创造就业机会和提高生产力。当前劳动力市场上存在一种技能上的信息不对称现象，即很多人都正在学或学过技能，但雇佣方并不知道他们到底有什么技能；雇佣方需要更多技能人才来增加盈利、扩大规模，但是劳动力供给方也并不知道他们到底需要什么样的技能。因此，世行强调有必要对劳动力技能的现状、类型、分布、水平等进行评估和调查，并于2010年开始"STEP技能评估计划"的制订和行动，同时开发了中低收入国家技能数据调查工具。

STEP主要通过直接测量或自我报告测量，从家庭和雇主两大类群体入手对技能供应和技能要求进行数据收集和评估，世行从以下三种技能维度设计了调查工具。

（1）认知技能：涉及处理信息，理解复杂想法，从经验中学习、推理、记忆、关联和通过思考克服障碍的能力，例如识字、计算和阅读。

（2）社会情感技能：包括理解和管理情绪、设定和实现积极目标、建立和维护积极的关系以及能够作出负责任的决定的知识、态度和技能，这些也被称为非认知技能、行为技能、软技能或生活技能。

（3）工作相关技能：与任务相关，并结合了认知和社会情感技能，包括电脑使用、设备运行维护、联系和监督客户、问题解决。[①]

STEP报告认为，强大的基础是关键，这主要指劳动力拥有扎实的认知技能和社会情感技能，这些都是发展与工作相关技能的先决条件，TVET应侧重于加强这些技能的培养。其中，调查发现社会情感技能可以促进劳动力完成从学校到工作的过渡，那些工作更认真、情绪更稳定且更有毅力的工人，往往可以更顺利、更快地找到第一份工作，而高质量的教育体系可以在缩小技能差距方面发挥重要作用。

---

① World Bank. The STEP Skills Measurement Program[EB/OL].（2019-02-13）[2021-08-30].http://microdata.worldbank.org/index.php/catalog/step/about.

2. 技能投资

在几十年间，世行还为世界各地教育发展进行了大规模的投资，在2010年，世行对教育的财政支持就已超过50亿美元。伴随着投入的不断加大，世界也经历着巨大的教育进步，至2011年，即使在最贫穷的国家，小学平均入学率也飙升至80%以上，完成率超过60%。但世行也强调中等收入国家的崛起使许多国家看到发展高技能劳动力是提高竞争力的重要途径，技术进步正在改变工作内容和技能，失业率居高不下，尤其是青年失业率，这凸显出教育系统未能为年轻人培养就业市场所需的正确技能。因此，世行于2011年发布报告《全民学习：投资人们的知识和技能以推动发展》（Learning for All: Investing in People's Knowledge and Skills to Promote Development），倡议对教育和技能"尽早投资，明智投资，全民投资"，让所有儿童和青年不仅可以上学，还可以获得能够过上健康、富足生活并获得有意义就业所需的知识和技能。[①]

世行的该项战略侧重于知识和技能的学习，强调虽然文凭可以打开就业之门，但决定工人适应新技术、把握机会的是工人的技能，这里的技能不再只是职业技能，世行指出应更要关注阅读和算术的基本能力和社交、沟通、团队合作、批判性思维、解决问题的技能，因为这些技能有助于个人拥有一个健康和受过教育的家庭以及参与公民生活的能力，特别是对于贫困人群在劳动力市场和家庭、社区的生活以及工作中的成功具有重要意义。[②] 为此，世行认为有必要重视二次学习机会和非正式学习机会，这对于确保所有青年都能获得劳动力市场技能至关重要。

3. 新冠疫情与技能

2020年5月，世行针对全球性新冠疫情进行了回应，发布报告《职

---

① World Bank. Learning for all: Investing in people's knowledge and skills to promote development[R]. Washington DC: World Bank, 2011: 26, 69.
② 唐智彬，王池名.全球贫困治理视域下世界银行推动职业教育发展路径与逻辑[J].比较教育研究，2021，43（6）：11-18.

业技术教育与培训系统对 COVID-19 的回应：挑战与机遇》(TVET Systems' Response to COVID-19: Challenges and Opportunities)，旨在说明 TVET 在应对新冠疫情中的作用，并在减少大流行对 TVET 的不利影响以及加强 TVET 帮助以减轻新冠疫情对社会、经济、健康的影响等方面提出了建议和指导。在这一报告中，技能的获得与发展面临着新的困境和挑战，急需作出新的调整。

世行认为，新冠疫情已经导致许多国家的劳动力市场结构发生变化。这是由于许多实际服务部门工作的重要性得到了前所未有的体现，如医疗卫生专业人员、医疗设备生产人员、儿童与老人的护理人员、医药行业员工、零售行业员工、后勤人员和信息与通信技术(information and communication technology，ICT)支持人员等。这些工作及岗位使得劳动力市场的技能需求发生了相应的改变，也就是对基础认知技能、数字技能、公共卫生领域技能、社会情感技能等方面的需求和重视程度大大提高了。[①]因此，在世行看来，特定职业的实用技能随着新冠疫情的出现再一次流行了起来。

但正是由于疫情影响，学校停课期间学生出现了较大的学习损失，学生之间也有了学习差距，许多人都失去了技能学习的机会，甚至在困难的环境中失去了工作。而在各行各业制定行业复苏战略的同时，职业技术教育与培训的利益相关者也参与其中，以满足复苏计划中隐含的技能需求。世行认为 TVET 可能需要重新思考课程和培训的设置，一些更短、模块化的培训会更符合当下的需求，因为这能够更快地让学生弥补因为新冠疫情而遭受收入损失的家庭，也让公司能够更快地扩大规模。而这种做法不仅可以用于职前的、正式的 TVET，也可以用于成人培训或非正式培训。

---

① World Bank. TVET systems' response to COVID-19: Challenges and opportunities [R/OL]. (2020-05-14) [2021-08-30]. https://openknowledge.worldbank.org/bitstream/handle/10986/33759/TVET-Systems-response-to- COVID-19-Challenges-and-Opportunities.pdf? sequence =1&isAllowed=y.

（四）国际劳工组织（ILO）

国际劳工组织（International Labour Organization，ILO）是国际联盟的附属机构，旨在促进充分就业和提高生活水平，促进劳资双方合作，扩大社会保障措施，保护工人生活和健康。近年来，国际劳工组织考察到技能有利于一些国家和工人克服经济危机影响，还有利于从长远发展角度应对人口变化、科技进步、技能缺口、全球价值链提升及人才竞争等问题，[①] 通过长期的调查、数据收集与分析，出具了相关的技能战略性文件，对世界范围内技能的预测与开发进行了引导。

2015 年，国际劳工组织发布"技能与工作的预测和匹配"（Anticipating and Matching Skills and Jobs）的指导说明，提出当前许多国家在劳动力市场所需的技能与劳动力提供的技能之间持续存在不匹配现象。为此，国际劳工组织认为应该进行"技能预测"以避免技能供需之间的潜在差距。技能预测是一个使工人、雇主、培训者、决策者都能够作出更好选择的战略性和系统性过程，能够通过体制机制和信息资源改善技能的使用，推动人力资源的发展。

国际劳工组织根据全球技能供需的多项影响因素对技能的新需求进行了方向性的预测。①随着发达国家的人口老龄化现象加重以及发展中国家大量年轻人进入劳动市场，老年工人有必要继续提升技能，年轻人则需具备就业与创业的适当技能。②全球受教育程度显著提高，技能型人才充足且丰富，低技能工人不再具备竞争优势。③全球化和贸易自由化使得合格工人的可用性成为外国投资决策的决定性因素，同时劳动力在国际上的流动程度大大提升，这些变化增加了对便携技能（如跨文化交流和外语），适应和维护新技术，以及各类符合国际标准的质量保证的技能的需求。④劳动力和企业的流动改变了工作组织形式，扁平化组织结构和远程在线工

---

① 李玉静，杨明.世界职业教育与培训的转型：理念、行动与趋势——基于对2012年以来UNESCO行动及政策文本的分析[J].职业技术教育，2017，38（21）：23-28.

作常态化，因而出现了对团队合作、主动性、领导力、人际交往和跨文化交流技能的新需求。⑤科技发展和创新对技能提出了更高层次的要求，同时也加快了技能需求变化的速度。拥有 STEM［科学（science）、技术（technology）、工程（engineering）、数学（mathematics）］和 ICT（信息与通信技术）技能的高技能人才对行业创新、研发的作用越来越重要。⑥为应对气候变化进行的绿色经济转型创造了新的市场机会，棕色工作①的"创造性破坏"，以及各种政策和监管要求都影响了技能，如技能的环境意识，技能的再培训和升级需求。国际劳工组织强调，在这些变化的背景下，要使得技能教育和培训系统能及时制订合适的计划，避免供需错配，就必须对技能需求进行系统预测。②

（五）欧盟（EU）

欧盟（European Union，EU）作为欧洲经济、政治共同体，对成员国的政治经济文化发展承担着至关重要的责任，针对工业 4.0 下的全球性技术进步和产业升级，以及欧洲本土的社会发展特点，欧盟认为，发展技能有助于密切衔接教育体系和劳动力市场，降低失业率，因此在 2016 年的《公民机会联盟》中提出应将技能发展作为优先发展事项。③2017 年，欧盟委员会提出，技能需要可视化，需可描述，这对个人就业、个人能力发展可产生重要影响，同时人们应该发起对技能的终身学习，并将在正式和非正式场合习得的所有技能用于工作和深造。④然而，在各项行动的推进中，欧盟发现欧洲社会技能的竞争力和抗逆力仍然有待提升，特别是 2020 年受到新

---

① 又称褐色工作，指忽视生态保护、过度消耗资源环境并促进不可持续的经济发展的工作。

② International Labour Organization. Anticipating and matching skills and jobs: Guidance note[EB/OL].（2015-11-05）[2021-09-08].https://www.ilo.org/skills/areas/skills-training-fo-poverty-reduction/WCMS_534307/lang--en/index.htm.

③ 刘丹阳.斯洛伐克担任欧盟轮值主席国将以技能作为优先发展事项[J].世界教育信息，2016，29（18）：75.

④ 勾建霞.欧盟：技能需可描述、可认证[J].世界教育信息，2017，30（12）：74-75.

冠疫情的影响后，欧盟认为有必要重新制定技能战略，因此启动了欧盟技能议程（European Skills Agenda），该项议程为 2020—2025 年的个人、企业和社会的技能开发、转型、投资等计划了 12 项行动，[①] 体现了未来几年内欧盟技能的发展重点。

议程强调，欧盟已经到了前所未有地需要技能范式转变的时候，新的技能必须能够加强欧洲的可持续竞争力，让欧盟作为地缘政治参与者能够在全球复苏中发挥领导作用；必须能够确保欧盟领土的社会公平，不让任何人掉队；必须要培养欧盟公民的适应能力，度过危急时刻；必须尽快将终身学习变为现实。而一些受当前危机严重影响的工业生态系统和欧洲绿色协议中既定的技能领域将成为首要的重点关注对象，这些技能领域对于推动欧洲经济复苏至关重要。

健康卫生领域：感染控制、隔离协议、防护装备使用、临床管理、新数字技术护理等。

建筑业：可再生能源开发与改进、建筑数字化、建筑翻新、无障碍建筑设计等。

汽车工业和交通领域：大数据分析、软件开发、人工智能、机器人、化学、电子工程、自动化。

旅游业：在线营销、废弃资源及水资源的回收与管理、跨文化理解和交流、数字化旅行。

"为工作的技能"是该议程要表达的重要理念，而为了能提供更多的指导性、引领性技能提升战略，欧盟强调，以下几种技能应是 2020—2025 年的重点发展方向。

未来的工作技能需要向绿色技能和数字化技能进行双重转型。前者指掌握更多的绿色技术（包括数字化），开发绿色产品、服务和商业模式，创建基于保护自然的解决方案，最大限度地减少活动对环境的伤害。数字化

---

① 朱永文.欧盟职业技能失配治理举措及启示[J].成人教育，2021，41（7）：78–82.

技能在当今的欧洲社会已成为必需品，在遏制新冠疫情期间，欧洲几乎每10名员工中就有4名进行远程办公，这一现象提醒人们，欧洲乃至全世界的劳动力都需要迅速提升数字化技能水平，其中主要包含超级计算机、人工智能、网络安全、ICT等方面的技能。

创造就业机会与促进经济增长则需要高水平的STEM技能与创业技能。议程提出，STEM技能对于推动双重转型具有重要作用，并在个人发展上提供更多的机会。创业是以增加竞争和生产力、创新来促进社会经济发展的重要动力，欧洲社会也有较强的创业意愿，因而议程认为有必要将重点放在创业技能的发展上，为此欧盟委员会将启动欧洲创业技能行动，主要关注创业心态的发展和弹性的劳动力队伍建设。

新冠疫情凸显了生活技能和横向技能的重要性。议程认为人们理应具有适应、处理变化和突发情况以及在这过程中相互照顾的能力，这需要技能在韧性、媒体素养、公民素养、金融、环境和健康方面得到发展，使人们能够从各种来源辨别信息真伪，进行明智的判断和决定，并采取灵活而负责任的行动。同时，人工智能等多项数字改革的推行愈发显现出人类独有的技能的可贵，也就是横向技能，如协作精神、批判性思维、创造性问题解决能力、同理心、复杂环境适应力等。

此外，议程还特别推出2021—2027年"伊拉斯谟计划"（Erasmus Programme）和"欧洲大学倡议"（European University Initiative）来提升科学家技能，以帮助研究人员和大学生产先进知识，不断探索前沿科技，进行创新，并通过知识和创新社区为欧洲培养下一代创新者。

欧盟在议程中承诺将为以上技能的开发和提升进行大规模投资，委员会将绿色转型技能投资确定为所有27个成员国使用总预算的优先事项，转型基金高达400亿欧元，"伊拉斯谟计划"的246亿欧元也将用于技能开发并资助欧洲大学、职业卓越中心和技能部门的合作，并提议在未来的金融框架中将欧洲全球化基金上限提高一倍，以支持在大规模产业重组中被裁员的工人和自雇人士的技能提升。①

在第四工业革命热潮的席卷下，劳动力的技能提升、开发、预测、投资成为全球性问题，联合国教科文组织、经合组织、世界银行、国际劳工组织、欧盟等，尽管从各自的组织运行目的出发，对技能问题进行了考察和探究，并出具了多个角度的技能报告或议程，但是纵观全貌，他们作出的判断是相似的：为应对持续上涨的失业率，劳动力必须具有更复杂、高级的技能，如适应工业4.0发展的数字化技能，可持续发展观对绿色技能的需求，出于终身教育与广泛就业目的的横向技能，包括基础认知、批判性思维、社交情感、公民意识、健康素养等，更重要的是年龄、性别、种族、国家等不应再成为影响弱势群体技能获得的阻碍。在国际多元观点中，技能的公平性、可持续发展性、终身学习性以及对个人、社会发展的重要性成为最有力的声音。

三、现实追问

改革开放以来，中国的职业教育历经复苏、崛起、稳固、瓶颈、再发展等数个阶段，通过持续的改革与拓新获得巨大飞跃。在"十三五"期间，我国已形成全球规模最大的职业教育体系，2016—2020年，高职机构数量从1359所增加至1468所，高职学生数量增加了14.2%，高等职业教育规模不断扩大。②中职教育虽然在机构和学生数量上均有所缩减，但人才培养质量获得了提升。根据中国教育科学研究院牵头完成的《2020中国职业教育质量年度报告》，2019年全国共有全日制中职毕业生352.35万人，其中256.66万人获得了职业资格证书（约占72.84%），掌握了良好的技能。同

①　European Union. European skills agenda for sustainable competitiveness, social fairness and resilience[EB/OL]. （2020−07−08）[2021−09−09].https://ec.europa.eu/social/BlobServlet?docId=22832&langId=en.
②　教育部.教育统计数据[EB/OL]. （2021−08−30）[2021−09−10].http://www.moe.gov.cn/jyb_sjzl/moe_560/2020/.

时，中、高职学校在国际技能大赛上表现亮眼，获奖数量增加。[①] 可以说，职业教育的质量和水平以及对技术技能人才培养的贡献在过去一段时间内获得了较大的提升。

但面对已经到来的 4.0 工业潮和"十四五"建设期，职业教育中仍有诸多疑点和难点亟待厘清，这首先反映在我国劳动力市场巨大的技能型人才缺口上。根据人力资源和社会保障部 2021 年第一、二季度百城市公共就业服务机构市场供求状况分析报告，当前我国劳动力市场对中高级技能、技师、高级技师等中高级技能人才的用人需求较大，且增长幅度持续扩大。[②] 与 2020 年同期相比，2021 年第二季度对初级技能人员、中级技能人员及高级技师的需求分别增长 19.2%、7.7%、6.7%；相应的供给侧求职人员尽管也有所增长，但是依然存在供不应求的现象，尤其是高级技师、技师求人倍率[③] 较高，分别为 3.11 和 2.68。[④] 技能型人才的社会需求实际上是"技能"在人才战略和经济发展中重要地位的显现，而职业教育若要谋求进一步发展，也必须对"技能"进行回应，这在职业教育政策层面已有迹可循。

2019 年，国务院发布《国家职业教育改革实施方案》（"国 20 条"），使我国职业教育改革发展上升到更高的地位。该方案立足于我国现代化建设的实际，提出了办好新时代职业教育的 20 条措施，其中就包括要培养复合型技术技能人才，为各行各业提供高素质产业生力军。2020 年 9 月，教育部等九部门印发《职业教育提质培优行动计划（2020—2023 年）》，提出

---

① 中国教育科学研究院编写组.2020中国职业教育质量年度报告[R/OL].（2021-05-21）[2021-09-10].http://www.moe.gov.cn/jyb_xwfb/xw_zt/moe_357/2021/2021_zt10/zjsy/202105/t20210525_533422.html.

② 人力资源和社会保障部.2021年第二季度百城市公共就业服务机构市场供求状况分析报告[R/OL].（2021-08-06）[2021-09-11].http://www.mohrss.gov.cn/xxgk2020/fdzdgknr/jy_4208/jyscgqfx/202108/t20210806_420213.html.

③ 招聘需求人数与求职人数的比值。

④ 人力资源和社会保障部.2021年第二季度百城市公共就业服务机构市场供求状况分析报告[R/OL].（2021-08-06）[2021-09-11].http://www.mohrss.gov.cn/xxgk2020/fdzdgknr/jy_4208/jyscgqfx/202108/t20210806_420213.html.

职业教育应每年向社会输送数以千万计的高质量技术技能人才。2021 年，中共中央办公厅、国务院办公厅印发了《关于推动现代职业教育高质量发展的意见》，指出职业教育肩负着传承技术技能的重要职责。在全面建设社会主义现代化国家新征程中，职业教育前途广阔，大有可为。2021 年，教育部出台《本科层次职业教育专业设置管理办法（试行）》，强调要建设本科层次的职业教育，来支撑培养高层次、高水平技术技能人才。这些政策表明要实现职业教育改革目标，就要牢牢把握"技能"抓手，在本土语境下和不断的实践中重新认识、重新解读何为时代所需要的复合型技能和高素质技能型人才。众多职业学校响应政策号召，在实践层面进行了创造性、改革性的尝试，对"技能"进行探究与追问。

（一）素养技能的兴起

1. 素养技能的萌芽

1999 年，教育部召开第一次全国高职高专教学工作会议，确定了高职高专教育的培养目标——培养高等技术应用型专门人才。这一阶段的职业教育为适应当时的社会经济发展与人才战略，主要培养应用型技能人才，即在一线从事技术设计、技术改造、技术革新的技术人员，其掌握一定的理论知识和专业知识，主要依靠操作技能从事生产、制造类工作。[①]2004年，教育部发布《2003—2007 年教育振兴行动计划》，提出要"大力发展职业教育，大量培养高素质的技能型人才特别是高技能人才"，即现代建设急需的技能人才，包括制造业、现代服务业以及软件产业的实用型人才。2011 年，教育部发布的《关于推进中等和高等职业教育协调发展的指导意见》提出："中等职业教育是高中阶段教育的重要组成部分，重点培养技能型人才，发挥基础性作用；高等职业教育是高等教育的重要组成部分，重点培养高端技能型人才，发挥引领作用。"2012 年，《国家教育事业发展第

---

① 匡瑛，石伟平.高职人才培养目标的转换——从"技术应用性人才"到"高技能人才"[J].职业技术教育，2006，27（22）：21-23.

十二个五年规划》再次强调高等职业教育的定位应该是重点培养产业转型升级和企业技术创新需要的发展型、复合型和创新型的技术技能人才。

可以看到，在上述政策文件中，"高素质""高技能"等字眼开始频繁地出现，素养技能因此与传统的机械操作技能有所区别。有学者认为，相对于传统技能型人才，高素质、高技能人才的素质结构中智力技能比重增大，而操作技能比重减小。[①]这是因为智力技能能够更好地帮助技能劳动者进行创造性劳动，并指导一般技能人才工作。但操作技能比重减小并不代表操作技能水平下降，相反，兼具操作技能和智力技能的高素质、高技能人才往往具有高超技艺和精湛技能，更易解决生产、制造、加工领域的操作性难题。

同时，政策文件在这一时期主张技能的养成与训练是由中职、高职分段培养的，认为中职的培养内容应偏重于操作技能，高职则需更关注智力技能的培养。正是基于这样的认识，该时期部分地区在中职层面的课程改革是围绕操作性技能展开的，认为中职的教育教学主要是要让技能"够用""有用"。

2. 素养技能的发展

立于工业 4.0 时代国际产业分工格局重塑关口，我国紧握新一轮科技革命和产业革命带来的宝贵机遇。2015 年，国务院印发中国实施制造强国战略第一个十年的行动纲领《中国制造 2025》，旨在推动实现中国制造向中国创造、中国速度向中国质量、中国产品向中国品牌的三大转变。纲领充分显示出这一工业发展期的方向与主线，既为职业教育萌发新生机提供了沃土，也对技能培养提出新的要求。

一个目标：从制造业大国向制造业强国转变。

两化融合：用信息化和工业化两化深度融合来引领和带动整个制造业的发展。

---

① 王玲.高技能人才与技术技能型人才的区别及培养定位[J].职业技术教育，2013,34（28）：11-15.

三步走：每一步用十年左右的时间来实现我国从制造业大国向制造业强国转变的目标。

四项原则：①市场主导、政府引导；②既立足当前，又着眼长远；③全面推进、重点突破；④自主发展和合作共赢。

五条方针：创新驱动、质量为先、绿色发展、结构优化、人才为本。

五大工程：制造业创新中心建设的工程、强化基础的工程、智能制造工程、绿色制造工程、高端装备创新工程。

十大领域：新一代信息技术产业、高档数控机床和机器人、航空航天装备、海洋工程装备和高技术船舶、先进轨道交通装备、节能与新能源汽车、电力装备、农机装备、新材料、生物医药和高性能医疗器械。

技能的内涵在国家战略与社会经济发展的要求下迎来新变。其一，操作技能本身不再停留于简单机械操作，而涵盖了更多的智力技能要求，这从教育部先后组织开展的几轮职业教育专业目录修订工作中可见一斑。2015 年，为贯彻落实国务院发布的《关于加快发展现代职业教育的决定》，教育部在调研 1140 多家企业、980 多所学校（12700 多个专业点）后发布《普通高等学校高等职业教育（专科）专业目录（2015 年）》和《普通高等学校高等职业教育（专科）专业设置管理办法》，将专业类由 78 个调整增加至 99 个，如为适应国家重点产业发展需要增设的"粮食工业类""健康管理与促进类"等；专业总数则由原来 1170 个调减到 747 个，包括所取消的相对应产业为淘汰类、限制类产业的专业，如森林采运工程、杂技表演等，并新增了适应产业转型升级、产业链延伸交叉、新兴职业与技术进步需要的专业，如移动应用开发、云计算技术与应用、物联网工程技术、清洁生产与减排技术、互联网金融等专业。①2019 年，教育部根据《中等职业学校

---

① 教育部.教育部职业教育与成人教育司负责人就新修订的《普通高等学校高等职业教育（专科）专业目录（2015 年）》和《普通高等学校高等职业教育（专科）专业设置管理办法》答记者问[EB/OL].（2015－11－09）[2021－09－12].http://www.moe.gov.cn/jyb_xwfb/s271/201511/t20151109_218248.html.

专业设置管理办法（试行）》，组织开展《中等职业学校专业目录（2010）》修订工作，围绕服务乡村振兴战略、制造强国建设和现代服务业提质扩容，增补 46 个新专业，对应人力资源和社会保障部公布的 13 个新职业中的物联网工程技术人员、工业机器人系统操作员、农业经理人、无人机驾驶员等，主动适应行业新业态发展、技术进步、产业转型升级、职业岗位更新拓展需求（见表 1–1）。①

表 1–1 增设的专业

增设专业	所属专业类	服务对象	
家庭农场生产经营	农林牧渔类	家庭农场、专业大户、农民合作社、农业产业化龙头企业等新型农业经营主体	乡村振兴战略
水土保持技术、水利工程运行与管理、现代灌溉技术、农村饮水供水工程技术、水电站运行与管理、机电排灌工程技术等	土木水利类	水土保持、防汛抗旱、农业节水灌溉、村镇饮用水安全保障等基层水利服务体系建设	
安全技术管理、应急管理与减灾技术等	资源环境类	安全生产生活防控体系建设	
农产品质量检测与管理、食品安全与检测技术等	农林牧渔类	农产品质量安全和食品安全战略	
工业机器人技术应用、增材制造技术应用、新能源汽车装调与检修、新能源汽车维修等	加工制造类	信息技术与制造业深度融合	制造强国建设
物联网技术应用、服务机器人装调与维护、移动应用技术与服务、网络信息安全等	信息技术类	物联网、智能机器人、移动应用、信息安全等新产业	
无人机操控与维护、机场场务技术与管理等	交通运输类	无人机及通用航空器产业发展	

---

① 教育部.中等职业学校专业目录新增46个专业——教育部职业教育与成人教育司负责人就中等职业学校专业目录增补答记者问[EB/OL].（2019–06–26）[2021–9–12].http://www.moe.gov.cn/jyb_xwfb/s271/201906/t20190626_387802.html.

续表

增设专业	所属专业类	服务对象	
移动商务、网络营销等	财经商贸类	数字经济、人工智能产业深入发展的新需要，新零售、无人零售、线上线下融合发展的新态势，市场营销向数字营销、智能营销方向发展的新动向	现代服务业提质扩容
跨境电子商务、国际货运代理、商务阿拉伯语、商务泰语等	财经商贸类	"一带一路"建设，发展新兴对外贸易模式，推进沿线国家的经贸往来	
茶艺与茶营销、中西面点、舞台艺术设计与制作、服装陈列与展示设计、康养休闲旅游服务等	旅游服务类	生活休闲、文化服务、生态旅游等行业发展	现代服务业提质扩容
快递运营管理、冷链物流服务与管理等	财经商贸类	第三方物流和绿色物流、冷链物流、城乡配送快速发展	
康复辅助器具技术及应用、智能养老服务、幼儿保育、社会工作等	公共管理与服务类、教育类	残疾人服务、养老服务、托育托幼等社会服务事业发展	

中高职专业目录的变动充分显示出"技能"的内涵外延再一次被拓宽，相较于传统技能，这一时期的"素养技能"响应新兴行业、产业、岗位需求，补充了适应社会发展的更多内容，区别于简单机械操作技能，凸显出智能化、信息化、绿色化的特征，与可持续发展的时代主题相呼应。这一调整符合技能演进的一贯规律，即以生产力水平的提升推动产业结构升级与技术进步，进而对技能提出新的要求。

其二，在遵循生产力发展规律之外，技能因被赋予超越知识层面、操作层面的期待而滋养出新的精神内蕴。2011年教育部发布的《关于推进中等和高等职业教育协调发展的指导意见》提出"系统培养高素质技能型人才"，要"强化学生诚实守信、爱岗敬业的职业素质教育"和"创新意识"，这在一定程度上指向"工匠精神"与"创新精神"，它们作为职业素养的重要部分，是形成技能型人才时代素养的关键所在。2016年《政府工作报告》正式提出要"培育精益求精的工匠精神"，这也成为新时期高素质技能型人才的必备条件。

自此，"素养技能"成为我国打造技能人才队伍的主要方向，其不仅在操作层面适应社会先进生产力的发展，也在智力层面体现专业领域的高精尖水准，还在精神层面彰显大国工匠敬业乐业、精益求精的精神和坚定创造品质的历史担当。[①] 这一时期的变化也深刻影响了中高职课程改革，使其开始向选择性、综合化、整合型的方向发展。

3. 素养技能的实践

素养技能提出的部分原因在于一定数量的职业学校仅关注学生在校期间技能在操作维度的显性发展，而忽略了隐性维度的成长，如敬业乐业、合作奉献、积极进取等职业素养。在这样的培养目标下，学生无法得到全面发展，技能体系也会有所缺失，即使成功就业，也极有可能在工作中由于遭遇挫折而颓废萎靡，或取得一定成绩后就满足现状、停滞不前。因此，职业教育若要真正为我国技能人才队伍建设起支撑性作用，就要着眼于素养技能的培养。

事实上，一些职业学校已敏锐地察觉到社会、企业对技能人才的需求已不再停留在技、术、智上，德成为至关重要的一环。因此，职业学校对此进行了解读与实践，开始多方尝试素养技能人才的培养。例如，杭州市富阳区职教中心于2010年提出"第一技能"，其技能观点强调，良好的职业素养应排在诸项技能之前。经过调研分析，富阳区职教中心发现相较于娴熟的专业技能，踏实肯干的态度、吃苦耐劳的品质、敬业奉献的精神、团结协作的合作意识、按章办事的规则意识、精益求精的质量意识、良好的适应性和耐受力等才是企业最需要、最重视的"软技能"，并将此凝练为"第一技能"的概念，作为学校培养学生技能的重中之重。

在推行德育技能化的过程中，富阳区职教中心借鉴了技能形成原理，

---

① 李梦卿，任寰.技能型人才"工匠精神"培养：诉求、价值与路径[J].教育发展研究，2016,36（11）：66-71.

制订了"第一技能"教育实施培养方案，使职业素养在反复的有意识的训练中成为学生自动化的思维方式或动作习惯。技能培养的主要流程是"认识理解→实践练习→反复练习→体验提升→自觉完善"，并从学生的个体情况、日常教学活动以及行为规范三个方面分别推进。举行"职业素养实践示范周"，发挥榜样导向作用，以班级为单位对全校德育情况进行监督和管理，让学生自我约束、自我省察。同时创建科学的跟踪考评体系，包含学校、家庭、企业三方评价指标。[①] 在"第一技能"的素养技能培养体系下，学生综合素养获得显著提升，在就业市场上广受企业欢迎和好评。

山东淄博职业学院同样注意到职业素养对高职学生的职业生涯发展具有重要价值，认为职业教育的一大矛盾在于用人单位对劳动力素质日益增长的需求和高职学生职业素养培养低效之间的矛盾，因而从护理专业入手，院校协同构建与实施职业素养培养体系。从 2018 年职业教育国家级教学成果奖获奖情况看，多项成果专注于"工匠精神""职业素养""综合素质""德育"等技能内容，可见素养技能的培养在我国职业教育实践中已然形成一种趋势。

（二）创新创业技能的凸显

1."众创"与"双创"

在工匠精神之外，创新精神同样构成了新态势下的技能内涵，这得益于新时期以来政策层面对创新意识和创业精神的大力倡导。2015 年《政府工作报告》首次对"众创"工作进行了部署，提出要打造"大众创业、万众创新"，个人和企业要勇于创业创新，全社会要厚植创业创新文化，发展创业空间，提高创新效率，让中国经济始终充满活力。根据该项文件，同年 6 月国务院印发《关于大力推进大众创业万众创新若干政策措施的意见》，正式迎来"众创"时代。此项政策目的在于激发群众智慧和创造力，推动经

---

① 李刚.微人，微事，微行："第一技能"养成新途径——以杭州市富阳区职业教育中心信息技术部学生为例[J].职业，2018（33）：56-58.

济结构调整，走创新驱动发展道路，"大众创业、万众创新，就是要通过加强全社会以创新为核心的创业教育，弘扬'敢为人先、追求创新、百折不挠'的创业精神，厚植创新文化，不断增强创业创新意识，使创业创新成为全社会共同的价值追求和行为习惯"。①

职业院校学生作为劳动力的重要预备力量，显然也在"众创"队伍之列，这是在国务院出台的另一项政策《关于深化高等学校创新创业教育改革的实施意见》中显现出来的。文件提出高等教育院校必须健全创新创业教育体系，增强学生的创新精神、创业意识和创新创业能力，高职高专学校是此次改革实施的主体之一。2015 年，在广泛征求社会意见后，教育部编制《高等职业教育创新发展行动计划（2015—2018 年）》，其中"加强创新创业"作为一项重要举措被提出，强调要着重培养学生的创新意识和创新思维，学校要建立配套的创业支持和保障体系。

在政策推动下，社会上掀起大众创业和万众创新的潮流，职业教育也对此进行了积极响应，"创新"和"创业"被职业院校热切关注，同时成为技能内涵新的重要组成部分。2015 年 10 月，经教育部和中国高校创新创业教育联盟批准，全国高等职业院校创新创业教育联盟正式成立。2016 年 1 月，首批 12 个"国家职业院校创新创业教育基地"建设单位获批。② 不仅是高职院校，中职学校同样意识到培养创新创业技能有助于学生就业，因此也开始推进创新创业技能教育实践。职业教育迈入了"双创"时代。

2. 创新、创业与专业

近年来，有大量职业院校投入创新创业教育改革中，并逐渐形成五种"双创"教育的主要形式：①赛事磨炼，通过组建师生科研团队，研发创新项目，参与各级创新创业大赛；②以专项经费支持建设创业园或创业基地；

① 国务院.关于大力推进大众创业万众创新若干政策措施的意见[EB/OL].（2015-06-16）[2021-09-14].http://www.gov.cn/zhengce/content/2015-06/16/content_9855.htm.
② 匡瑛，石伟平.职业院校"双创"教育辨析：基于现实审视与理性思考[J].教育研究，2017，38（2）：97-103.

③搭建创新创业平台，如创客空间；④组建创业学院，多为"2+1"模式，面向毕业班学生招生；⑤开发创业课程，推进创业教育。①但从实践结果来看，并不尽如人意，部分学校在对"创新创业"的解读上存在误区，在实践中陷入困境。

一是将创新创业技能教育变成了一种"迎合潮流"的行动，而没有深入思考"双创"的目标，把本应落实到人的教育的行动变成了比拼创业项目、创业基地、创客空间的开发数量的面子工程和形式主义，把重点落在了创新创业的结果呈现，而非过程性培养上，导致学生并不能将"双创"真正内化为对自身长期发展起到作用的技能。

二是不能正确理解"创新创业"的内涵，将创新创业教育简单地等同于创业理论知识传授和创业技巧培训，尽管开设了一系列双创课程，但实质上并没有培养学生的创业精神和创新意识。这又导致考评局限于学生的课业成绩或者就业率，偏离了创新创业技能促进学生终身发展的培养方向。②

三是割裂了"创新"与"创业"的关系。在一些创新创业教育实践中，"创新"和"创业"被作为两项独立主题分别实施，或只对其中一项进行教育，然"创新创业"实则作为一个完整词组出现在"双创"的各类政策文件及研究中。③从内涵来看，"创新"与"创业"虽各有侧重，前者强调内化的品质素养，后者强调外显的行为能力，但本质上均指向创造性的培养。从实践来看，不在"创新"底色上进行的创业，则极有可能沦为失败的模仿；不通过"创业"检验的创新，则难以真正推动行业的发展。因此，"创新"与"创业"的关系是紧密相连、不可分割的，在这一前提下，创新创业作为一个完整词组则定位在"基于创新的创业"④。

四是创新创业技能培养和专业技能培养结合不充分，导致"双创"教育

---

① 匡瑛，石伟平.职业院校"双创"教育辨析：基于现实审视与理性思考[J].教育研究，2017，38（2）：97–103.

② 陈诗慧，张连绪.新常态下高职创新创业教育的现实困囿与推进路径[J].职教论坛，2017（4）：71–77.

③ 王丹中.起点·节点·重点：高校创新创业教育内涵与路径[J].职教论坛，2015，613（33）：27–30.

④ 王丹中.起点·节点·重点：高校创新创业教育内涵与路径[J].职教论坛，2015，613（33）：27–30.

与专业教育"两张皮"。从重要性来说，两者具有同等的地位，素养技能教育目的在于打造复合型创新人才，他们既应掌握创新创业技能，也不能缺少专业技能。从两者的关系来说，社会需要的创新创业一定是在某个行业或专门领域中展开的，这就要求职业教育不能脱离专业谈创新创业。没有专业理论支撑的创新精神极有可能陷入空想的窠臼，缺乏专业视野和素养的创业行为则没有教育的价值。

3. "双创"技能教育的创新实践

尽管创新创业技能教育实践中存在着种种问题，但仍有学校不断尝试培养时代需要的创新创业型技能人才，并进行了有益探索。这从近两届职业教育国家级教学成果奖获奖情况可以得见，"创新创业"已成为我国职业教育的热点问题，是多项获奖成果的研究主题，形成了多种创新创业技能教育模式。

陕西省咸阳市杨凌职业技术学院在园林工程技术专业内开展了创新创业技能人才的培养实践，架构起以通识课、专业课、个性发展课和创新创业课为基础的技能人才培养体系。以通识课引导学生养成正确的行为习惯，有能力对生活和职业进行规划；以专业课筑基学生综合素质与能力，把握专业的核心理念；以个性发展课鼓励学生积极探索自我，形成自身优势，打造优良品质；以创新创业课驱动学生适应社会，勇于突破，实现职业理想。① 这一体系实质上是从课程的角度回应了素质技能的要求，即新时代技能人才需要具备帮助终身发展的可持续发展技能、能够胜任岗位的专业技能、德智体美全面发展的横向技能，以及服务社会、走向更高层次的创新创业技能。在创新创业技能教育的具体设计上，杨凌职业技术学院创造性地提出通过就业、创新、创业三步走的良性循环行动来达到培养目标。顺利就业意味着学生具备了基本的职业素养，而这正是进一步超越自我、进

①　王周锁，张永良，陈祺，赵建民，李社义，刘卫斌.高职园林教学"四位一体"创意改革实践[J].杨凌职业技术学院学报，2017，16（1）：48-53.

行创新的重要基础；在养成开拓创新的精神和意识后，创新则成为学生的习惯性行为，为创业行动创造条件；顺应这样的教育过程，成功创业实质上是前期素养技能学习、积累的最终成果。

深圳职业技术学院则认为在人工智能带来的产业革命下，技能型人才不仅要能适应岗位，还要能创造岗位，这就需要学生能够具备创业能力和创业精神。因此，通过践行"重心在教育、目标在万众、路径在分层、关键在实践、核心在创新"的理念，开发了专业教育深度融合的进阶式"双创"教育模式。这一模式将创业教育分为四个阶段推进，每个阶段都配以专门的教育模块：以创新思维、社团课程和文化营造来完成启蒙教育，以"双创"类选择课、项目化课程和跨界学习中心来实施预科教育，设计创业板、资源库和Fablab来进行专门教育，最后以创业园、实战课程和孵化服务来进行实战训练。[①]这种创新创业培养体系实质是深植于专业技能教育之中的，是在专业技能实践中逐渐培养学生的创新精神和创业素养，这一过程给了学生充分的选择权，满足了他们的个性化要求。

从国内的实践来看，学校、企业和社会都早已意识到创新创业技能对于工业4.0时期的技能型人才的重要性，这是素养技能中不可缺失的一部分，是现代劳动者职业素养的重要体现。

（三）技能培养新变

1. 长学制培养

应技能演进的需求，技能培养模式在这一时期亦发生了变化。变化首先来自政策层面。2015年，教育部发布《关于深化职业教育教学改革全面提高人才培养质量的若干意见》，认为要提高职业教育人才培养质量就必须要提升系统化培养水平，而这必须通过中高职人才培养衔接和专业课程衔接来实现。2016年，教育部和财政部印发《关于实施职业院校教师素质提

---

① 陈秋明.人工智能背景下如何建设世界一流职业院校[J].高等工程教育研究，2018（6）：110-116.

高计划（2017—2020年）的意见》，对将中高职衔接作为卓越校长专题研修、中高职衔接专业教师团队研修和协同提升、打造中高职教师专业技能创新示范团队等工作进行了部署。

2019年，教育部下发《关于深入学习贯彻〈国家职业教育改革实施方案〉的通知，要求逐项推进"职教20条"重点任务的改革攻坚，完善现代职业教育体系，探索长学制培养高端技术技能人才。相比之前政策中显露的中高职一体化培养倾向，"职教20条"首次明确提出以长学制的模式培养高技能人才。[1]2020年，教育部等九部门印发《职业教育提质培优行动计划（2020—2023年）》，提出规范长学制技术技能人才贯通培养，逐步取消中职本科贯通，适度扩大中职专科贯通。

通过以上政策脉络的梳理，可见当前技能型人才的培养呈现向长学制发展的特点，尤其是高端技能型人才培养。这一变化主要是因为原有的短学制已无法满足技能人才培养的需求，譬如职业素养难以在短短的2~3年内就养成，适应高精尖行业发展的技术技能则需要更长时间进行学习。因此，部分学者提出可实行"3+2""3+4"等不同形式的长学制以满足社会不同层次和类型的技能人才需求。[2]

而中高职一体化也成了各院校共同推进的技能培养模式改革的重要举措。中高职的一体化发展，只有中职和高职学校对培养目标、专业设置、教学内容等方面进行有机地合作与承接，而非粗暴地"一刀切"，才能形成完善的现代化职业教育体系。在借鉴德国双元制、美国CBE模式、澳大利亚TAFE模式的一体化设计，以及结合实际情况后，中高职一体化的本土实践也进行了诸多尝试。例如，杭州职业技术学院与海宁市职业高级中学合作探索中高职一体化人才培养模式，以电子商务（纺织服装）和计算机平面设计（软装设计）为试点专业，采取"3+1+1"培养模式，共建"产业

---

① 孙名楷，颜梓.高端技术技能人才文化教育长学制初探[J].职教论坛，2020（3）：148-154.
② 任君庆.职业教育供给侧结构性困境的破解之策[J].教育发展研究，2016，36（9）：79-84.

学院"，搭建中高职一体化人才培养平台。在组织保障上，考虑中高职院校的不同校情，将由高职专业名师、中职专业骨干教师和学生共同入驻的产业学院工作室作为基本培养单位。在培养模式上，则充分结合产业特点，制订"一体设计、分段培养、能力递进、无缝衔接"的中高职一体化人才区域定向培养方案，并制定相应的一体化课程体系和评价体系。

上海自2010年开始实施中高职贯通人才培养制度，7年内试点90多个中高职贯通专业，其中上海交通职业技术学院则与上海市交通学校展开了中高职贯通人才培养的设计和实践，其衔接的内部逻辑为"职业标准—能力标准—专业标准—课程标准"。[①] 即先根据统计和调研确定职业资格体系中的技能标准，据此确立培养目标，并根据中职、高职的学段特点，从职业的方法技能、社会技能、专业技能出发设计能够有机衔接的阶段性课程，尤其是高职课程要按照内容不重叠、深度有提升的原则来进行设计。[②] 这一中高职一体化模式实质是聚焦于职业核心技能的系统培养，以知识、素养等核心技能为中高职课程的衔接点，将行业发展与培养体系进行对接，以此实现高素质技能型人才的培养。

2. 产教融合

2014年，国务院出台文件决定加快发展我国现代职业教育，创造更大人才红利，在《关于加快发展现代职业教育的决定》中明确提出要实现这一目标，必须要坚持产教融合的原则，推动教育教学改革与产业转型升级衔接配套，校企协同育人。2017年，党的十九大报告指出，要优先发展教育事业，完善职业教育和培训体系，深化产教融合、校企合作。产教融合作为新时期职业教育发展方向被明确。而后，国务院发布《关于深化产教融合的若干意见》，指出产教融合是解决人才培养供给侧和产业需求侧不

---

① 朱建柳.基于课程衔接视角的中高职贯通人才培养设计与实践——以汽车服务与营销专业为例[J].教育发展研究，2017，37（5）：59-63.

② 朱建柳.基于课程衔接视角的中高职贯通人才培养设计与实践——以汽车服务与营销专业为例[J].教育发展研究，2017，37（5）：59-63.

适应的必要举措，要求构建教育和产业统筹融合发展格局，强化企业重要主体作用，推进产教融合人才培养改革，促进产教供需双向对接等。这一文件对政府、中高职学校、企业推进产教融合和校企合作事宜进行了统筹与布局。2020年，在教育部等九部门印发的《职业教育提质培优行动计划（2020—2023年）》中，深化产教融合、校企合作再度被作为一项职业教育发展的重点任务而提出。2021年，教育部发布《关于学习宣传贯彻习近平总书记重要指示和全国职业教育大会精神的通知》，指出必须把提高人才培养质量作为核心任务，这就要加强产教融合、校企合作，开展现代学徒制等试点工作，提高人才培养针对性、实效性。循着政策研究脉络，可发现产教融合作为当下职业教育发展、技能人才培养路径与模式的重要性与必要性已显现出来。

根据政策内容与精神，产教融合实质是职业教育与产业的深度合作，是职业院校为提高其人才培养质量而与行业企业开展的深度合作。[①] 因此，一方面，产教融合的本质要求是培养技能型人才；另一方面，产教融合需要通过政府、学校、企业多方协作来实现，而其中的一大表现形式就是校企合作，且成为多所职业院校进行技能培养、改革育人模式的重要措施。

如前述尝试中高职一体化的学校，其后续的持续完善便是依靠产教融合来进一步推动的。在杭州职业技术学院与海宁市职业高级中学的一体化合作中，就建立起高职、中职、行业、政府四方协同机制，其中许村家纺行业协会为学校和学生提供许村上千家家纺企业的人才需求动态信息、实习就业岗位等，使"职业体验—教学实习—生产实习—顶岗实习—创新创业教育实践"的高素养技能人才培养模式得以实践。在5年的培养期里，学生由所入驻工作室的中高职导师带领，下挂企业实习，逐步承接真实业务。对学校来说，这一模式保障了学生技能水平的提升紧跟产业转型发展步伐，培养学生作为职业人的职业素养；对企业来说，区域劳动力市场质

---

① 陈年友，周常青，吴祝平.产教融合的内涵与实现途径[J].中国高校科技，2014（8）：40-42.

量提升，高素养技能劳动力的需求得以满足，真正实现了校企双赢。①

上海交通职业技术学院则以汽车技术服务与营销专业为试点，将专业特色发展核心定位在校企合作的技能人才培养模式上，通过与一汽丰田等企业合作，共建合作运行机制，如共同确立培养目标，确立校外实训基地；共定培养计划，导入企业销售培训课程，安排实习；共享教学过程，学校专业教师与企业师傅协同教学，专业课程与企业课程进行融合。②同时，上海交通职业技术学院的中高职技能人才贯通培养方案也将校企合作衔接纳入其中，强调必须在培养伊始就导入校企合作培养模式，并贯穿始终。③

应现实需求，技能型人才的培养从技术技能转向了素养技能，职业素养、创新精神、创业能力成了当下技能型人才的关键培养目标，为此，社会、学校、企业共同迎接这一挑战，通过革新培养模式，学校由短学制培养走向长学制的中高职一体化培养，企业力量则在产教融合下的校企合作、现代学徒制培养模式中显现出来，技能培养体系日益完善。然而，前进之路非坦途，进一步健全与完善面向专业发展、职业发展、社会发展以及终身发展的技能型人才培养体系，仍有待深入探寻。

四、小结

通过追寻历史线索，进行国际比较，探索现实追求，"技能"迭代演进的逻辑业已形成。

（1）从社会历史发展看，技能在人类社会的生产实践中形成，随着生产力水平的持续提高和生产关系与生产方式的多次变革，"技能"的含义更

---

① 王小林，朱峥艳.区域产业背景下中高职一体人才培养探索与实践[R].浙江省教育厅职成教教研室，2021.
② 朱建柳.高职院校专业规范与特色建设实践与探索——以上海交通职业技术学院汽车技术服务与营销专业建设为例[J].社会科学家，2012（S1）：156-157.
③ 朱建柳.基于课程衔接视角的中高职贯通人才培养设计与实践——以汽车服务与营销专业为例[J].教育发展研究，2017，37（5）：59-63.

新换代，每一个历史时期都有特定的"技能需求"命题需要回答。

（2）工业4.0时代的到来使技能的内涵得到了丰富，在传统的职业技能之上，国际社会就新技能需求达成共识：数字技能、绿色技能、终身技能、可持续发展技能等不仅对劳动者在这一时期的生存与发展至关重要，而且关乎社会整体的革新。

（3）技能是职业教育发展的逻辑起点，近年来本土职业教育正在跟随技能内涵的迭代而变革，职业教育的育人模式因此产生了诸多变化，这在课程改革、教学方式、评价体系、专业建设等方面得到了明显体现。技能演进下，一套新的话语体系和一系列新的本土实践正在重塑职业教育的育人逻辑。

这正是本书所试图构建与阐释的，在新的历史时期下，职业教育具有这样的使命：使个体具有纵向技能，从纵向钻研专业，发扬行业功能与工匠精神；也使个体具有横向技能，从横向拓宽生活，适应变化中的多维社会；通过打造"纵""横"技能坐标系，帮助个体寻找生涯动态坐标，构建技能型社会。

CHAPTER 2

| 第二章 |

纵向技能的深度挖掘

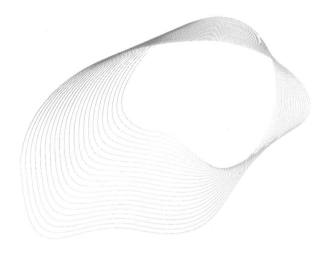

前一章中，探究了技能如何在历史的长河中，随着时代发展不断演绎。在时间的轨道上，体现了不少纵向发展的特征，大致经历了传承、进阶、适应和分类等变迁。在每一个发展阶段，纵向技能都以其特定的规律不断完成从"简单"到"复杂"的进阶，技能人才完成从"新手"到"专家"的华丽蜕变。

一、理解纵向技能

在《辞海》里，技能被界定为运用实践知识和经验进行有目标活动的能力，它关注活动的目的性和领域的专业性。伴随着工业化进程，工作场所和工作任务不断变化，完成特定生产实践所需要具备的专门的、系统的技能在随之发生变化。在历史线索中，纵向技能正在不断适应职业的分化和迭代，呈现出日渐精细化的演变，成为推动社会经济发展的重要力量。那么，何谓纵向技能？它有哪些构成要素？又有哪些基本特征？面对这些问题，理论界目前尚无专门的文献释义，但是从对技能演变的梳理中可以窥见，纵向技能是人们完成某一具体工作任务的技术技能，是能够改变生活的基本技能。从某种意义上来说，具备良好的纵向技能是走向工作世界的前提。

（一）纵向技能的概念梳理

在人类文明发展进程中，流传着很多精巧雅致的传统技艺、绝活。明代典籍《天工开物》^①就记载了古代中国在农业和手工业领域的诸多生产技能，如养蚕、造纸、耕田、灌溉、活塞风箱、金属冶炼、瓷器烧制等。

在农业社会初期，大部分生产劳动是和家庭生活合二为一的，人们只要具备少数几种技能就可以生存下来，如钻木取火、农业耕种、编织衣物等手艺。纵向技能最初主要是指生存技能，技能传承通过生产过程中的口传心授、言传身教而实现，主要目的是满足个人的生活需求。

然而，社会生产力的持续发展使得生存技能逐渐无法满足人们多样化的生产需求，伴随人口迁徙和社会流动，职业加速分化，分化的职业促进了生产技能的发展。手工业出现之后，社会上兴起了以陶器、纺织、建筑、交通工具制造等为代表的手工艺技能。随着工商业的逐渐壮大，社会生产对技能的需求也逐渐分化，开始越来越注重技能的专业化和标准化。例如，在宋代，有官方色彩的"法式"^②应运而生并成为学徒考核的标准，行业不同法式不同。技能独立化时代尚未有系统的技术理论，只能让徒弟机械地重复操作，一个新手在师傅的言传身教之下，需要熟悉并掌握工作的所有工序，在实际生产的过程中，边看、边学、边干，能胜任基本工序之后就可以开始系统地操作，从学徒变成帮工，最后成为师傅。"学徒—帮工—师傅"这三种身份地位的晋升遵循时间、技能水平等规定，是有序的，具有纵向的序列。

早在第一次工业革命时期，一方面，传统的技艺传承已然存在；另一方面，机器生产代替了原始的手工劳动，社会上开始萌生出新的职业工种，越来越多的年轻人从事与其上一辈完全不一样的工作，这些工作不需要劳动者掌握全套工序的操作。在精细的劳动分工下，任务分解也是精细化的。在过去，手工劳动者普遍需要掌握生产过程中的所有技能，但是随着机器

---

① 《天工开物》被外国学者称为"中国17世纪的工艺百科全书"，它记载了明代中叶以前中国古代的各项技术，是世界上第一部关于农业和手工业生产的综合性著作，作者是明朝科学家宋应星。
② 在中国古代，"法式"即技术操作规范，其中包括一些基本的技术知识，内容有名利、制度、功限、料例、图样等，它是早期职业教育课程之一。始于宋代，主要代表有《营造法式》《弓式》等。

生产时代的到来，某些技能被机器取代，劳动者通常只参与生产过程中某一工序的操作，从这个意义上来说，机器的出现催生了更加专门化的技能。

在这个阶段，技能已经出现了分化，随着社会分工的加剧，技能被进一步拆解为具体化的、专门化的操作环节，并被按照工序步骤分解为一个个具体的生产单位，每一个生产单位又包括若干个具体的生产流程。随着生产流水线模式的应用，人们不再需要掌握整个生产流程的一系列技能，而是只需要熟练掌握局部或单项技能，能够完成属于个人任务领域的某个标准化工序即可。

历经三次工业革命的洗礼，社会生产的技术含量显著提高，技术本身的复杂度和精细度都与以往不同，科技革命的到来更是改变了劳动力市场的技能结构。为了满足日益复杂的技能需求，纵向技能逐渐向多样化、进阶化、精准化的方向发展。

由此可见，纵向技能和工作任务紧密关联，具有目的性和规范性。纵向技能是人们所具备的在不同情境下从事某种行为或操作的能力，它是个体在持续的社会实践中不断练习、沉淀、积累起来的，它包括实施该项行为或操作所需要的技能知识和个体经验，是人们进行产品生产或提供特定服务的本领。例如，拥有摄影技能意味着能够完成具体的摄影操作，并且能够在不同的环境下选择合适的摄影模式和工具。从这个意义上来看，纵向技能可以被理解为人们完成某一具体工作任务的技术技能，是"指向工作的技术和职业能力"，它一经产生就会被他人模仿和效仿，具有一定的可复制性，遵循一种独特的执行程序和操作规则。一方面，纵向技能和劳动分工紧密关联，劳动分工越细，纵向技能的专门化程度就越高。另一方面，纵向技能是联结人、技术、工作的纽带，它使"知识与工作任务的要素，如关系、对象和设备之间形成联系"①，如果说工作是和一些相关的任务捆绑在一起的，那么纵向技能就是为了完成工作场所中的特定操作任务而需要

---

① 徐国庆.职业能力的本质及其学习模式[J].职教通讯，2007（1）：24-28，36.

运用的专业技术和能力。

（二）纵向技能的基本特征

纵向技能的发展追随历史的进程拾级而上，有着明显的"纵向"痕迹。此外，它是一个不断学习、实践、反思、提升的过程，具有专业性、情境性、进阶性和熟练性的基本特征。

第一，专业性。纵向技能的形成与发展是与职业、岗位和专业相互交织的动态过程。随着社会分工的加剧，纵向技能的专业化程度不断完善和成熟，具有较高辨识度。一方面，纵向技能的专业性通过实践活动表现，它具有明确的目标指向，比如建造房子、制作美食、修理汽车等。但是，具体目标的实现需要通过后天习得，评估目标达成度的依据是职业（岗位）技能标准。于是，特定情境的工作任务和专门化训练变得尤其重要，人们通过刻意练习，习得固定的程序性动作，掌握具体工序中的技能操作规则，形成个体层面的经验、方法和技能储备，并把学到的技能运用到工作实践，达成阶段性的技能目标，从新手进阶为专家。在这个过程中，专业性被赋予了"门槛"的意义，即便是一项最简单的技能任务，也不是每个人都能完成的。从最简单、粗糙的石器到较高级的弓箭、石斧的出现，生产工具变得日渐多样和复杂，为了满足人们生存和生产的需要，有经验的熟手（或专家）主动传授有关工具制作与使用、操作的方法、技巧和规则，帮助初学者（新手）完成工序流程中涉及的操作任务。于是，经历长期实践性训练，不同类型、不同结构的纵向技能逐渐被固定下来，并形成了具有辨识度的、可复制的技能操作规范，分化出"在知识基础与技术水平上非常成熟的职业或行业"[1]。另一方面，纵向技能通常分布在具体专业中，专业下面又有诸多专门化方向，这种分门别类的状态提高了纵向技能的习得门槛，再加上专业和职业、专业和工作岗位、职业和岗位之间的联结、嵌套状态，

---

① 石中英.论专业学位教育的专业性[J].学位与研究生教育，2007（1）：7-11.

使得纵向技能的习得过程和精进过程变得复杂且有难度。但是，只要遵循技能发展规律，投入一定时间的训练，一定能提高纵向技能的水平，实现技能的精进。从这个角度来看，纵向技能的专业性表现为人们能够对"做什么"和"如何做"两个问题作出正确解答。

第二，情境性。技能在古代常被称为"手艺"，获得一门手艺离不开在生产过程中"边看、边学、边干"。在农耕和"百工"时代，学徒如果要全面掌握一项技能，就需要熟悉工作的所有工序，而每一道工序并非师傅单独教授，而是学徒在完整、自然的工作过程中随机地学习。[①] 通过参与工作实践，实现对技能的理解和掌握。随着社会生产力的发展，由于手工技能操作的复杂性，通常对劳动者的技能要求也非常精细，个别教学、随机学习以及其他偶然因素不利于进行规范化技能训练与传授，需在工作情境中进行更长时间的学习。《新唐书·百官志》记载："细镂之工，教以四年；车路乐器之工，三年；平漫刀稍之工，二年；矢镞竹漆屈柳之工，半焉；冠冕弁帻之工，九月。"通过师傅的传帮带，学徒利用重复练习、追加反馈等方式加深对技能的学习和运用，提高人们直接使用工具进行生产操作的熟练度和灵巧度。

这里需要说明的是，纵向技能的形成包括技能知识学习和技能经验积累两个过程，前者通常在职业学校里进行，后者主要在车间生产中实现。根据情境学习理论，知识是情境化的，不是抽象的。纵向技能可以通过理论与实践、工作与学习、学校与企业的深度融合，在情境化工作场所及真实任务中完成技能的积累和迁移。从这个意义上来看，纵向技能具有情境性，劳动者是通过在工作情境中的持续练习和生产实践获得纵向技能的。初学者通常缺乏情境意识和自主判断的能力，只能够严格遵照规定或计划应用纵向技能。进阶新手已经具备了一定的技能判断能力，他们在真实的工作场所中观察师傅的实际操作，并在此过程中不断地感知、模仿和练习，

---

① 石伟平.比较职业技术教育[M].上海：华东师范大学出版社，2001：4-6.

进而习得默会知识，掌握纵向技能的操作要领并形成自己的经验，从帮师傅做简单的辅助活计到成长为一名独立的能工巧匠，在参与生产实践的过程中逐渐从"新手"发展成为"专家"。这里的"新手"是指刚开始接触和从事技能操作的人，他们还需要学习以具备生产实践所需要的基本能力。莱夫和温格在"合理的外围参与理论"（legitimate peripheral participation，LPP）里指出，新手主要的学习方法，最初是负责职业中的一些边际活动，通常是含有一些技能或容易获得某些技能的活动。[①] 新手正是通过有限度地参与技能学习，积累经验，逐步进入专业领域的。以数控金属切削类专业为例，一名机械加工的工程师，他在初入职的 2~3 年里，很多时候是和同事在一起的，通过在车床、铣床、磨床、加工中心的持续训练中获得实践经验，经历在办公室里编工艺、估材耗、算定额的修炼过程，才可能成为一个合格的工艺人员。然而，如果要成为数控领域的技能高手，从毕业后进入职场算起，最起码需要 6 年的时间。[②]

第三，进阶性。学习进阶理论认为，学习是一个逐渐累积、不断演进的过程，人们对所学内容的理解存在多个不同的中间水平。从字面上来看，"进"是指向前或向上移动，"阶"是指用砖石堆砌或借助山势凿成的梯形道路。如果把"进"理解为"一种发展状态"，那么"阶"就是纵向技能发展过程中的关键节点，借助这些关键节点可以区分纵向技能的水平层级，反映纵向技能上升的态势和规律。可见，纵向技能是在完成阶段性任务的过程中得到发展的。

循着技能学习的规律，我们可以从过程和结果维度理解纵向技能的"进阶性"。第一，进阶是指向过程的，它强调纵向技能的发展需要经历多个时间相对固定、内容具有差异化的练习阶段，在完成阶段任务后自动进入下一个阶段，但是在每一个阶段人们都存在从生疏到熟练的技能变化。

---

① 转引自：温奇.职业教育的技能积累[M].杨光明，陈云山，杨永兵，等译.北京：北京师范大学出版社，2016：130.
② 杨佩昌.德国：技术工人从学徒开始培养起[J].工友，2014（1）：12.

第二，进阶是指向结果的，它强调纵向技能具有方向和目标，可以通过铺设的过程性"台阶"实现从简单到复杂、从低级到高级的迭代。因此，纵向技能是一个逐渐累积、不断演进的复杂过程，它不是一次就能够完成的。德雷福斯在《程序员的思维修炼》一书中，给出了技能学习的五个阶段，即从新手，到高级新手，再到胜任者和精通者，最后达到专家阶段。无论阶段如何划分，纵向技能都遵循从感性认知到理性接触，再到内化后熟练、发展的基本规律。技能的发展一方面依赖于情境中的反复练习；但另一方面，当技能发展到一定阶段后它又是"去情境化"的，它不仅需要在固定的、熟悉的工作情境中使用，同时也需要劳动者在复杂的、变化的不同情境中掌握技能的本质规律和技巧。在工作中，常常会看到新手在陌生情境中手足无措，但技能专家却依然能在不熟悉的情境中显示出高超的技术水平，因为他们的技能不依赖于情境而存在，他们已经掌握技能的本质规律和技巧。在这种情况下，不仅需要专业的知识，还需要隐性的情境意识发挥作用。[①] 在某些工作情境里，人们处理不熟悉的和未知情况的能力刚好可以检验他们究竟处于何种程度的纵向技能水平。

纵向技能的进阶是一个渐进式的过程。首先，需要经历不同层级的学习任务，获得不同水平的感性经验与理性认识，才能令技能逐渐内化以至最终形成具有个体特点的行为与决策模式。此外，进阶是工作情境和工作任务、个体经验和外部训练等多种因素共同作用的结果，这也为纵向技能的发展提供了更多可能的路径。如园艺，在操作工序不同、操作工具不同、操作标准不同的情况下，从掌握"修剪"单项技能，到同时掌握"养护""景观设计"等综合技能，是进阶的体现。

第四，熟练性。所谓熟练，是指对技术精通且有经验，熟知操作要领并且操作起来果断、准确、迅速、自如，能够判断并正确选择生产工具，

---

① 　温奇.职业教育的技能积累[M].杨光明，陈云山，杨永兵，等译.北京：北京师范大学出版社，2016：100-102.

又快又好地完成操作任务并生成产品。作为一种与工作任务相关的技术和能力，纵向技能其水平常常通过特定情境下劳动者完成任务的程度来反映。纵向技能的熟练性充分表现为劳动者在具体工作任务情境下，将"丰富的领域特殊性知识"自动化的过程。从这个层面看，纵向技能具有固定的工序和操作标准，它的熟练程度直接影响社会再生产的成本和产品质量标准的达成。现代社会对熟练工人的需求不断增加，纵向技能的熟练掌握能够使劳动者迅速地进入劳动力市场并释放生产能力。从这个角度看，纵向技能是帮助人们获得体面工作、实现美好未来的关键支撑。

诚如亚当·斯密所言，"想要拥有熟练灵巧的手可能需要长时间的充分练习"[①]。纵向技能的熟练化正是一个始于训练的不断精进的过程，它离不开工作场景下的示范、实践、反馈，它的形成是一个长周期过程，需要人们持续学习和实践。在古代社会，纵向技能以学徒制的方式传授，强调做中学、手脑并用、反复练习。生产流水线上的工人只有熟谙纵向技能，才能快速且准确地进行流水线操作。即便是在智能化、科技化的现代社会，纵向技能的形成也离不开系统的、具有针对性的专项训练。专项训练迫使个体对纵向技能保持"持续的投入"，及时从具体操作或操作的结果中得到反馈，快速积累专业经验达到技能的熟练化。在专项训练过程中，通过创设真实教学情境的方式，缩短"练习"与生产现场的"距离"，在练习的内容、方式上关联技能知识和工作任务，有助于对纵向技能的熟练掌握和快速传承。而且，"通过呈现更多问题情境及要求掌握更多子技能以促进领域知识体系的丰富与结构优化。在领域机制的优化与领域知识体系的建构过程中，个体的专长水平不断提高，最终成为某领域之专家。"[②]一般认为，专家的表现及其行为要高于精通熟练的程度，专家水平的获得离不开"聆听"和"照着描述去做"。渐渐地，人们对某个特定领域更加富有经验，并且能够更加

---

① 转引自：温奇.职业教育的技能积累[M]. 杨光明，陈云山，杨永兵，等译.北京：北京师范大学出版社，2016：54.
② 郝宁.专长的获得：刻意训练理论及实证研究[D].上海：华东师范大学，2006.

灵活地掌握程序和规则，纵向技能得以熟练化。

（三）不断发展的纵向技能

历经数次工业革命，从早期的生存技能到分化后的生产技能，纵向技能呈现随时代进步而不断进阶、迭代的特点。

根据亚当·斯密的分工理论，劳动分工的细化和深化使得纵向技能日益专业化，产品的生产被分解为多个步骤，每个步骤都意味着一道工序，每一道工序都需要与之相关的纵向技能。随着分工的演进，生产链条无限延伸并且处于动态变化中，岗位、职业等逐渐呈现出了专业多样化特征，劳动产品也更加丰富多样，技能结构、职业结构也随之出现了更多分类。① 我国是全球工业门类最齐全的国家，拥有 41 个工业大类、207 个工业中类、666 个工业小类，形成了独立完整的现代工业体系，整个制造业对技能人才的需求非常大。但是截至 2021 年 3 月，我国技能型劳动者约有 2 亿人，只占全国劳动力的约 23%，无法满足工业 4.0 社会的整体配置。技能人才尤其是高技能人才在总量、结构、培养、使用等方面，与实际需要相比仍存在一定差距。2021 年 6 月 30 日，人力资源和社会保障部印发《"技能中国行动"实施方案》，提出要在"十四五"期间实现新增技能人才 4000 万人以上，技能人才占就业人员比例达到 30%，东部省份高技能人才占技能人才比例达到 35%。② 究竟如何培育满足现代企业需要的高水平技能型人才？答案可能会有很多种，但毫无疑问这个过程是纵向技能不断演化与精进的过程。

虽然诸多相关因素影响着纵向技能的发展，但是不难发现，纵向技能始终无法脱离工作情境而独立存在。对职业院校来说，企业拥有任何实训

① 赖德胜，黄金玲.第四次工业革命与教育变革——基于劳动分工的视角[J].国外社会科学，2020（6）：117—126.

② 人力资源和社会保障部.人力资源社会保障部关于印发"技能中国行动"实施方案的通知[EB/OL].（2021-07-06）[2021-08-10].http://www.mohrss.gov.cn/xxgk2020/fdzdgknr/zcfg/gfxwj/rcrs/202107/t20210705_417746.html.

基地都无法比拟的真实工作情境，故在纵向技能的形成和发展过程中，企业元素是一直呈"点散式"存在的，融合"专业""企业""职业"开展情境学习已然成为纵向技能积累和迁移的重要路径。

随着技术的成熟和海量数据的积累，数字化转型成为行业趋势，在万物互联的未来，一方面，为适应数字技术、人工智能发展要求，纵向技能的类别、内容势必发生变化，甚至 A 技能和 B 技能之间的边界也会被突破、消解并呈现"混合"趋势。另一方面，以移动化、个性化、便捷化为特点的、不断叠加的技能需求让纵向技能又开始新的分化，单一技能逐渐被具有综合性、复合性特点的特定工作技能和新兴技能所代替，后者对前瞻性技术的需求又推动着纵向技能的不断发展。世界技能组织主席西蒙·巴特利曾说过，全世界需要技能，一个没有多元技能的国家，不可能成为一个繁荣的经济体，也不可能在世界市场竞争中脱颖而出。[①] 近年来社会上日益流行的人工智能、无人机驾驶、新能源汽车等这类具有智能化倾向的领域，都需要多项技能的加持。只掌握一种技能或只会操作一种设备、完成一道工序已经不能适应劳动力市场需要。随着产业转型升级加快，特别是人工智能等新技术的出现，机器取代部分简单、重复、标准化的人工工作，对智能设备管理和维护人员的需求显著提升。[②] 这些都在倒逼纵向技能不断叠加、变形与融合。可见，为了能够快速适应智能化生产的全新模式和技术需求，纵向技能的可塑性愈发凸显。BOSS 直聘发布的《2019 年人才资本趋势报告》将人工智能、算法、智能识别技能归类为"未来型技能"，认为这类技能或多或少重塑了原有的技术体系，形成了从宏观到微观的结构改变。2019 年，《中国未来技能趋势报告》罗列了数字化转型背景下市场对技能人才和新兴技能需求的变化，其中，排名前三的新兴技能是全栈开发、人工

---

① 周子勋.中国技能事业迎来新的历史契机[N].中国经济时报，2021-11-12（002）.
② 王芳，赵中宁，张良智，等.智能制造背景下技术技能人才需求变化的调研与分析[J].中国职业技术教育，2017（10）：18-22.

智能和区块链①。人力资源和社会保障部2021年8月发布的数据显示，高级技师求人倍率达到3.11，这意味着3个多岗位，只有1个符合条件的求职者。②技能转型的时代趋势对纵向技能的市场匹配度和培育精准度带来双重考验。

技能是支撑国家经济竞争的关键要素，是帮助人民群众实现美好生活的重要保障。随着社会对技能熟练工人需求的不断增长，国家对技能发展的支持力度越来越大。从工人技术等级考核制度到推行职业资格证书制度，再到建立职业技能等级制度；从分批取消职业资格许可和认定事项到公布国家职业资格目录，再到分步取消水平评价类技能人员职业资格；从职业资格评价改革到推行社会化职业技能等级认定……③政策正在逐渐打破技能人才职业发展的"天花板"。在"十四五"期间，职业技能等级拓展为学徒工、初级工、中级工、高级工、技师、高级技师、特级技师、首席技师，"新八级"制度的出台诠释了纵向技能从低到高的层次化发展历程，标志着技能人才的发展通道更加畅通，这种变化也从客观上增强了纵向技能的吸引力。

有学者对高校毕业生的就业质量和职业发展情况进行调查，研究结果显示，在企业中发展较好的毕业生主要有三类，第一类是专业尖子，第二类则是多面手，第三类是积极主动者。④在这三类群体中，专业尖子以其自身在某一专业领域或具体岗位上所拥有的精湛技艺被企业青睐，他们所具

① 《中国未来技能趋势报告》显示：十项新兴技能受职场人热捧[EB/OL].（2019-11-01）[2019-11-01].https://www.sohu.com/a/351060883_162758.

② 技能型人才就业前景广阔 职教本科招聘现场火爆 高级技师求人倍率达3.11[EB/OL].（2021-12-23）[2021-12-29].http://news.cctv.com/2021/12/23/ARTIm9e0rgtjez0TaJuxBmNk211223.shtml.

③ 祖任平.锻造中国制造中国创造的技能人才力量——我国技能人才工作述评[N/OL].中国组织人事报，2021-06-30[2021-08-29].https://article.xuexi.cn/articles/index.html?art_id=777365133375046937&item_id=777365133375046937&reedit_timestamp=1625062253000&to_audit_timestamp=2021-06-30%2022%3A10%3A53&study_style_id=feeds_default&t=1625511600742&show-menu=false&ref_read_id=86e9dc6b-0791-411a-8f17-76027c4fa85e_1665047085457&pid=&ptype=-1&source=share&share_to=wx_single.2021-06-30.

④ 黄晓兰.毕业生就业"实用手册"[J].中国人力资源社会保障，2017（7）：21.

备的"完成工作的技术和职业能力"正是纵向技能，可见，纵向技能日益成为毕业生职业发展的关键要素和实现美好生活的重要保障。伴随职业分类不断细化和技能规格的不断攀升，纵向技能的发展所带来的不仅是个体的身份的转变（从新手到专家），更是其全新生涯阶段的开启。[1]

在科技进步和全球化加剧的世界背景下，不断发展的纵向技能正在以不可阻挡之势在促进公平、可持续发展以及技能型社会的建设中发挥重要作用，其发展的内在特征和本质规律应成为我国技能传承和技能技术人才培养的基本要求。

二、技能的传承

技能形成是指劳动者获得技术、技巧和能力的过程，即劳动者在掌握理论知识的基础上通过不断地有效练习，得到在工作中解决各种问题的能力。[2] 在不同历史时期，劳动者技能形成的方式各有其特点。我国古代诸多文献中都有关于"教民农耕""拜弃为农师""教民稼穑""教民育蚕"的记载，这表明技艺传授是农业社会普遍存在的历史事实。正如卢梭在《爱弥儿》中所说，在人类所有的职业中，工艺是一门最古老、最正直的手艺。作为一门技艺，它是被教授的、被习得的，是相互传递的。[3] 技能的传承有三种模式：家族传承、师徒传承和作坊传承。私有财产出现之后，农业耕作技能采用子承父业的形式世代传习。在手工劳动阶段，技能在家族内部亲人之间传承，对家庭成员以外的人严格保密。随着手工业规模的扩张，雇佣劳动被引入，技能传承从家庭走向市场，行会、企业逐步成为技能形成的重要影响因素，职业学校开始尝试以行业企业的标准为基础教学标准，

---

① 庄西真.技能人才成长的二元时空交融理论[J].职教论坛，2017（34）：20-25.
② 张学英，朱轩，康璐.中国劳动者技能形成的历史逻辑及演进趋势[J].职业技术教育，2020，41（1）：59-66.
③ 转引自：莫斯，涂尔干，于贝尔. 论技术、技艺与文明[M].蒙养山人，译.北京：世界图书出版公司，2010：48.

聘用专业教师开展教学活动。① 到了机器大工业时代，机器换人的趋势和工作职能的分化使得技能传承的方式进一步多样化，技能大师、企业、行业、学校、培训机构等利益相关者共同推动着技能的发展。

（一）赓续古今的师徒制

工业革命之前，职业教育是以旨在传承技能的学徒制形态而存在的，而当技术革命与蒸汽时代来临，行会解体，师徒制衰落，劳动力的技能需求与技能习得的方式发生巨大改变，技能传承形态经历了由传统学徒制到正规职业学校教育，再到现代学徒制的演变。

师徒制最早出现于奴隶社会，至封建社会时期达到鼎盛。② 在传统师徒制中，人品与天赋是学徒遴选的基础性条件，徒弟需要长期浸润在师傅的技艺里③，他们的领悟力直接影响技能学习效果，品行与技艺也会影响师傅的社会声望与地位。中国古代师徒制的本质是个人行为，师傅与徒弟或第三方担保人订立契约，没有更高一级的组织进行规范，即便是行会的干预也仅仅是对招徒数量进行限制。随着生产规模的不断扩大，师徒制不再拘泥于"家""户"，而是逐渐扩散至其他组织领域，成为职业教育的最早形态。传统师徒制用技艺传承的方式避免了人亡艺绝的技能"失传"情况，掌握精湛手艺和有丰富经验的人通常成为某一领域（岗位）的师傅，师傅在生产实践中展示技能，学徒通过对师傅技艺的观察与模仿，形成个人经验化的、独立的纵向技能。师徒传承成为企业缩短技能人才培养周期，培养熟练工人，保证高技能人才按比例增长的惯常做法，被广泛应用于手工生产领域。但是，如果一直采用"一对一"或"一对多"师徒制形式传承技能，就会耗费大量的时间和人力资本，这种低效率的传承方式很难适应市场对

① 张学英，朱轩，康璐.中国劳动者技能形成的历史逻辑及演进趋势[J].职业技术教育，2020（1）：59-66.
② 吕妍，古继宝，梁樑.我国现代企业师徒制重构探讨[J].华东经济管理，2007（4）：111-114.
③ 章翱.天津铜艺发展现状及技能传承研究[D].天津：天津职业技术师范大学，2018.

技能人才规模化、类别化需求的挑战，传统师徒制传承在人类社会的发展中日渐式微。

虽然传统师徒制日渐式微，但由于职业学校教育规模化和去情境化培养的弊端和柔性生产方式的出现，类似"私人定制"的手工技艺因为具有丰富的文化内涵和个性重新获得消费者青睐。它效仿行会将其成员分为大师、熟练工人和学徒，学生在作坊里以学徒的身份参与生产，学习过程即为生产过程，学生的作品就是作坊的产品。① 新手徒弟在经验更丰富的师兄的带领下日复一日进行商业化的加工生产，学徒有固定的工资和契约②，学徒之间存在交叉学习的关系，也存在技能差异。这种以"作坊"形式存在的技能型组织逐渐演变成用于技能训练的专门场所，"工作室"（studio）的雏形逐渐清晰，技能的传承通过"工作室（场室）教学"完成，通常以项目为载体，侧重将理论知识融入实践训练。于是，各行各业的技能大师、大师工作室成为职业教育技能传承的主要力量，推动纵向技能的进步和发展。

如果说"师傅"一词是对专门技艺工匠的尊称，那么，"大师"则特指专业领域的技能权威。技能大师具有丰富的工作场所知识，精通本工种的纵向技能，他们扎根生产现场，在绝技绝活、技术创新、工艺传承等方面有较高造诣，是技能传承的"带头人"，有较高的解决技术难题的能力，能够创造性地从事技能要求较高的工作，具有较高的职业素养和工匠精神，能解决技能难题和承担技术攻关任务，具有良好的社会形象。他们有些参加过世界性重大技能赛项，有些则是某一专业领域的开山鼻祖，有些还是非遗项目的传承人。有学者将这些具体指征概括起来，认为一名技能大师要同时满足四个条件，即品德高尚、技艺高超、经验丰富、有区域影响力，概言之，就是"德艺双馨"。③"在工作情境中持续学习"是技能大师的特点，

① 徐赞.包豪斯设计基础教育的启示——包豪斯与中国现代设计基础教育的比较分析[D].上海：同济大学，2006.

② 韩澄.北京传统首饰技艺传承研究[D].北京：中央民族大学，2011.

③ 中国职工教育和职业培训协会.技能大师工作室建设指南[M].北京：中国劳动社会保障出版社，2013：8.

也正是这个特点令技能大师群体具有创造性、实践性和终身学习性三种属性。一方面，在技能大师革新和改造技术、工艺、设备或生产工具的过程中不断地产生创新性的知识或技术成果。另一方面，技能大师以班组、工作室为平台，通过编写培训教材、开展培训讲座、指导技术交流与竞赛、师带徒等形式实现创新成果在组织内部的共享与传播，推动更多创新成果的产出。根据 2020 年的统计数据，我国技能大师群体产出重大技术创新成果的平均年龄为 40.3 岁，其中，创造年龄最小的为 24 岁，最大的为 54 岁。技能大师群体的创造力高峰期为 31~50 岁。[①]

工作室作用的发挥离不开制度环境的保障。技能传递强调通过实践而掌握技艺，并依托一定的制度环境、组织结构及关系互动完成技能的解码和重组。[②]2020 年，浙江省《关于实施新时代浙江工匠培育工程的意见》明确指出要加快构建"产教训"融合、"政企社"协同、"育选用"贯通的技能人才培育体系，社会各行各业的能工巧匠受聘担任"企业导师"，将企业元素"搬"进校园，也把师徒关系"植"入了校园。为了增强技能培养的有效性，职业学校以职业实践为中心组织技能教学内容，现代学徒制成为职业教育新形态。

纵向技能的培育需要充分的人力物力保障，这些是传统师徒制无法满足的，需要依托政府的支持及多方统筹社会资源。大师工作室因成为技能转型阶段的一种探索而广受关注，有效的技能传递需要同时具备两个条件：一是掌握技能的人，二是有效的方法。技能大师群体的存在为纵向技能的培育提供了优质师资，使得第一个条件被满足，那么，在纵向技能培育过程中该如何发挥这些"技术权威"的作用呢？技能大师工作室的存在为满足第二个条件提供了多种可能。

技能大师工作室通常是指那些获得资质的技能大师以自己名字命名的

---

① 韩永强，彭舒婷.技能大师养成的关键因素及其启示——基于35位国家级技能大师的样本数据[J].中国职业技术教育，2020（9）：42-59.

② 刘凤文竹.新世纪初期国企技能传递组织模式变迁研究[D].长春：吉林大学，2020.

工作室或团队组织，由技能大师、技能尖子（标兵）、技能骨干和少部分的初学者组成，在某些地方也被称作金蓝领工作室、技能创新工作室。技能大师工作室 2010 年由人力资源和社会保障部首次明确提出，并作为一种制度建设，是现代学徒制的高级形式，是导师制在技能人才培养中的示范。[①]技能大师工作室有不同的分类与设立原则，按举办者或建设途径分类，有企业办、校企合作办、大师独立办三类；按技能领衔人职业和产业类别分类，有现代技术类、传统工艺类和文化创意类；根据批准单位性质分类，有政府设立与行业企业设立两种。[②]虽然名称、类型、属域各异，但是"工作室"在学校资源和社会资源的融合方面具有共性优势。

　　日本管理学教授野中郁次郎提出的知识转化的螺旋模型揭示了"大师带高徒"模式中的技能类隐性知识传播、转化与生成机理。技能需要借助"人际"来传播，它是通过"从人到人"（people-to-people）的传播方式，即师徒间的人际交流来传递的。技能大师群体在较长职业生涯中通过特定岗位的工作实践而形成的技能（绝活），通过人际传播的方式，在较短时间内传授给徒弟，学徒（学生）耳濡目染，通过模仿学习将纵向技能掌握并内化，减少了学徒因盲目探索而造成的时间消耗。随着技能实践的增多和学徒技能水平的提升，学徒之间也可以实现技能流动。

　　以精英理论审视技能大师的身份内涵，我们会发现，其身上不仅具备超高的技能与技艺，在生产中占据重要位置，是生产层面上的技术精英，而且，他们还具有一定的管理能力，在工作室的日常管理中具有一定话语权。[③]可见，工作室有不同的角色属性和身份定位。从身份来看，成员既是师傅和徒弟，又是领导和下属；从关系来看，它是独立机构，但它又和职校、行业有一定程度的依赖关系；从活动形式来看，主要以项目推进；从运

---

① 　中国职工教育和职业培训协会.技能大师工作室建设指南[M].北京：中国劳动社会保障出版社，2013：3.
② 　刘凤文竹.新世纪初期国企技能传递组织模式变迁研究[D].长春：吉林大学，2020.
③ 　刘凤文竹.新世纪初期国企技能传递组织模式变迁研究[D].长春：吉林大学，2020.

行来看，主张将理论知识融入实践训练，名师带徒传技、技艺创新、技能推广是它的主要工作范畴，随着"技能中国行动"的启动，技能大师工作室逐渐成为我国高技能人才培养培训的基地。

随着现代学徒制的兴起，技艺的延续不再仅仅是产业行业领域的责任，还是学校、政府、企业、社会的联动责任，高效的团队学习与合作以及科学的选拔奖惩机制成为影响技能传承的重要因素。例如杭州商贸服务行业在 2021 年有国家级大师工作室领衔人 4 位，省级大师工作室领衔人 2 位，市级大师工作室领衔人 16 位，主要分布在餐饮、美容美发、摄影婚庆等行业，[①] 是校企合作的重要资源。2013 年，杭州市中策职业学校与企业合作设立"杭帮菜传承人班"，依托"行会驻校、名企订单"校企合作深度融合的专业建设优势，将杭帮菜非遗传承人培养有机嵌入餐饮服务集群的人才培养体系，实施杭帮菜非遗传承人与烹饪专业人才一体化培养模式。[②]

（二）实现的关键环节

"名师出高徒"的传统观念促使职业院校与技能大师形成一定程度的"依赖"关系。这种"依赖"关系逐渐被放大并演化为一种基于稳固师徒关系的技能传承机制，技能大师以工作室为载体，通过为学徒营造真实的工作情境，为学徒提供经验学习的环境与引路人，帮助学徒快速适应多变的工作情境和学习师傅独有的工作知识。纵向技能的传承体现在收徒、学艺和出师三个环节。

第一，收徒。师徒关系的确立有两种方式：一是徒弟自荐，二是大师招募。准入门槛一般由大师设置，技能大师根据专业技能规格遴选学徒，以劳动者技能水平的高低和可培养价值的大小为鉴别依据。"技能水平的

---

① 如何更好地传承与创新？商贸服务行业的大师工作室领衔人开启"头脑风暴"[EB/OL].（2021-01-28）[2021-08-28].https://mp.weixin.qq.com/s/7Zfoer0QllOtg4iHP9DHKQ.

② 高志刚，唐林达.非遗传承背景下现代杭帮菜传承人培养模式探索[J].职业教育（下旬刊），2019（1）：27-36.

高低"是有客观依据的，按照职业技能等级认定的标准，常见的有初级工、中级工、高级工等。"可培养价值的大小"则具有综合考量的特点，有学者就提出"应该重点强调选拔对象对于所从事专业的技能、技巧、解决行业技术难题的窍门、悟性、能力等技能类隐性知识存量基础"[①]。此外，年龄、兴趣、性格等人口学因素也被纳入考量范畴。

技能习得具有过程性和依赖性。收徒不仅是一种仪式，更能唤醒学徒（学生）对专业身份的确认和未来职业的认同。比如，在烹饪专业的收徒仪式上就有授帽仪式，学生穿上厨师服、戴上厨师帽之后，就表示他不仅仅是一名学生，更是一个学徒，是准职业人，有了这样的身份认同之后，学生学习技能的兴趣、价值感、使命感就很容易被激发出来。例如，浙江省东阳市职业教育中心学校在东阳木雕传承人培养中就有举行隆重拜师仪式的传统，1个师傅带4个徒弟，学生（学徒）单膝下跪向师傅敬茶，行三鞠躬拜师礼，敬献具有代表性的向日葵花。通过拜师仪式在师傅和学徒之间构筑一种责任感，进而明确双方的责任和义务，促使学徒学有所成。

第二，学艺。技能学习是纵向技能传承的核心。通过什么样的方式"学"，学哪些"艺"，这是必须澄清的首要问题。当个体初次接触某项专业技能的时候，他会希望有一个可以信赖的前辈在一段时间内持续且固定地帮助他提高完成训练任务的效率，避免因无人引导而引起的常规错误。大师会教授学徒"独门绝技"，会在第一时间对学徒给出指导和建议，正是这种及时沟通和反馈促进了学徒的学习，使学徒的学习疑问及时得到解决，提高了学徒的学习兴趣和学习效果。

从技能传授的方式来看，通常以情境创新为突破点。由于技能形成和发展是在特定情境下发生的，所以，职业学校通常会和企业联合进行"理实一体"的教学创新，引企入校、引企入教，发挥企业在技能传承与创新中的作用。例如，为了培养满足市场需求的地方菜肴创新型传承人，宁波

---

① 金福.企业高级技工师徒制培训模式新探[J].中国人力资源开发，2005（3）：58-62，68.

市古林职业高级中学基于情境教育理念创设了包括学校、企业、民间和世界技能大赛实训基地在内的技能培育情境[①]，以多学期制为框架，由技能大师、企业师傅、学校专业课教师、学校实训课教师、技能优等生形成师资力量，利用"四课堂"传承技能。

"四课堂"指学校课堂、企业课堂、民间课堂和世界技能大赛课堂四种类别。这里的学校课堂和企业课堂是职业院校技能人才培养的常规做法，渗透着产教融合、产学研合作的理念。学校课堂从原料鉴别、刀工、烹调技法等项目出发，夯实专业技能基础，如翻锅、煎、炒、焖、蒸、炸等；企业课堂以菜肴研发为主，进行岗位细分，侧重专业核心技能的熟练掌握，如烹饪专业的技能被细分为相关菜点的原料选择、切配、打荷、制作、出品5类，通过"老菜新做""新料老做"等途径进行菜肴的改良与创新，实现"讲台"与"操作台"的无缝对接。民间课堂是技能习得的新场所，它的产生是因为很多菜肴的具体制作技艺多保存于民间，需要深入实地去挖掘、去训练。一是要有入乡随俗的意识和良好的学习习惯，能够进行挖掘式的碎片化学习，如寻访蹲点、现场观摩、模仿练习等。二是要在民间师傅指导下完成技艺传承，这个过程也是发现技能资源的过程。在民间课堂，学生成为民间大师的徒弟，也成了具体菜肴的制作者和研发者，师徒（师生）通过搜集菜肴、复原菜肴、研发新菜肴等步骤提升纵向技能。对于最高层级的世界技能大师课堂而言，充分利用学校是世赛集训基地的优势，将选手集训基地和学生学习基地进行统整，将世赛资源进行转化后运用于专业技能教学，提供专门化的、高标准的、密集性的技能训练，实现"以赛促赛""以赛促学"，体现赛训结合、赛训互促的思想。

第三，出师。统一的评价标准是提升技能培养质量的关键。不论何种专业，如果该专业的技能考核点存在标准不统一、内容不明确等问题，就

[①]　俞浩奇，张文清."四课堂三机制"培养地方菜肴创新型传承人实践探索[J].职业教育（下旬刊），2019（1）：27–36.

会出现"所学不可用"的情况，这种情况会直接导致毕业生就业后无法适应日常工作情境中的技能需求，只能"回炉"学习技能的情况。所以，在出师阶段需要由"技能传递者"（师傅）对徒弟（传承人）进行纵向技能的全面考核，并据此决定徒弟的纵向技能层级。出师考核的形式多种多样，如电子档案袋、成长档案、独立作品等，但是"完整产品的制作"是最重要的评判依据，如美容美发专业的学生在出师考核时要"设计创意造型"；杭帮菜传承人班的出师标准是"四证"齐全，即学生在毕业时要同时取得毕业证书、中式烹调师中级工证书、意大利西点师证书和杭帮菜传承人认证证书。

通过上述分析不难发现，技能的传承式培育具有行政力量支持、多师共导、企业课堂三个基本特征。

第一，行政力量支持。职业学校的专业设置离不开行政力量支持。浙江省东阳市职业教育中心学校的东阳木雕专业自1993年创办以来，曾因多种原因中途停办，直至2008年在市领导的大力支持下再次开办至今，截至2019年，东阳木雕专业已经培养了435名木雕人才，为东阳木雕的传承与发展做出了贡献。有了政府支持，很多保障性、条件性的问题就能够迎刃而解，如劳动力市场需求调研、行业发展状况调研、岗位技能分布调研等，这些一手资料的获取需要走进企业、行业，政府的支持有利于资料获取的便捷性和真实性。此外，获得行政力量支持还可以获得政策、经费等多方面保障，如教学工厂建设、大师工作室创建、实训基地验收等。

第二，多师共导。"非遗进校园，技艺进专业，大师进课堂"已经成为职业学校技能培养的共同理念，技能大师成为热门资源被职校青睐，成为校内实训基地、大师工作室、教学车间的技能领衔人和技能传递者。行业、企业、技能大师工作室、学校四方协作必然会带来多师共导的效果。例如，浙江省江山中等专业学校机械类专业推出"技能卡"用于技能实训，此卡由"多师"结合具体工种、岗位的技能标准制定而成。这些师傅有时是"身兼数职"的，但从纵向技能提升的角度来看，多师共导有助于技能的快速进阶，其作用类似于专业教学指导委员会，方便从产学研深度融合的角度提升技能。产，即面向市场开展教学；学，即全流程的技能学习；研，即立足技能大师工作室进行产品研发并循环使用。

第三，企业课堂。很多学校都设立企业教室，如杭州市中策职业学校主要开设企业学徒课程、部分专业核心课程和定岗实习课程，这些课程采用现场教学的方式，由非遗大师、企业师傅、学校专业教师或学长担任教师，多师共导。[①]校企深度融合是职业教育发展的客观要求，校企合作的企业是纵向技能培育的客观环境。如在东阳市职业教育中心学校的校企合作木雕企业里，车间即教室，学生练习雕刻所用的图稿都是由企业技能大师亲手绘制的，学生不仅可以了解从选料到成品的整个木雕工艺流程，欣赏优秀木雕作品，还可以学习优秀企业师傅的打胚、修光技能，并且在师傅的亲自指导下完成一件木雕作品。

（三）启示

纵向技能的习得与传递不是单纯的专业技能训练，而是专业技能的转移和迭代，需要依托一定的制度环境、组织结构及关系互动完成技能的解码和重组。纵向技能的传承式培育就是在强有力的平台支撑下，依据一定的制度、组织、资源将专业技能（行业绝技）传播并延续下去。没有企业和社会力量的参与，单纯依靠职业院校单方面培养技术技能型人才，无论是质量还是数量都无法满足社会经济发展对技术技能型人才的需求。[②]但是，技能权威是否愿意展示、分享自己的高超技艺，一定程度上取决于外部环境的好与坏。好的外部环境（制度、平台等）有助于技能大师解封高超技艺，避免出现技能垄断的恶性循环。

在纵向技能的传承式培育过程中，既保持传统技艺的流变性和创新性，

---

① 高志刚，唐林达.非遗传承背景下现代杭帮菜传承人培养模式探索[J].职业教育（下旬刊），2019（3）：27-36.
② 刘素梅，范学刚.双元育人模式本土化实践[J].教育与职业，2019（19）：52-58.

又保持其核心技术和人文意蕴，是守住传统手工技艺价值的根本所在。[①] 传承式的优势是显而易见的，如通过整合行业企业、职业院校及能工巧匠等资源，可发挥工学结合、产学研合作的桥梁作用；拥有政府的主导扶持，学校可以在行政的管理、引导和支持下高效地开展工作；同时，专业对口就业率增加，更关键的是，提高了学生的专业认同度，学生技能学习热情大增，考证率大幅提升。这些成绩的获得都离不开从垄断到共享的转变。

第一，要有超链接思维。在现有的资源上拓展，依据行业标准定位技能教学目标，共享大师资源，将技能传承嵌入专业建设，丰富纵向技能学习的内容和路径。充分挖掘大师的资源优势，增加真实的操作实践时间，增加走访交流、企业实践机会，获得来自真实工作现场的技能观摩机会。以胡忠英烹饪技能大师工作室为例，胡大师在全国范围内收徒，经常举办杭帮菜学习交流品鉴会，通过举办讲座、技能比武、志愿服务等活动方式为学徒提供"练技"的机会，学徒经过"识岗、验岗、跟岗、顶岗"的轮训，提高纵向技能。

第二，善用激励机制。激励机制是打破技术垄断的关键。一般来说，企业中掌握技能、诀窍类隐性知识的专家不愿意主动贡献自己几乎一生积累的隐性知识，他们担心一旦贡献出具有垄断性质的隐性知识，就会失去自己的权威性和被人尊重的地位，就会得不到应有的收益保证。这样，势必造成企业的一些技术诀窍永远不再流传，企业会面临技能流失的危险。因此，可以根据贡献程度给予技能大师物质激励和精神激励，留住大师、用好大师。

依托工作室平台，产教融合、资源共享是传承式培育的基本特征，但是技能大师工作室是有时间周期的，到期即终止，这实际上就形成了一个类似"轮训"的组织，虽然可以在短期内解决技能人才缺乏、技能层级不够

---

① 高志刚，唐林达.非遗传承背景下现代杭帮菜传承人培养模式探索[J].职业教育（下旬刊），2019（3）：27−36.

的问题，但是，从技能形成与发展的长期效果来看，应将"轮训式"变为"滚雪球式"，采用渐进式分层，在逐步积累技能的基础上发挥技能传承的滚雪球效应。

三、技能的进阶

职业教育从一开始即以学徒制形式存在，并且以职业技能的反复训练为学习方法。[①]纵向技能具有进阶性，它的发展是一个从"不会"到"会"，从"不熟练"到"熟练"再到"自动化"的逐级进阶过程。职业学校亟须结合技能学习规律和人才成长周期，制定系列递进的目标和具体可行的训练办法。

（一）进阶的原理

人类的行为是一个有次序的过程，技能的获得也需要一个科学设计、周密安排、具有逻辑关系的步子序列。按照还原论的观点，一个复杂问题可以被拆分为几个较为简单的、容易找到答案的小问题，通过对小问题的操练、反馈，促进纵向技能的养成，这些小问题累积、叠加、整合之后就可实现对整个大问题的解决，从而构成一个完整的、系统的解决问题的过程。美国心理学家斯金纳提出了"小步子原理"——将学生的学习目标分解为具有逻辑联系的许多"小步子"，学生通过完成一系列"小步子"达到终极目标。设置"小步子"的目的在于控制学生的学习过程，让他们及时作出反馈，进而降低错误率。通俗地说，纵向技能需要经历很多步的反复训练方可获得，每一步都有一个具体的阶段性目标，这些阶段性目标就是一个个的"步子"。所谓小步子，就是将学习内容按其内在联系和学习程序分成若干小的阶段或环节，学习任务的设计也有难度区分，但每一阶段学

---

① 徐国庆.确立职业教育的类型属性是现代职业教育体系建设的根本需要[J].华东师范大学学报（教育科学版），2020（1）：1-11.

生要"跳一跳"才能完成，并顺利进入新的技能等级，投入新一轮的技能训练，通过"确定目标—操作训练—实现目标"的不断反复，日益接近最高层级的纵向技能标准。

根据程序教学理论的小步子原则，在培养纵向技能的时候，可以进行降维处理，即将整体的技能项目拆分为一系列小步子，这些小步子就是阶段任务，但是每一阶段的技能项目在排列上都是由浅入深的，是一个从低阶技能向高阶技能不断递进的过程。这里有一个及时反馈的机制，阶段目标的完成就是对技能培育效果的检验，也是一次进阶。技能的形成需要一个完整的"学习环境"，这种小步子递进的方式，隐含着一种优势，即自定步调，学生可以按照自己的进度进行学习，即便是进度较慢的学生也可以根据自己的学习进度自由前进，并且会在过程中得到强化，从而提高学生的成功概率，激发学生的学习积极性和主动性。

目前，职业院校的技能教学安排与企业的岗位技能需求存在冲突，出现了知识逻辑断层或重复学习的问题。原因主要是：职业学校的课程长期受学科思维影响，强调知识的体系性和结构性，缺乏对实际岗位技能的关注与操练，学生毕业就业后还需要重新从初级工学起，导致技能浪费，技能学习沦为无意义的重复。所以，"小步子递进"的思想能够帮助职业学校结合中职生的认知特点和技能习得规律、专业技能培养目标、专业技能培养周期的特点确定技能进阶标准。学生技能学习层级递进，在完成一个阶段的学习之后，通过相应的考核自动进阶到下一阶段的学习，从培养单项技能开始，进阶至组合技能，最后进阶至综合运用技能，包括标准进阶、师资进阶、资源进阶。比如，"新手—熟手—能手"的纵向技能进阶，对应逐级进阶的技能标准，"新手"的技能标准是能完成单项技能的熟练操作任务，"熟手"的技能标准是能独立完成一个仿真型组合任务，"能手"则能够在对所有单项技能熟练精细掌握的基础上，完成一个真实的综合性工作任务。在不同技能标准下进行评价标准、教学内容、训练方式、师资团队、学习情境的整体设计。

技能师资进阶是指根据技能习得的阶段性需要配备不同技能资质的师资，这里的师资构成较为广泛，包括技能水平较高的学生、专业技能教师、合作企业师傅、技能大师等，实际开展技能教学的师资则是根据逐层递进的技能标准，通过遴选、优化、组合产生的"导师组"[①]，如新手阶段的师资构成是"学生助教＋教师助训"，熟手阶段的师资构成是"导生＋导师＋行业师傅"，能手和专家阶段的师资构成则是"导生＋专业导师＋技能大师"。这里提到的技能资源指的是一些能够满足纵向技能习得阶段需要的多样态的教学平台和实训平台，比如技能教室、教学车间、技能大师工作室、产业学院等。

按照《高技能人才队伍建设中长期规划（2010—2020 年）》对"高技能人才"的界定，高技能人才指具有高超技艺和精湛技能，能够进行创造性劳动，并对社会做出贡献的人，主要包括技能劳动者中取得高级技师、技师和高级工职业资格的人员。根据 2017 年颁布的《关于公布国家职业资格目录的通知》，我国以技能为主的职业资格证书通常分为准入类和水平评价类两类，其中准入类职业资格有 5 项，即消防设施操作员、焊工、家畜繁殖员、健身和娱乐场所服务人员（游泳救生员和游泳、滑雪、潜水、攀岩社会体育指导员）、轨道列车司机。水平评价类职业资格即技能等级，分初级工、中级工、高级工、技师、高级技师五级，有些工种是四级，没有初级工或高级技师。[②]高技能人才具有一般技能人才所不具备的精湛技艺与解决复杂性、关键性和超常规实际操作难题的能力。不同的国家对高技能人才有不同的称谓。在美国、英国等国叫技术师、工艺师，在日本、韩国等国叫技能长、技术士。[③]

职业学校更倾向于按照技能水平逐渐进阶的方式确定培养目标。例如，

---

① 这里的导师组特指在技能教学过程中，由擅长不同领域技能的人组成的技能教学团队，它以互帮互学、资源优组、提质增效为目的。

② 蒋乃平.职业生涯规划 [M].3版.北京：高等教育出版社，2018：51–52.

③ 陈宇.从就业市场中灰领群体的壮大看高技能人才的最新发展[J].中国职业技术教育，2004（6）：33–37.

中职服装专业人才培养通常只针对服装生产链上游和中游的生产，技能训练通常也只是服装生产中间环节的技能训练，与女装生产链关联度较低。为了提升职业院校服装专业人才培养的针对性和时效性，可以采用小步子递进的做法，制定进阶式的技能操作标准和评价考核机制，开展阶段性技能评估，推动纵向技能的拔节生长。

职业学校的专业主要是按照职业分工和职业岗位群针对专门人才的要求而设置的，强调职业性，也注重基础性和就业的适应性。[①]职校生立足所学专业习得技能，为就业做准备。然而，现代企业对技能人才的需求是无法完全依靠学科教学得到满足的，因为那些来自真实工作场景的技能，需要通过企业元素的动态介入和共同作用才能够实现。

（二）实现的关键环节

如上所述，技能是有层级的。美国的工程师分为实习工程师（engineers intern）和职业工程师（professional engineers）两个级别。对于已经获得经过美国工程技术认证委员会（Accreditation Board for Engineering and Technology，ABET）认证的学士学位或工科四年级学生来说，要获得实习工程师资质需通过由美国工程与测量考试委员会（National Council of Examiners for Engineering and Surveying，NCEES）组织的 8 小时的工程基础考试；职业工程师资质要求实习工程师工作四年，并通过由 NCEES 组织的 8 小时的工程实践和原理的考试。我国工程师系列的专业技术职称体系采用等级划分，而不是对工程师类型的划分。工程技术人才按照初、中、高三个级别，分为技术员、助理工程师、工程师、高级工程师和教授级高级工程师五个层次。我国工程师分为服务工程师（service engineer）、生产工程师（produce engineer）、设计工程师（design engineer）和研发工程师（research & develop engineer）四种类型。[②]不同类型的工程师有各自具体的

---

① 刘春生，徐长发.职业教育学[M].北京：教育科学出版社，2002：112-113.
② 林健.工程师的分类与工程人才培养[J].清华大学教育研究，2020（2）：52-53.

技能标准和评价标准，例如，生产工程师侧重生产、操作，而研发工程师则要求具备创新能力和技术孵化能力，要能够开发出具有前瞻性的技术或产品。按照这样的细化分类，不同类型的工程师需要的技能学习工单是不相同的，需要按"一岗一单"的原则设计工单。这种"定向"的设计需要遵循特定的方向集中学习，反对零散的、毫无目的的学习，集中突破阶段任务以实现纵向技能的进阶。

第一，学岗融通，双链融合，从供需匹配视角确定"1 岗 N 段"的人才培养目标定位。

对职业教育而言，专业与职业、学业与岗位是两对无法绕开的组合。从构成要素来看，专业和学业主要包括专业设置、课程内容、教学过程、毕业证书等；职业和岗位则包括岗位需求、职业标准、生产过程、职业资格证书等。从中不难发现两条清晰可见的线索，一条是对接职业院校的教育链，另一条是对接市场需求的产业链。在产教融合背景下，教育链和产业链的动态依存影响着纵向技能的层级水平、类型分布和培育路径。所以，按照"专业设置与岗位需求对接、课程内容与职业标准对接、教学过程与生产过程对接、毕业证书与职业资格证书对接"[①]的思维，可以基于工作岗位技能重新组织课程资源，确定"核心课程"和"教学项目"。首先结合岗位标准，根据纵向技能的难易程度将人才培养周期划分为 N 个培养阶段（ $N > 2$ ），在每一个具体阶段里，再结合职业标准和课程标准确定学习内容、频次和阶段目标，完成"1 岗 N 段"的人才培养目标定位，设置不同进阶的必备技能和操作标准，配备相应的学习内容、技能师资和学习环境，学生可以根据自身情况选择相应的等级学习，通过层级式、递进式的小步子训练，克服技能学习差异带来的学习惰性，使落后的学生有阶梯，优秀的学生有发展。

---

① 杨运鑫，罗频频，陈鹏.职业教育产教深度融合机制创新研究[J].职业技术教育，2014（4）：39-43.

第二，对课程体系进行结构重组，构建递进的课程内容。

课程是把个体（学生）导向职业世界的桥梁，也是决定技能培养是否有效的重要内容。但是，由于课时量有限，如果要完成技能学习目标，就需要对现有课程内容进行更新、整合和取舍。职业教育课程的价值体现在技能训练的规范和娴熟上，但过度的机械训练容易导致课程教学有刻板和程式化的倾向。什么样的内容应该先学？先学的内容是否能够促进纵向技能的层级进阶？职业能力的培养是从较低的阶段向高级阶段发展的过程，是从简单任务向复杂任务演变的循序渐进的过程，而不是简单逻辑知识的学习和积累。① 工作过程是具有连续性的，掌握单项技能并不意味着具备独立完成整体任务的能力。所以，课程的目标"不仅是让学生理解工作任务之间的关系，更为重要的是让学生理解整个工作体系"②。一方面，着眼于范围和广度，纵向技能的培育要跳出学科藩篱，既要考虑技能学习规律，也要考虑技能学习差异，更要考虑学习内容与岗位需求的匹配度。另一方面，着眼于内容和深度，技能进阶多发生在真实的工作场景中，需要对原有的课程体系进行解构，基于岗位标准和真实工作任务组织课程内容。

以"意大利菜肴制作"③ 技能的进阶为例，课程内容包括专项技能训练模块和综合技能模块两大类，意式菜肴"煮、烩、焗、煎、低温制"五项核心烹调技法被设置为一系列的单项技能项目，每一个项目都有相对应的一款经典菜品，如"煮"对应"意大利蔬菜汤制作"，"烩"对应"培根蛋酱意面制作"……"低温制"对应"低温鸡胸配帕玛火腿制作"。学生每完成一项单项技能训练，就可以解锁下一个任务，进入新技能训练阶段，最终在完成所有单项技能项目后，进入综合技能模块。"只有在产生工作成果的组织化情境中，实践教学的价值才能被正确理解"④。综合技能的学习内容是

① 赵志群.职业成长的逻辑发展规律[J].职教论坛，2008（16）：1.
② 徐国庆.职业教育原理[M].上海：上海教育出版社，2007：12.
③ 中职教育：岗课赛证融合育人数字转型助力教改——2021年全国职业院校技能大赛教学能力比赛[EB /OL].[2021-12-30].https://mp.weixin.qq.com/s/NBYjlFThgs9e9fpfAxyqRA.
④ 徐国庆.职业教育课程、教学与教师[M].上海：上海教育出版社，2020：11.

套餐设计、制作，下设简易套餐和商务套餐。学习内容的选择体现了"单项—综合""技能—情境"的双向叠加，既有助于学生对岗位技能的进阶学习，也有助于学生在餐饮服务时具备应对多种情境的职业能力，促进纵向技能提升。

杭州市西湖职业高级中学将学习者的职业能力成长的逻辑路线分为"新手""熟手""高手"三个阶段，以能力进阶为理念建构课程体系，按照不同职业能力发展阶段的学习要求以及工作能力要求，构建了训练类课程、服务类课程、研创类课程三类进阶课程。训练类课程追求标准与精致，意在从新手向有进步的初学者进阶；服务类课程追求高效与合理，意在从初学者向内行的行动者进阶；研创类课程的技能目标则指向熟练的专业人员、专家。经过长期实践，西湖职高逐步形成了以培养标准进阶塔、情境进阶塔、学习方式进阶塔为特征的"塔形进阶式"课程体系（见图 2-1），在尊重中职生差异化发展和个性化选择的基础上，进行目标分层、进阶培养。

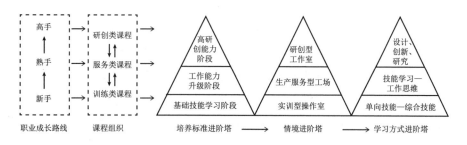

图 2-1　中等职业教育"塔形进阶式"课程体系模型

资料来源：梁甘冷，陈乐斌，张德成. 基于"塔型进阶"的中职专业课程体系建构与实践 [J]. 中国职业技术教育，2020（26）：5-10.

第三，结合岗位标准和技能发展阶段，搭建技能进阶支架，分层分类分段实施专门化训练。

低水平的重复性训练很难适应未来职场的技能需求，在"新手—熟手—专家"的发展进程中离不开"专业""工作情境""复杂任务""反复实践"等元素。在德国职业教育学家劳耐尔看来，从新手到专家的进阶需要经历五个发展阶段，每个发展阶段都有各自的工作任务和训练步骤，存在明显的阶段差异。他认为，技能从某一阶段发展到更高阶段所需要的学习内容主要有：①职业取向的工作任务；②系统工作任务；③具体特殊问题的工作领域；④不可预测的工作任务。[①]

这里需要说明的是，由于技能基础的差异，有些学生可能不需要通过反复训练实现纵向技能的进阶，而是可以通过跳跃、直通等方式达到相应的技能等级。所以，技能形成并非遵循流水线生产的模式，技能教学也并非按照"先理论后操作"的线性进程展开，它需要立足学生的技能发展阶段设计实训项目、配置实训资源、实施技能训练。从操作步骤来看，首先，确定阶段性学习任务；其次，对阶段性学习任务进行拆分；再次，为任务搭建学习支架，表现为按照技能水平的要求设置技能等级；最后，反复训练。

浙江省宁波市奉化区工贸旅游学校将餐饮人才的技能培养分三年逐阶递进，构建了"会精创"进阶式技能教学的三阶目标体系（见图2-2）。"会"是针对高一阶段设置的技能目标，即能够顺利完成中西餐厅席间服务，达成该技能阶段目标的训练路径是文本讲解、观察模仿等；"精"是针对高二阶段设置的技能目标，即能够精准完成中西餐厅席间服务，训练路径是互动探究、纠错辅助等；"创"则是针对高三阶段设置的技能目标，即能创设情境，独立完成个性化VIP的创意席间服务，训练路径是职业体验、大师指导等。

（三）启示

技能改变生活，专业知识和纵向技能是进入职场的敲门砖，若不想被职场淘汰，就需要在"训练"与"熟练"的持续循环中积累技能。但是在反复训练环节，技能学习的目标并非千篇一律，通过进阶式的培育，可以让

---

① 徐国庆.职业教育课程、教学与教师[M].上海：上海教育出版社，2020：11.

每一个学生都能够明确自己的技能学习目标和训练方向，从而扭转传统教学的"被动"困境。

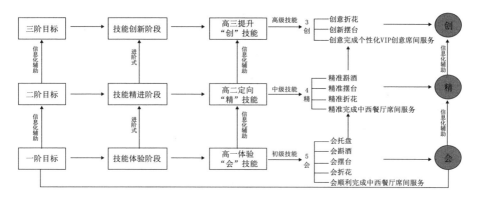

图2-2　奉化区工贸旅游学校餐饮服务专业"会精创"进阶式技能教学三阶目标体系

　　纵向技能通过实践练习获得，职业学校可以在技能形成的不同阶段安排适当的工序，将纵向技能投放到真实的实践场域，缩小技能学习和工作情境之间的距离，将内在关联的多工序知识运用于实践，提高学生对技能的掌握程度。例如，按照学段分布开展职业体验、专业拓展学习、毕业顶岗实习等具有进阶性的实践，构建分段推进的实践体系，通过实践教学推进技能形成与发展。在这个过程中，学生逐渐能够高标准地完成一系列操作任务，这个不断熟练、精进的过程不仅能唤醒学生对自身纵向技能发展的自信和期待，也起到了过程性激励的作用，激发了学生技能学习的内动力。

　　正是因为这种过程性激励的存在令"积极关注"和"及时肯定"贯穿技能培育全过程，大大缩短了人们从产生技能学习动机到投入技能训练的间隔周期，导致训练的产出结果（技能精进）也逐渐明显。这种现象刚好诠释了美国心理学家弗罗姆的期望理论。期望理论指出，人的积极性被调动的程度取决于期望值与效价的乘积。也就是说，一个人对目标的把握越大，估计达到目标的概率越高，激发的动力就越强，行动积极性也就越高。通过进阶式评价激发学生技能学习动力，缓解纵向技能培育因缺乏激励而导致的低效问题。

从整体来看，校企协同、学岗互融、循序进阶、小步子递进是纵向技能进阶式培育的共性特征，但是需要注意以下几方面。

进阶不是刚性的，刚性进阶只存在于某个预定目标下，实际上进阶是分段递进的，所以，设定具有进阶性的技能目标是关键。这里有一个岗证融通的思维，即职业院校根据人才培养周期和职业技能等级设计技能进阶过程，再根据教学阶段设计层级递进的技能培养项目，逐级训练、反馈、评价。

进阶的发生是需要载体的，技能进阶的发生场域不仅仅局限在职业学校，还需要通过合作企业动态地嵌入工作场域，发挥企业的协同育人作用。

各层级任务之间是相互关联的，要避免过度细化。任务拆分颗粒过细会导致学生在整门课程学习中，学习经历和体验碎片化，不利于知识和能力的整合。

技能进阶的效果检验周期较长。如果能够使高技能人才的培养从学校贯通到企业，构建高技能人才"职前 + 职后"成长全过程的育人体系，就可以有效解决高技能人才培养过程中因中职、高职、职业本科与就业之间的课程体系断裂和缺失的问题，避免技能人才的培养出现割裂。

四、技能的适应

在信息化、智能化和产教融合的背景下，职业教育具有多元、跨界、全纳、融合等特点。职业教育办学强调人才培养满足企业、行业、社会的技能需求，实现技能的精准有效供给成为职业教育的重大命题。职业教育的对象是具有不同技能基础、学习偏好和就业倾向的独立个体，他们在技能学习的过程中存在需求差异，但是，课程标准与技能岗位标准不对接，技能教学与劳动力市场的技能准入规格相脱节，导致纵向技能的市场适配度不佳，甚至出现不同程度的"技工荒"。如何弥合技能供需差距，如何提升技能教学精准度，如何精准地为企业培养需要的高技能人才是产业转型升级背景下职业教育的必解之题。

（一）一种动态的改进

技能教学以岗位要求为中心，通过对岗位技能的持续训练实现提升技能的目标，具有操作性强、技能点多的特点。技能学习是有规律可循的，表现为做中学、学中做、边学边做、边做边学[1]，需要通过特定周期的持续训练才会有效果，而且技能掌握的程度和速度具有个体差异。但是，传统的技能教学在课程内容和教学资源上存在点断式设计和碎片化使用的情况，课程内容被人为分割成零散的具体任务（单项技能），如拆装发动机、洗车、补胎等，学生即便非常努力，也无法习得综合技能。专业课教师多凭借个人经验判断或具体的技能项目开展教学，在设定实训教学目标和重难点时，难以及时了解并全面掌握动态变化着的学情，故在技能教学的内容选取、任务细分和实训操练等方面与学生的个性化需求存在脱节现象，导致技能教学无法满足岗位需求。

传统的教学一般遵循示范、观察、模仿、总结的流程，但是从纵向技能的习得过程来看，这四个阶段并不是线性推进的。鉴于学情差异，该流程会发生中断、反复、跳跃、倒退等诸多不确定的情况，如果无视这些"可能情况"，一味地按照"预设"实施，实训效果就会大打折扣，纵向技能很难有实质性的提升。所以，"大水漫灌"式的集中训练无法兼顾全部的学习者，教师往往忙于管理而无更多精力关注学生技能操作的过程，导致那些在某个或某些技能点上存在操作困难的学生很难获得成功体验，大大降低了技能学习的质量和实效。

为确保技能人才的高质量输出，职业学校意识到"要把职业教育融入

---

[1]　徐国庆.确立职业教育的类型属性是现代职业教育体系建设的根本需要[J].华东师范大学学报（教育科学版），2020（1）：1-11.

产业的背景，这样才能办好职业教育，提高职业教育的质量"① 的战略要义，开始"主动适应"劳动力市场的技能需求生态，以提高纵向技能的岗位适配度为目标，尊重差异，"定制"技能人才培养方案，意在提供一种与时俱进的技能人才"精准"培养方式来培养适应型人才。相较粗放式培养，精准适应式更加强调专业化、准确化和高效化。"精"是高效和专业化，"准"是以目标为导向，分类明确。② 职业院校培养、输出的技能人才要充分考虑企业的需要。基于此，职业学校在精准识别学情和岗位技能的基础上，主动与企业建立耦合关系，如开设"校内定制企业班"，建立校企共同体，创办教学车间、产业学院等，为学生提供充裕的技能学习资源，从而高质量服务区域经济发展。

"精准"也是具有数智时代标签的关键词。2012 年美国启动了"大数据研究和发展计划"，并发布了《通过教育数据挖掘和学习分析促进教与学》报告，从而将大数据明确为推动教育变革的关键性力量。③《教育部 2018 年工作要点》就明确提出要"建立健全大数据辅助科学决策和教育治理机制"。随着互联网的发展，教育大数据能够实现对学情的精准诊断，完成对教学模式、学情分析、教学内容等领域的全面干预，人工智能技术可以通过"算法"定位具体操作技能，结合学情数据采集进行精准施教。例如，浙江省温州护士学校护理专业开发的"智能心肺复苏模拟训练系统"，在虚拟人（教学道具）多个触感部位安装传感器用于自动检测，并即时反馈学生技能操作的准确性、连贯性和有效性，解决技能操作的规范、熟练、应变问题。杭州市人民职业学校为了让该校幼儿保育专业的学生更好地学习婴儿看护技能，从美国采购引进了 10 个"智能仿真婴儿"④，这些智能仿真婴儿的腹

① 鲁昕.切实加强产教结合，深入推进校企合作[J].职业技术教育，2011（4）：54-56.

② 刘慧，李晨希，高艳.研究型大学精准化生涯教育体系构建[J].江苏高教，2019（1）：102-106.

③ 阮士桂.美国州级纵向教育数据系统（SLDS）发展特征及启示[J].中国远程教育，2019（12）：71-78.

④ 喂奶换尿布，杭州高中生上课"奶娃"，老师没叫停反而当帮手……[EB/OL].（2021-04-19）[2021-08-19].https://appm.hangzhou.com.cn/article_pc.php?id=382399.

部、嘴部、肩部、臀部都有感应器，能感知学生的照护是否正确，感知外界温度的变化，对学生接触婴儿的动作给出反馈。这种可视化、可修正的技能训练模式大大增加了技能操作的精准度，帮助学生强化幼儿看护技能，服务幼儿保育行业的劳动力需求。

在转型升级的时代，纵向技能的范畴和表现形式已经发生变化，这必然会带来行业企业对技能需求的变化。从成本收益角度来看，企业希望毕业生的纵向技能水平和岗位需求之间具有较高的耦合度，这样就可以降低企业对"准员工"进行技能适应性培训的雇佣成本；学校希望毕业生的纵向技能和就业需求紧密关联，这样就可以避免"所学非所用"和"所用非所学"带来的技术浪费现象。按照《教育学名词》的解释，所谓技术浪费是指所培养的合格人才未能对口就业的现象。所以，无论是纵向技能的重复训练，还是企业、职业学校、劳动力市场三方"各自为政"，都不利于技能人才的持续高质量培养。在学校和企业之间必须架起一座信息畅通、灵活互动的桥梁，寻找技能人才培养与企业就业需求的最佳契合点，厘清工作岗位最新的专业知识和技能要求，方可提升职业学校人才培养效能，为企业输送高质量、高品质的技能"血液"。

（二）实现的关键环节

随着各行各业的数字化转型，职业边界软化趋势明显，各类技能之间的交叉逐渐增多且趋向整合，在这样的背景下，能否提供适应岗位工作实际需要的技能成为职业学校人才培养质量的重要考量。

由此可见，如果能够获得真实任务下的实际操作机会，将有助于纵向技能的快速提升，所以，若想跨越因技能接轨错位带来的就业鸿沟，就需要从源头上确保技能供给的精准度。对于"适应"，可从目标、内容、方式三个方面理解。

一是目标适应。职业学校一般会通过企业调研、学情调研、招聘要求等途径了解真实的岗位技能需求、行业就业前景、专业发展趋势和学生的技能储备。这些信息的准确获取有助于职业学校遴选出匹配市场需求的技能框架，解决"什么技能最需要学"这个首要问题，避免出现供需不一致的矛盾。纵向技能培育需要在厘清各专业技能知识最新的培养目标基础上，按照岗位需求及能力导向对课程设置、实习实训安排、教学条件、师资构成等进行一体化设计①，确定专业教学标准。职业学校觉察到了这一点，并通过产教融合、岗证融通等形式对标企业需求，以避免出现因目标定位偏差导致的技能短板或技术浪费。

二是内容适应。受经济结构调整、产业转型升级步伐加快等影响，就业市场的结构不断迭代优化，特别是数智时代的到来，很多新岗位和新工种应运而生，这对传统的技能教学在内容上是一次颠覆性的超越。职业学校需要密切关注产业人才岗位需求信息，结合学校专业设置和课程配置，确保课程内容和产业、行业、企业的技能需求环环相扣。2021年3月，教育部印发的《职业教育专业目录（2021年）》将中等职业教育的"学前教育"专业撤销，保留"幼儿保育"专业。这种改变势必会影响课程设置、课程内容选择和技能评价标准。在纵向技能培育方面也从原来重视"教孩子"的技能转向重视"管孩子"的技能，该专业的技能教学内容和课程配置也会发生相应调整，保教一体成为弥合现实和未来需要之间差距的必然选择。

三是方式适应。"方式"，即方法和形式，它指向的是某项目标实现的过程。"方式适应"强调的是所采用的方法和形式要"适合"，即选择适合学习者特点和技能形成规律的教学方法和训练方式。在控制论中，通常把未知区域或系统称为"黑箱"，人们无法直接从外部观测"黑箱"的内部结构，只能通过观测其输入方式与输出的关系及输入方式适应输出的动态过程探究其内在的规律和特征。②同样的道理，技能训练就是要选择合适的方式破解"黑箱"，让学生真正掌握操作要领，以提升技能水平，调整现有的技能

① 朱军，张文忠.敏捷理念下的职业技能教学模式创新探究[J].职教论坛，2021，37（8）：83-87.
② 泽良.浅谈"黑箱"方法[J].学术研究，1985（1）：56-58.

训练安排，提高技能培育的质量和成效。

如何做到精准适应呢？从操作步骤来看，主要有以下四个方面。

第一，采集数据。借助调研手段和技术平台，采集学生的个性特征数据、学生课堂行为数据、技能操作数据和教师经验分析数据，建构学生数据采集系统。在当前的职业院校，"采集数据"要善于利用校企合作建立的信息化数据采集平台。一方面要借助数据库共享技术、视频拍摄和智能压缩技术、图像识别技术等解决实训操作的互助管理问题，如工量具的使用、操作计时及熟练度判断。另一方面要依靠信息化平台及时"抓取"技能操作过程中的动态关键数据节点并进行统计。例如，温州护士学校与河南某生物塑化技术有限公司共同开发"基于浙江省中职药剂高考考纲的中草药辨识系统"，用以采集医药鉴别科目的学习数据。杭州市电子信息职业学校联合企业成功研发电子专业新型实训系统，用于全面采集纵向技能学习的过程性数据。该系统集可视化、数字化、智能化于一体，设计了硬件工位和软件平台，每个实训工位前都安装了摄像头，摄像头是由学习系统进行控制的，在讲台上则安装了监控中心，教师可以借助平台监控轻松地掌握每位学生的技能操作情况，同时借助广播系统将教学过程中的视频图像以大屏幕投影及系统广播的形式整体反馈到每个学生终端。[1]

第二，分析诊断。数据的价值在于能够实现对技能发展过程的精准定位、追踪和反馈。在采集数据后，职业院校要用科学的分析方法和数智化的分析与改进系统，对技能训练进行全过程追踪和精准分析诊断。例如，温州护士学校结合医护类特色研发出"化验单"式数据报表，用于诊断学科教师群体教情、个体教情、学生群体学情、个体学情、课堂学情。化验单是医学名词，也是医生对症下药的重要参考。"化验单"式数据报表可以理解为职业技能训练的整体画像，它用医用化验单的三向箭头符号来表征

---

① 宣琪，陈磊.漫步"云"端智慧"实训"——基于"互联网+"的电子"云实训"系统开发与实践[J].中国教育信息化，2015（20）：80-83.

技能的掌握情况，创新了教学诊断的呈现方式，可以直观测评每一位学生的技能情况，及时调整教学决策和培养方案。举个例子，如果得分率在 0.8 以上，呈现为"↑"，箭头向上，表示"健康"状态，代表纵向技能掌握情况较好，教师可以简化教学过程或落实个别辅导；如果得分率在 0.4~0.8，呈现为"→"，箭头平向，表示"亚健康"状态，教师需重点关注，进行课堂群体改进；如果得分率在 0.4 以下，呈现为"↓"，箭头向下，说明技能教学情况不佳，相当于出现"病灶"，需会诊，必要时应将原有的技能训练方案推翻重来。① 这种阶段性的个体学情"化验单"能够帮助学生实现技能的精准提升。一方面方便教师据此列出"诊疗"方案，直观呈现改进建议，精准开展"培优""补差""纠偏"等工作。另一方面让学生接纳、正视自己的纵向技能，激发学习动机，变厌学为乐学、会学。

　　第三，行动决策。精准对标专业教学标准和学生技能基础，将大数据分析结果作为技能教学的实施依据。一方面，学校准确掌握技能需求数据，校企协同开发课程资源，并据此建立与之相匹配的课程安排，创编纵向技能实训手册。另一方面，加大校内外实训基地投入，创新技能培养模式。如由企业师傅来校担任技能导师，带给学生更直观、更精准的技能学习指导，避免出现"技能失配"。

　　从某种意义上来说，纵向技能培养是专业设置对接产业链、课程内容对接岗位需求、教学过程对接生产过程、技能训练对接产品研发的过程，它也是一个精准适应的过程。但是，如果仅仅用修补式思维进行职业教育课程资源的建设是很难做到精准适应的，需要动态掌握劳动力市场真实的技能需求，开发对接产业链岗位需求的岗位课程包，以教学项目编写活页式实训教材。因此，学校的课程不应该悬浮在企业用工需求和传统教材之间做钟摆运动，也不应该仅仅停留在教师个体的经验层面，而要充分挖掘、

---

① 吴含荃，许建民."化验单"式教学诊断与改进的实践研究[J].职业教育（下旬刊），2019，18（9）：74-79.

运用企业资源，对标动态变化的工作岗位，提高企业元素的参与程度，优化课程资源建设。例如，宁波市职业技术教育中心学校建立"校企校"[①]协同联盟，依托该协同联盟对课程开发进行整体式精准设计，即"培养标准协同制定、课程资源协同开发、师资队伍协同培育、实践基地协同建设、企业文化协同融合、就业服务协同开展"[②]。这种"校企协同"模式不仅提高了学生与岗位的匹配度，也增强了企业与职业学校协同育人的积极性。企业和高校参与人才培养方案的研制，对合作班的课程设置和教学过程进行全程监控，以保证教学质量。学生在中职阶段就可以学习高阶的技能课程，技能培育跳出了"学段"和"场所"的限制，基于满足岗位技能需求的立场实现了纵向技能的一体化培育，较好地解决了中职毕业生实践层次低、企业适应性差的难题，提高了纵向技能培养的针对性和实效性。

第四，反馈改进。该阶段强调"及时反馈""主动改进""心流体验"，主要采用的工具有个性化学习工单和可视化动态评价系统。个性化学习工单是针对技能学习中的个别化问题的反馈，它能够提供精准的技能训练资源和操作指导。可视化动态评价系统包括两块内容，一是技能操作示范可视化，通常包括标准化示范、重难点示范、易错点示范，是学生自主学习使用的重要学习资源；二是操作过程可视化，是利用平台的视频记录存储功能，将学生操作过程以视频的形式记录下来，实现操作过程留痕、操作过程可塑、操作过程修正，并提供视频、图片、数据等信息。

技能的精准培育具有敏捷性的特点。校企双方通过优势资源重点利用，短缺资源互补互助，实现职业技能教学内容创新，推动职业教育人才培养转向高质量发展轨道。[③]一方面，它能够基于过程性反馈快速调整原有的人才培养方案，增补、删改教学内容，不再局限于教材，能够增加实训

---

① 这里的"校企校"指的是中职学校、校企合作企业、高校三类主体。

② 张国方，仲爱萍.基于"精准供给"的校企"六协同"人才培养模式实践研究[J].中国职业技术教育，2016（22）：44-48.

③ 朱军，张文忠.敏捷理念下的职业技能教学模式创新探究[J].职教论坛，2021，37（8）：83-87.

练习机会。另一方面，它系统记录技能学习的全过程，并且能够做到可视化、即时化呈现，有助于精准定位和重点突破学生技能操作中的误区、盲区。例如，杭州市交通职业高级中学在梳理汽修专业发展现状的基础上，对标真实的岗位需求，建构了"交互式"精准教学支持体系，并从精准确定教学目标、精准组织教学过程、精准实施教学评价三个维度，开展基于大数据的中职汽修专业精准教学模式的实践探索，[1] 为企业"量身定做"技能型人才。

心流理论认为，当个体沉浸在活动体验中达到忘我的状态时，不仅学习效率会有极大提高，而且会拥有极大的满足感和幸福感。[2] 数据采集系统使得校内实训室装备滞后的困境得到大大改善，将虚拟场景、视频影像、云端数据分析等用于技能教学，不仅能够对技能训练的全过程进行监控、反馈和诊断，更重要的是它模拟并营造了一种沉浸式的技能训练场，学生借助操作数据反馈明确具体的技能情况，这一点对于自我意识崛起的学习者而言，可以增强主控感，创造持续的心流体验，有助于激发学习动机。行动者进入一种共同经验模式。在该经验模式中，使用者好像被吸引进去……只对活动的具体目标和明确的回馈有反应，获得技能学习的良性体验。

（三）启示

在我们生活的客观世界中，"黑箱"无处不在。人脑具有学习、记忆和思维能力，但是人脑还有很多没有被开发的区域，这些功能区就处于"黑箱"状态，如果能够精准探知并加以运用，就能真正实现技术赋能。在职场里，一个人的纵向技能可以被理解为"硬实力"，它指向的是能够满足岗

---

① 祁长伟，金宏，冉云芳.基于大数据的"精准教学"模式建构与实践——以中职汽修专业为例[J].中国职业技术教育，2021（2）：33-40.
② 黄光芳，陈洁滢，朱伟.VR海洋保护教育游戏的设计与应用[J].中国教育信息化，2021（6）：92-96.

位需求的操作能力和技巧。"适应"通过目标、内容和方式的整体改进大大提高了技能培养的精准度，解决以往经验教学的粗放与低效问题，充分利用大数据、云计算等功能，从目标、内容和方式上让"技能匹配"成为可能，这对于职业院校和企业而言是一个双赢的选择。

第一，对接职业情境，引入企业元素，构建纵向技能培育的生态。

俗话说"泡菜的味道取决于泡菜汤水的浓度和味道"①，只有在真实的企业操作场景下才能够"还原"和"强化"技术要领，帮助学生沉浸到技能学习中。例如，师生创业公司以"工作室＋公司"的方式推进教育创新。教学资源开发过程中学校、汽车企业、软件公司等均应深度参与，进而确保提供的学习内容精准有效。

校与企就本体而言是独立与分离的两个组织概念，其内在的某些关联与利益共性的诉求，使其具备了超越实体的相互深度融合，而具有了"一体化"的某种需要。产教融合校企一体化是校企深度的结合，学校与行业企业是两个独立的主体，但两者之间存在一定的共同的价值诉求与某些利益关联，通过合作、共建等多种形式，能够构建实现共同需要的平台或载体，使学校与企业通过这些平台可以获得各自的利益，实现互利共赢。通过一体化构建使学校主体的"教"与企业主体的"产"相互融合，这种融合需要各参与主体发挥内在的主动性，这种主动性以利益追求为驱动，以契约为纽带，以共有平台为依托，形成你中有我、我中有你的格局。②

---

① 引自20世纪90年代由华中师范大学涂又光教授提出的"泡菜理论"。该理论认为泡菜是在长期的浸泡、浸润中形成的，泡菜的味道取决于泡菜汤水的味道。虽然泡菜的原料、制作工艺、保存方式等都会影响和决定泡菜的质量，但是真正决定泡菜口感风味而又不易为人所模仿的却是泡菜汤水。所以，调制好的泡菜汤水对于泡菜起着重要的作用。人们工作的环境和氛围，就好比这泡菜汤水；营造良好的工作环境和氛围，就如同调制好泡菜汤水。即泡菜的味道取决于泡菜汤水，校园环境好比泡菜汤水，它影响和决定了"浸泡"其中的学生的精神风貌和行为风格。学生一旦进了这个环境，就好比泡菜原料投入汤料之中，时间一长就会发生化学反应，最后形成具有完整人格、健康身心、满腹经纶、能力达标的高级专业人才。反之，所培养的学生出了问题，如果不是个别现象，就有可能是校园生态环境出了问题。

② 贺星岳.基于现代职教体系的产教融合、校企一体化研究与实践——以浙江工贸职业技术学院为例[J].职业技术教育，2015，36（21）：61-64.

第二，采取系统思维，改变传统技能教学"从理论到实践"的单向"应用式"流程。

技能教学需要系统思维。传统技能教学以技能知识讲授和实训实习相结合为主，这种"学用结合"的做法在很长一段时期内成为技能教学的标准化操作，但是，在信息化、智能化的社会生产大背景下，技能教学需要在目标、内容、活动、评价等方面进行整体性调整，"适应"逐渐成为技能教学的客观需要和现实趋势，它强调对技能学习过程的关注，关注学习者的个人特征和操作数据的反馈。杭州市电子信息职业学校开发的"云实训系统"正是建立在系统论的理论基础之上的，将整体性、层次性、关联性、开放性原理应用于整个技能实训教学全过程，逐渐形成了"工单导学、资源助学、平台促学"三位一体的技能教学体系。以整体性观点为指导，将实训教学的技能标准、训练活动、设备资料、考核监控等要素整合在"云实训系统"中，形成一个一体化的训练体系。以层次性观点为指导，根据项目的性质和难度，将实训项目划分为不同类型，对不同层次的学生提出不同等级的技能要求，并开展不同层级的技能训练。以关联性观点为指导，增加实训教学中各环节之间联系的广度和深度，引导学生有序完成全流程技能训练。以开放性观点为指导，资源共享，发挥云实训系统在实训教学全过程中的辐射、普惠作用，助推高质量实训教学的实现。[①]

第三，按照岗位技能需求规格，精准设置课程，开展差异化教学。

技能的形成是一个动态过程，一方面，受制于个体知识（经验）和前技能水平，这种制约是存在个体差异的，采用统一方法进行技能教学是不科学的。另一方面，工作岗位的技能规格具有动态变化的特点，采用不变的课程内容进行技能教学是低效的。所以，就需要识别这些差异，提供满足岗位技能需求规格的课程和训练。通过这种拉锯式的调适，职业院校在

---

① 陈亚萍，宣琪.基于"云实训系统"的中职实训新课堂探索[J].职业教育（下旬刊），2019，18（2）：28-36.

尊重差异的基础上不断探索纵向技能精准式培育的实践路径。

从时间维度来看，职业学校的教育活动具有周期长和相对滞后的特点，适应当前需要并不意味着能够适应未来需要。高质量职业教育并非为转瞬即逝的"当下需求"培养技能人才，它需要不断地平衡当下和未来。从这个角度来看，统筹学生、学校、企业、政府等多方需求和资源，构建连接供给（职校）与需求（企业）的校企命运共同体，建立职业院校和大中小微企业的大数据平台，不断创新技能精确化、差异化、个性化培养的载体，是一个值得深入思考的课题。

五、技能的分类

随着生产技能的不断分化，技能呈现出不同的类别，有些技能对专业的依附性较高，专业技能标准和生产工序影响着纵向技能的内容结构；有些技能和专业之间的依附关系不那么紧密，具有跨界特点，表现为技能对专业、岗位和工序具有较高的适应度和可迁移性；有些技能的内容易受现代化影响，甚至会被新的科技所替代；有些技能的内容则相对独立化，会被保存并延续；有些是较为常规化的普通技能，有些则是特殊技能。可见，技能是有类别的，不同类别的技能也有着明显不同的形成路径，基于技能的分化，自然也需要对纵向技能开展类别化、分类式的培育和训练。

（一）术业有专攻

随着我国产业升级和经济结构的不断调整，职业分工不断细化，新的职业类型层出不穷，社会对生产技能的需求和期望值不断增加，纵向技能的重要性越来越明显。但是，不同工种的纵向技能在精密程度、加工难度、训练强度等方面存在差异，采用无差别的规模化培育可能会带来短期的"回报"和"繁华"，表现为技能熟练度的提高和技能人才数量的增加，但从长远来看，它违背了纵向技能发展的客观规律。例如，机械大类包括钳、车、铣、刨、磨、冲、铸、锻、焊等工种①，如果无视工种需求的特殊性，无视钳、焊等纵向技能之间的衔接性，那么任何形式的技能训练都是低效的。由此可见，试图采用"一刀切"的方法培育不同类别的纵向技能显然有失科学性。

"技能"是职业教育的基本元素，"技能"和"专业"紧密关联。职业教育专业"自身的"特质及专业技能规格会影响纵向技能的形成与发展，专业不同则其技能的类别结构不同，技能的类别结构决定了专业实践（训练）的内容和方式，所以，针对不同类别的纵向技能开展分层、分类的专业训练有助于实现技能的不断精进。

英国社会学家卡尔·桑德斯认为"专门技术、专门培养、专门服务"是专业这个概念的基本特质。在现代产业体系下，职业教育专业门类众多。《职业教育专业目录（2021 年）》兼顾行业分类、职业分类和学科分类，统一采用专业大类、专业类、专业三级分类，共设置 19 个专业大类、97 个专业类、1349 个专业，不同的专业大类又细分为诸多专业方向，不同的专业方向对应不同的人才定位，不同的人才定位需要匹配相应的技能。学校对任何专业学生的培养都有具体的培养方案和课程设置。

这种专业分类的做法在很多领域都有体现。世界技能大赛的比赛场地就是参照实际工作环境设置的，使用的都是当前各行业的最新设备和工具，不同赛项对技能的评定标准各不相同，反映出较高的专业辨识度。例如，某些专业侧重于基础性操作技能的强化，如烹饪、数控技术应用、汽车维修等；某些专业侧重于创造性的激发，如平面设计、电子商务、营销策划等。

在实践领域，对纵向技能开展类别化、分类式的培育已经在施行。有的人主张构建和实施"分类培养、分层教学、尊重选择、多样成才"的培养

---

① 严雪怡，张振元，杨金土.关于技能问题的对话[J].职业技术教育，2011，32（9）：66-71.

模式以及与之适应的课程体系和保障体系[①]，认为要改进、优化专业设置和课程设置模式，建立面向不同类别的淘汰干预机制，分类开展技能教学和技能考核[②]。有的人主张在同一学科专业下按照不同的培养方向实施分类培养，"在学生原本的个体特征的基础上进行差别化培养"[③]。

所谓"分类"，是指以种类、等级或性质等为区分标准，将符合同一标准的事物进行聚类归总。各类别在结构上具有异质性。"分"即鉴定、描述和命名；"类"即归类，按照一定秩序排列类群，是一种系统性演化。通过"分类"可以将属性相同的事物集合成类，将属性不同的事物区别开来。[④]

第一种分类是在现有专业和学制体系下进行的。专业是职业院校人才培养的基本单位，与专业相对应的是技能类型、技能规格和具体的技能内容，具有"专门化"功能属性。学制相对应的是在学校系统开展技能教学的资格和周期。依据职业教育现有的专业类别（大类）划分，如计算机类、财务会计类、金融类、机电类、道路运输类等，专业大类下再分设具体专业，如物联网技术应用专业、市场营销专业、汽车运用与维修专业等；依据学制划分，如3年制、5年制、7年制等，每种学制类型有与之相对应的专业人才培养方案；依据专业面向的职业岗位（群）所需要的技能等级的差异，又可以笼统划分为新手、熟手、专家。

第二种分类特指交叉专业。因为专业之间是有相通性的，专业所对应的职业岗位也存在一定的相关性，那么，基于"专业基础相通、技术领域相近、职业岗位相关"的逻辑进行分类就产生了"专业群"，如智能制造类、信息技术类、农林牧渔类等。这些专业（群）在技能的类别、水平和内容上存在交叉关系，培养目标指向"复合型"人才，如农林牧渔类专业还要学

① 张军侠，潘菊素.高职院校分类培养多样成才问题及解决路径[J].中国高教研究，2015（4）：99–102.
② 毛琳，杨大伟，张汝波，等.高校技能型分类人才培养模式研究[J].大学教育，2016（4）：27–28.
③ 程智，张雪梅.高职院校学前教育专业分类分层培养研究[J].职业教育研究，2020（10）：43–47.
④ 连宇江，冯磊，孙琳，等.基于分类思想的知识自我获取和自我更新技能提升途径研究[J].情报探索，2019（9）：1–6.

习市场营销、物流等方面的课程。

本章中的"分类"指的是第一种界定，它是在现有专业和学制体系下进行的划分，体现的是技能水平和技能专门化的差异，从某种意义上可以理解为"术业有专攻"。从这个视角来看，纵向技能的培育要针对不同的技能类型和专业类别，在设施设备、课程设置、实习训练等方面予以积极干预。

（二）实现的关键环节

目前，我国技能人才技能规格的衡量标准主要来自国家职业标准和企业的岗位说明书。国家职业标准按职业（工种）分等级规定了对从业人员的专业知识要求和操作技能要求。企业的岗位说明书对企业中的每一个工作岗位的职责和要求都进行了明确的描述。可见，在技能培养方面需要"一专一策""一类一策"，要结合专业特点和岗位技能标准进行规划，要具体问题具体分析，主要有"类别化遴选""专门化训练""循环态提升"三个关键环节。

第一，类别化遴选。职业教育的专业是定向的，每个专业都有各自的专门化方向和纵向技能标准，这些专业类别（方向）决定了技能培育在目标、内容和方式上具有类别化倾向。例如，计算机数字媒体技术应用专业的技能规格、目标定位就肯定不同于新能源汽车运用与维修专业，在设施设备、课程体系、实训方案等方面的需求也是分门别类的。某些纵向技能的训练至今无法在职业院校完成，需要依托专业院校（机构）的力量，如警官学院、警校、护士学校等。这就需要明确专业培养定位，澄清专业和专业技能规格。在对"这是什么专业""这个专业的技能内容是什么"两个问题作出正确回答之后，针对不同专业类别、方向设置课程，分配实践性教学在总学时的占比和实施方式，培养具有专业辨识度的纵向技能。

以杭州技师学院为例，针对汽修专业面临的缺少实际工作情境、技能专精程度不高等问题，学校构建了"汽车医院"，搭建了初、中、高逐级提升的三级"汽车医院"高技能人才分类式培养阶梯化模型。

"汽车医院"由汽车教学医院、汽车专科医院和汽车综合医院构成（见图 2-3）。通过这三类平台引入品牌车企，培育品牌车型和岗位的专精维修能力，让学生亲历复杂维修过程，培养学生诊断与修复的临床综合能力。[①]

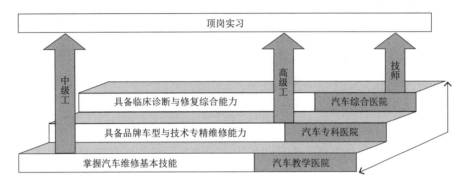

图 2-3　三级"汽车医院"高技能人才分类式培养阶梯化模型

资料来源：潘承炜，沐俊杰，陈金伟.基于"汽车医院"的汽修专业高技能人才培养模式的探索与实践[J].职业教育（下旬刊），2019（1）：37-45.

基于这种类别化逻辑，首先，按照技能内容的不同将汽车维修技能划分为三类，即汽车维修基本技能、品牌车型与技术专精维修能力、临床诊断与修复综合能力。其次，针对三类技能设置三类培养平台，即汽车教学医院、汽车专科医院和汽车综合医院。再次，按照汽修专业的对应职业（群）所需要的技能规格将培养对象（职校生）分为中级工、高级工、技师三类。中级工类的技能规格是"掌握汽车维修基本技能"，高级工类的技能规格是"具备品牌车型与技术专精维修能力"，技师类的技能规格是"具备临床诊断与修复综合能力"。这种划分从表面上看是对技能规格的分类，实际上反映的是纵向技能在形成与发展过程中的分化与重组状态。根据不同类别的技能内容，分别开设基本技能课程、专项课程和研修课程。最后，根据汽车型号和汽车维修岗位特征，将技能项目和行业真实的生产性任务

—————————

[①]　张金英.多样化人才培养路径让中职"香"起来[N].光明日报，2018-11-08（14）.

相结合，综合考虑纵向技能的复杂程度、精密程度和加工难度，将汽车维修技能分为基础级、专项级和技师级。

第二，专门化训练。通过类别化遴选，纵向技能以"类"的形式被确定下来，为后续分类、分层开展专门化训练做好了铺垫。那么，接下来在技能学习过程中，就需要根据技能水平的实际层级进行二次分级，每个专业都可以分出新手型、熟手型、专家型三种类别，针对不同类别的技能基础设立相应的培养标准，分别对新手、熟手、专家三类群体开展定向课程和生产训练，形成逐项达标通关的机制。

通常人们采用"训练"的方式来弥补自身差距，将训练与受训者在训练过程中表现出的责任感、受训后的回报相关联，认为"长期的训练、责任和雇主中心必然获得高度声誉和高水平报酬"[①]。技能学习的过程是一个试练、熟练、再试练、再熟练，循环往复以至无穷的过程。[②] 职业院校通常采用的技能训练方式有"实训场地中教师一边讲授一边演示""理论章节结束后进行实训""理论课全部结束后进行实训""实习期进行实训"等。甚至在很长一段时期中，个体技能的形成主要以课堂教学为手段，通过教师讲授理论、学生空想画面的方式进行，这种"黑板上的技能"缺少了实际"练兵"的场地。操作设备老化、实训师资短缺、技术更迭滞后、技能专精程度不高、实际工作情景缺乏等问题已经成为专门化训练的掣肘。面对这样的窘境，利益相关者群体的价值逐渐凸显出来，社会力量在纵向技能分类培育中发挥出积极的作用，人们开始倡导由学校和企业、教师和企业师傅共同参与纵向技能的培育，认为课堂、学校、企业、校内实训基地等都是技能形成和发展的场所。这种尝试既保留了职业学校专业技能（知识）的传授，又突出了师傅的具体指导，实现经验、操作技能、方法等默会知识

---

① 转引自：张贵新.对教师专业化的理念、现实与未来的探讨[J]. 外国教育研究，2002，29（2）：50-55.

② 郑俊乾.技能训练方法简介[J].中国职业技术教育，2005（15）：47-49.

的传递和掌握。①

　　由于技能形成需要实际工作场景下的知识技能运用与实践。为了提供接近"真实生产环境"的技能训练场地，职业院校纷纷选择实训基地作为专业实践教学的重要场所，有些学校已经在尝试建设生产性实训基地。但是，当前职业院校在技能培养中普遍存在"真实工作情境创设困难、高技能师资短缺、教学内容和资源难以及时与市场同步等现实问题"②，于是职业院校开始尝试以仿真教学代替真实的生产任务教学，基于预期工作岗位分类设计技能训练项目，重组课程资源。在信息化、智能化生产和产教融合背景下，技能的学习与传递方式发生了变化，但不管采用何种路径，都绕不开"企业"和"学校"这两个重要元素。若想提升技能人才培养质量，就必须对企业与学校的迁移转化进行通盘考虑，让"操作台"和"讲台"的关系更顺畅。

　　与短期技能培训不同的是，职业院校还要帮助学生完成早期从学校到工作的过渡。那么，在纵向技能的培育中要如何锚定专业和技能规格进行专门化训练呢？这个问题的解决或许可以采用"倒推法"来实现，即根据工作世界技能分布和市场需求来确定"什么是需要掌握的纵向技能"，从技能分化的角度追问"训练什么技能"和"如何训练技能"，基于精准施教的理念确定专业人才培养方案。

　　专业人才培养方案是职业院校落实党和国家关于人才培养总体要求、组织开展教学活动、安排教学任务的规范性文件，是实施专业人才培养和开展质量评价的基本依据。依据教育部发布的《关于职业院校专业人才培养方案制订与实施工作的指导意见》，学校可根据区域经济社会发展需求、办学特色和专业实际等合理增加专业人才培养方案要素。这就要求职业院校的技能教学要尊重生源差异、专业差异、类型差异，以学生学习需求为

---

①　杨大伟.技能的形成方式与学徒制[J].职业教育研究，2019（3）：1.

②　潘承炜，沐俊杰，陈金伟.基于"汽车医院"的汽修专业高技能人才培养模式的探索与实践[J].职业教育（下旬刊），2019（1）：37—45.

导向，根据学校实际情况，分类分段确定课程设置、安排实习实训任务、统筹校企资源。

第三，循环态提升。为了实现技能的良性进阶，通常的做法是围绕技能层次匹配课程，构建分层分类、阶梯式的课程体系和技能教学体系。按照"职业岗位→能力技能要求→专业方向→课程组合支撑"的思路，重新组织教学内容、教学方法，改革专业课程体系。[①] 在杭州技师学院的做法中，"医院"即学校，汽修专业的纵向技能形成与发展都在这间"医院"里完成。"汽车教学医院"培养中级工，侧重汽车维修基本技能训练；"汽车专科医院"培养高级工，侧重专项技能训练；技师培养由"汽车综合医院"完成，侧重高精技能训练、复杂故障的诊断和排除。在课程设置方面，对接行业企业岗位要求设置课程体系，针对不同类别的技能规格设置课程，如给中级工开设具有必修性质的专业定向课程，将"临床维修"作为汽修专业技能类课程的核心内容，整个课程教学体系以"汽车的临床维修"为核心展开；给高级工开设"定岗定技"的订单式课程；给技师开设以复杂任务为主的研修式课程，学生在完成自己所属类别相关技能的学习且考核通过后，将会进入下一项技能的学习。

技能教学是需要资源的，充裕的教学资源有利于实现持续的技能精进。为了让技能教学内容能够更好地关联企业维修实际、汽车结构特点和职校生成长规律，杭州技师学院组建了技能学习工作站，并将这种带有"资源库"性质的组织逐渐运用于技能教学领域。在针对不同类别技能开展的实践教学中，不同的工作站分别关联着不同类型、不同层级的技能学习资源。随着技能的不断分化和技能内容结构的迭代，逐渐形成了一个以基础类纵向技能为轴心的辐射圈，并在生产实践、技能实训、模拟仿真训练等外部情境的倒逼下衍生出多个"技能触点"，从资源运作流程来看，这就形成了一个基于"课程—平台—任务—反馈"的技能学习循环，在达到阶段目标之

---

① 李利正，黄煜栋.分层分类视域下专业建设探索与实践[J].绍兴文理学院学报，2016（6）：19-24.

后，因为存在"反馈"，所以，纵向技能可以重复"遴选""训练""进阶"的技能学习历程，以终为始，呈现不断循环、不断补给、动态平衡的特点。

（三）启示

产业形态的改变使企业对人才的需求呈多样化趋势。[①] 基于匹配论的视角，从技能的分化趋势和技能的内容结构看，社会的技能需求与学校技能教学内容的匹配度之间会出现诸多摇摆，为了适应不断发生变化的社会技能需求，技能培养需要学校和企业的双重力量。一方面，品牌企业不论在技术上，还是在行业地位和社会口碑上都有一定的分量，它们的加入必然有助于专业技能的培育。另一方面，品牌企业愿意且希望吸纳"门当户对"的技术工人，缩短企业培养时间，提高经济效益。这种"互动"已经被实践证明是便捷且有效的。进入 21 世纪以后，数字经济的发展推动了信息技术与其他行业的加速融合，在这个时代背景下，技能也呈现加速分化趋势，原有的分类式操作可能会面临新的挑战，但是，经验性的探索依然具有启发意义。

经验一：**丰裕的实践性教学**。突出实践性，是职业教育的趋势。内化的学习很容易被解释为毫无疑问地吸收既定知识的过程，被看成一个传递和同化的问题。[②] 当今世界的职业教育，工学结合已经成为一种必然的趋势，其目的就是要强化学生实践能力的培养，在具体操作中消化理论。[③] 纵向技能的形成和提高是一个动态学习和反复训练的过程，与大量的专业实践密不可分。原因主要来自两个方面。

一方面，高技能人才的形成具有生产实践性和长周期性。技能的形成与发展需要与大量的工作岗位实践相结合，需要经常操作和使用各种设备、

---

① 刘燕.高职院校"分类培养"教学改革探析[J].职业时空，2012（5）：96-97.

② 莱夫，温格.情景学习：合法的边缘性参与[M].王文静，译.上海：华东师范大学出版社，2004：12-13.

③ 高明杰.中职生专业技能培养的现状及对策研究[D].烟台：鲁东大学，2018.

工具，完成特定的生产任务。这些实际操作能力不是纸上谈兵得来的，而需要经过长期的反复训练和岗位锻炼才能真正获得。技能点必须练熟，只有熟练掌握基本应用，才能应对复杂的应用。例如，在锯割达标训练中将产品加工的精度分为 A、B、C 三级，三级精度依次提高。学生通过多次不同尺寸的重复练习实现达标升级，在生产实践中积累和揣摩，从而切实掌握锯割操作技能。①

另一方面，生产环境和生产条件是动态的，但这两者恰好是技能形成和发展必备的外部因素，这就要求高技能人才要具有丰富的现场工作经验。有学者提出要强化企业在技能培养中作用的发挥，主张形成"政府主导，院校、社会和培养对象与企业良性互动的工作机制"②，校内实训基地作为一种"能力超市"③也成为技能培养的关键场所。以汽修应用与维护专业为例，学生处在企业真实的生产环境中，接触各类真实的汽车维修故障实例，技能水平定会得到快速提升。此外，学生在学校内就可以承接维修业务，为周边地区品牌车辆开展服务，也可以到汽车 4S 店维修车间实地参观，打磨专业技能，有助于实现技能教育和职业生涯教育的有机融合。

经验二：基于类别的精准施教。技能提升的一个潜在障碍是"缺乏有效的学习指导"。这需要明确不同类别、层次都需要获得哪些实实在在的技能，并据此制订培养方案。

对于职业教育来说，技能不可落伍，否则就是一种技术浪费。一些学术研究已经揭示了未来劳动力的潜在变化。这些潜在变化导致企业、社会技能需求也相应发生了改变。正如国际劳工组织发布的《未来工作的文献综述》（The Future of Work：A Literature Review）所言，新兴技术的发展对工作世界的影响是多维度与多方面的，具体包括改变工作任务、工作环境、

---

① 王琪.职校学生技能的形成和训练[J].江苏技术师范学院学报，2008（6）：70-71.
② 王海岳.企业高技能人才培养主体作用的机理分析与机制构建[J].企业经济.2008（9）：52-56.
③ 张金学，宋春莲.创建"能力超市"实训基地培养高技能人才[J].天津职业大学学报，2005，14（1）：19-21.

技能需求等。① 在互联网行业，每淘汰 1 个传统岗位，就会创造出 2.6 个新的工作岗位；每部署一台机器人，就会创造出 3.6 个新的就业机会。② 可见，企业需求应是技能型人才培养的出发点和落脚点。③ 美国著名管理学家彼得·德鲁克曾指出，要将人才的技能培养与企业的需求相匹配。如果学校不能满足企业对技能人才的有效需求，就会导致教育的浪费和技能人才的结构性失衡。解决这个问题的途径是进行技能需求调研，通过系统客观的信息搜集与研判，为技能教学决策做准备。我们需要对纵向技能的提升持积极态度。

在产业转型升级的时代背景下，"融合"是未来职业发展的趋势。例如，汽车过去是一项主要偏向机械配合的产品，可随着电子技术的迅猛发展，汽车电子技术如电动车窗、电动座椅、电控车身稳定系统、电子显示屏等已经全面覆盖汽车行业，汽车已经由单纯的机械产品转变为高级的机电一体化产品，其生产制造由一系列难度不等的工序组成，原有教学内容的平行拼接将无法培养学生更为复杂的综合职业能力。这种变化对纵向技能提出了新挑战。高技能人才的突出特征还包括高超的技艺性、岗位的针对性、素质的全面性以及突出的创造性。④

在这种大环境下，为了"更美好的生活"和"全生命周期的职业发展需要"，除了依靠学校职业教育和在职培训，劳动者必然会主动寻找多渠道的技能发展支持。适切的专门化训练、专业知识学习、职业体验机会等都会影响技能形成，在这些元素的交织和互动中，面对现代化和数字化的全球趋势，唯有厘清"技能"演进的脉络并遵循"技能"发展的规律进行有效干预，不断提升劳动力技能水平，方可应对未来的技能转型与升级。然而在

① 贺世宇，和震.面向未来工作的职业教育创新发展策略探究——基于国际劳工组织系列报告解析[J].比较教育研究，2020，42（3）：3-10.
② 马尔科夫.与机器人共舞[M].郭雪，译.杭州：浙江人民出版社，2015：24.
③ 黄德桥，杜文静，李得发.企业新型学徒制视域下高职酒店管理专业技能型人才培养探索[J].中国职业技术教育，2019（14）：56-60.
④ 张德成，梁甘冷.大职教理念下的中职学校人才培养4.0模式研究[M].北京：现代出版社，2021：39.

纵向技能不断演进的过程中，上述四种路径不但是相通的，而且是相互交叉的。此外，世界上并不存在完全去智慧的职业活动，不能因为对操作的自动化、标准化设计而使职业教育走向固化和机械化，所以，不论采用的是哪一种方式，都是为了促进职业教育的高质量发展，为了应对世界范围的技能转型。

　　有学者认为，某个职业领域的专业技能并不仅仅包含提供系统的专业基础知识的学科专业技能，还应包括判断力和执行力。[①]判断的提出和在特定情形下的行动都要考虑到操作的适当性。从这个角度看，纵向技能在分化中有不断融合化的趋势，甚至生产技能和非生产技能也能相通，这势必会触及横向技能的边界，然而，不论技能如何演进，在技能转型的时代趋势下，技能的培育都要遵循市场需求和技能学习规律。如果我们能够超越传承、进阶、精准、分类的模式变迁，去观察隐藏于这些具体措施背后的、意想不到的差异、特征及令人惊奇的价值，那么技能培育就走向成熟了。

---

① 温奇.职业教育的技能积累[M].杨光明，陈云山，杨永兵，等译.北京：北京师范大学出版社，2016：100−102.

CHAPTER 3

| 第三章 |

横向技能与未来世界

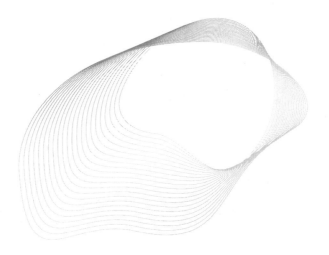

在 21 世纪以前，人们对"技能"一词的理解通常是单维的，站在"纵向技能"的立场上解读"技能"，然而"为了让 21 世纪的年轻人有意义、可持续、负责任地生活，人们对认知技能的关注已经向非认知技能与能力的重要性转移"①，"横向技能"在职业教育中的重要性日益凸显。

一、理解横向技能

联合国教科文组织在《2012 全民教育全球监测报告》中提到技能教育对全世界青年人就业的重要性，并首次在报告中提出了"能力通路"的概念。报告将青年人需要具备的技能划分为三类，分别是基本技能、可转移技能（横向技能）以及技术和职业能力（纵向技能），报告还提出了这些技能的获得环境。基本技能的获取主要在高中段之前，以及基于兴趣的成人学习（二次机会），而技术和职业能力与可转移技能则是通过高中阶段的职业教育和在职培训获得的。横向技能和纵向技能的获得只有处于并行提升的状态时，受教育者才能走上职业的最顶峰。因此，职业教育阶段横向技能和纵向技能同等重要。

（一）全球教育视域下的横向技能

"横向技能"是对全球在跨入信息时代、知识社会的当下仍有大批青年失业原因溯源后提出的解决策略。从它所产生的背景中能清晰地看到它的

---

① 鲍锦霞. 职业教育中的横向技能：教学与评估[J].世界教育信息，2017（2）：23-36.

内涵与发展脉络。

在社会发展日趋迅速的情况下，青年人就业率不仅稳定性低，而且失业后较难再就业。事实上，世界正快速跨越式地进入人工智能时代，将出现更多的工作机会以及新职业。2019 年，人力资源和社会保障部重启新一轮新职业发布工作，截至 2021 年 3 月共发布了四批 56 个新职业。[①] 但是部分青年由于技能较为单一，无法获得这些机会。失业与工资水平偏低使他们成为就业市场中的脆弱人群。因此青年高失业率成为世界范围内被普遍关注的问题。

普及教育与拓展技能虽然不是解决这一问题的唯一办法，却是非常重要的一部分。如果青年群体缺少技能，即使国家提供了丰富的工作岗位，依然不能从根本上解决问题。因此通过教育、培训等方式提升青年的就业能力成为各国政府解决青年就业危机的重要途径。可是从全球产业发展状况来看，仅仅获得基础技能、技术和职业能力（纵向技能）的青年依然不能满足世界发展的要求。

第一，技术发展导致人才能力标准不断上移，迫使青年必须不断提升能力层级。进入智能时代，产业结构、职业结构都在发生重构。以新一代信息技术为基础的"智能制造"，在全球范围内引起了工业技术体系、发展规模和竞争格局的重大变革，2016—2018 年我国的数字经济规模及其占GDP 的比重持续增加（见表 3-1）。"虚拟网络 + 实体物理"制造系统使人从简单重复的劳动中解脱出来，但也在不断压缩重复性低端劳动的人口数量。传统制造企业为了适应环境变化大力投资智能制造，促使产业改造升级。无论是"流水线"式的生产组织方式，还是"生产岛"式的生产组织方式，自动化程度的提高使人工作业岗位逐渐减少。2017 年，浙江省委、省政府在全国率先全面启动传统制造业改造提升工作，吹响了浙江传统制造业转型升级的"冲锋号"，全省各地市在促进传统制造业优化升级、高质量

---

① 艾瑞，杨有韦.2021年在线新经济背景下的新职业与新就业发展专题研究[J].大数据时代，2021（12）：62-76.

发展方面取得了积极成效。到 2019 年底，浙江省已经建成了 121 个"无人车间""无人工厂"。[1] 这样的改造升级影响的不仅仅是从事低端工作的劳动者人数的逐步减少，更加速了工作过程的去分工化和人才结构的去分层化。工人的工作内容由传统工厂只局限于某个岗位的工作逐渐扩展到需要负责一条流水线，甚至是整个车间的工作。传统的工程型人才、技术型人才和技能型人才的分层逐渐模糊，"各层间的人才相互融合，使人才结构呈现扁平化趋势"，"人才需求整体呈上移趋势"[2]。在服务、医疗、建筑等其他行业中智能系统也对职业结构的变化产生了深刻的影响。日本政府 2015 年发布的《机器人新战略》中提出，要成为"世界第一的机器人应用国家"。这一战略也许预示着未来的职业都将与人工智能并存，任何人仅仅依靠基本技能，无法在失业后解决再就业问题，更无法在工作世界中立足。

表 3-1　2016—2018 年中国制造业数字化发展概况

指标		2016 年	2017 年	2018 年
数字经济规模 / 万亿元		22.6	27.2	31.3
占 GDP 比重 /%		30	32.90	34.80
对 GDP 贡献率 /%		70	55	67.90
数字产业化占 GDP 比重 /%		6.15	6.41	7.10
产业数字化占 GDP 比重 /%		21.02	24.88	27.60
三产占行业增加值比重 /%	农业	6.17	6.54	7.26
	工业	17	17.22	18.31
	服务业	29.58	32.61	35.89
数字化指数		126.95	348.69	627.85

数据来源：《中国数字经济发展与就业白皮书（2018 年）》。

　　技术的进步日益加剧了知识技能老化，知识技能半衰期急剧缩短，因此无论从事哪个行业，信息素养、数据解读、科技工具的使用，甚至与智

① 拱宸.数字经济赋能"浙"样干——浙江各地传统制造业数字化改造提升做法汇总[J].信息化建设，2019（12）：18-25.
② 徐国庆.智能化时代职业教育人才培养模式的根本转型[J].教育研究，2016，37（3）：72-78.

能机器的合作能力，都成了劳动者必备的职业素养。这就需要劳动者能深刻理解信息、数据、工具与职业之间的关系，建立技术与工作对象、工作目的的联系，以适应智能时代的职业要求。这种理解的获得既隐含在纵向技能的学习中，更体现在包含持续学习意识和能力的横向技能的形成中。

　　第二，传统企业组织方式变化与新兴职业的涌现，使劳动者需要不断适应和挑战新的职业或领域的工作内容。在新一轮科技革命席卷全球后，数据已然成为关键的生产要素。数字经济深刻地改变了企业的组织方式，从传统的科层制组织结构向扁平化的组织结构转变，构建起异地协同制造、个体积极创新、架构快速迭代的新型液态组织模式，员工不再是被动接受指令的执行者，而是主动为用户创造价值的创客或动态合伙人。[1] 在这样的企业组织中，除了专业的知识与技能外，能否与他人协同、高效地完成工作成为判断员工能力的关键。这种"协同""高效"内隐的正是沟通与合作能力，以及责任感与自律。

　　数字经济还打破了传统的企业与员工的雇佣关系，创造了大量灵活的用工机会，并形成了规模效应。根据麦肯锡报告的预测：到2030年，多达2.2亿中国劳动者（占劳动力队伍的30%）可能因自动化技术的影响而变更职业。麦肯锡全球研究院建构的未来工作模型显示，中国职业变更的份额大约占全球的36%。在中等自动化情景下，到2030年约有5160亿工时（平均每名劳动者约为87天）或将因技能需求变化而需要重新部署。[2] 由此可见，职业转换将成为未来职业人的常态，传统工作情境中具备精深的专业技能（纵向技能）的人才也将出现就业困境。这就需要劳动者具备一种不易被淘汰的、在不同的知识间相互迁移的、在不同岗位间能够通用的职业

---

① 陈楚庭，王学真.数字经济视阈下企业组织形态和劳动关系新变化及工会应对策略[J].山东工会论坛，2020，26（2）：26-32.
② 麦肯锡全球研究院.中国的技能转型：推动全球规模最大的劳动者队伍成为终身学习者[R/OL].中文版.（2021-03-02）[2021-08-02].https://www.mckinsey.com.cn/wp-content/uploads/2021/03/MGI_Reskilling-China_-Full-CN-report.pdf.

能力，即关键能力或跨专业能力。①

第三，在共享经济、"互联网＋"背景下出现的新型就业模式，需要更强的创新能力。"互联网＋"模式下的去雇主化、平台化的新就业形态，降低了青年人转岗、多岗、创业的门槛。尤其以阿里巴巴为代表的互联网平台提供了强大的基础设施，使每一个个体可以不依赖组织解决问题，"平台型就业"成为一种趋势。然而，这些新型就业模式在缺少创新意识和能力的前提下，容易出现同质化的现象。2016年发布的《中国青年创业现状报告》指出，青年创业者的创业项目遍布所有行业，其中最多的是批发零售业（34.5%），其次为信息传输、计算机服务和软件业（13.7%），居民服务和其他服务业（9.5%）以及住宿餐饮业（8.6%）的比重也较大。②领域集中，必然带来过度竞争，由此导致大量新型就业、创业机会的流失。而解决这一问题不仅需要创新创业的技能，更需要创新创业的意识和能力。

事实上，引发全球范围就业危机的还有其他因素，比如全球金融危机、大规模疫情等。2020年新冠疫情导致的企业倒闭、转型，使许多人失业，给就业市场带来了压力，形成更为激烈的工作机会竞争氛围。受疫情影响，利用信息技术、互联网平台、协作软件等科技手段进行办公已经成为普遍现象，并将继续发展。这种看上去对青年人友好的办公方式却也有许多引人深思之处。首先，能进行远程办公、协作工作的人必须具备一定程度的信息素养和技能，当一些中老年人感叹无法跟上节奏的时候，青年人也应警惕这种可能随时降临的职场淘汰危机。因为信息技术的发展日新月异，如果不具备较强的学习能力，无法跟上平台、软件更新的节奏，就会在竞争中处于劣势。其次，远程协作对职业习惯、职业品质等素养提出了新的挑战，团队成员需要具备较高的交流与合作能力，以及较强的责任感与自律性，才能共同完成各项任务。最后，对于自由职业者或者创业者来说，借助信息技术和平台工作可以将节省下来的时间与精力投入更有效益的经营领域中，但如果缺少计划能力、执行能力，以及基于强大意志形成的自我驱动能力，那么自由的职业者恐怕会一无所获，创业也容易以失败告终。以上提及的三点对任何缺乏横向技能的人来说都会成为职业发展中潜伏的危机。

正是在全球数字经济导致青年就业危机的背景下，联合国教科文组织提出加大对青年人技能开发的投资，并提出了"能力通路"的概念，其中横向技能正是在"能力通路"中作为可迁移技能的概念与前文提及的纵向技能共同构成职业教育的内容。它要解决的是学生应对未来工作世界、知识社会的复杂问题，包括解决问题的能力、有效交流思想和信息的能力、创新意识、领导力和责任感以及创业能力。人们需要具备这些技能，以便适应不同工作环境，从而增加其留在有利可图的就业岗位上的机会。[①]

正如爱因斯坦所说："衡量智慧的标准是适应变化的能力。"这种"能力"不仅仅是专业的知识和技能，更是一种横跨不同专业、职业领域的技能。作为"技能"，横向技能与纵向技能一样具有外显、可教、可测的特点，但与纵向技能不同的是，横向技能是一种通用能力，它既指向学科与专业，又跨越了学科与专业的界限。纵向技能强调的是从新手到专家的逐级进阶，具有专业性、精深性，支持进阶的核心是基于对工作任务领域理解基础上的职业认知；而横向技能强调的是不同工作情境中都需要运用的技能，具有覆盖性、可转移性，支持转移的核心是基于不同情境的特点与需求不断进行自我反思与调适的能力。比如属于横向技能的"合作"，是每个人在职业成长的不同阶段都需要具备的能力。很多时候人们必须要通过与他人的合作才能解决学习和工作中的问题。但合作会不可避免地产生各

---

① 本刊编辑部，李玉静，刘娇.青年与技能：拉近教育和就业的距离 UNESCO《全民教育全球监测报告2012》解读[J].职业技术教育，2012，33（30）：26-43.

种矛盾与问题，一个具有较高合作能力的人能在解决这些矛盾与问题的过程中不断调适自己的心理与行为，找到平衡个人诉求与他人诉求的方法，这种方法一旦形成便成为他在各种情境中与他人进行合作的方式。

（二）核心素养与横向技能

横向技能与近几年不断提及的核心素养在内涵、特征上有很多相近之处，这两者是什么关系？有什么内在联系与区别？这需从对两者产生的背景、内涵阐述进行比较分析中找到答案。

经合组织、欧盟、美国提出的核心素养框架，无一不是基于对21世纪信息时代发生的复杂而深刻变化的预测提出的应对战略，这些变化发生在公民生活、工作世界和个人自我实现领域中。他们认为随着计算机和互联网的普及，未来世界的生活、职业、社会情境将更为复杂，不仅内容更为丰富、价值更为多元，而且场景也更为多样。除了有现实场景外，还有虚拟、增强现实等过去从未出现过的场景，其中必然包含越来越多人类过去经验未曾触及的领域。因此，人类必将面临三大挑战：职业世界中的挑战，比如职业的兴替与职业内容的变更；信息世界关系处理的挑战，比如关系处理工具、场景、价值的多元；个人行动的挑战，比如在复杂、多变、多元的全球化时代个人如何决策、选择与行动。

在这一背景下，经合组织提出的核心素养有交互使用工具的能力、在异质群体中有效互动的能力和自主行动能力。如表 3-2 所示，欧盟提出的核心素养有母语交际、外语交际、数学素养和基础科技素养、数字素养、学会学习、社会与公民素养、首创精神和创业意识、文化意识和表达。美国的核心素养指"21 世纪技能"，包括学习与创新技能、信息、媒介和技术技能、生活与生涯技能[1]。

---

[1] 张华.论核心素养的内涵[J].全球教育展望，2016，45（4）：10-24.

表 3-2 经合组织、欧盟、美国核心素养框架比较

国家、地区、组织	核心素养框架
经合组织	交互使用工具的能力、在异质群体中有效互动的能力和自主行动能力
欧盟	母语交际、外语交际、数学素养和基础科技素养、数字素养、学会学习、社会与公民素养、首创精神和创业意识、文化意识和表达
美国	学习与创新技能、信息、媒介和技术技能、生活与生涯技能

这三大核心素养框架尽管在表述上、逻辑上、呈现方式上不尽相同，但在目标、内涵上有共同之处。同时，这些共同之处又与横向技能形成交叉、互释的关系。

第一，核心素养与横向技能都暗含了"专家思维"和"复杂情境"。所谓"专家思维"，亦可称为"专家决策制定"，是指在特定情境中，当所有标准化的解决问题的方法均告失败时采取新方法以解决困难问题的能力。"情境"是指对人有直接刺激作用，有特定的生理意义和社会意义的具体环境。它包括认识主体在认识、解释、交往过程中受到的环境和条件等各种因素的总和。"情境"中主体与自我的对话，与他人、与社会的交往，形成了"复杂交往"。"专家思维"需要在主体性活动中才能培养与成熟，而"复杂交往"则构成了主体性活动的情境。同时，"复杂交往"中出现的不可预测的问题需要用"专家思维"解决。这里凸显了核心素养的整体性特征，即构成核心素养的任何一个部分都无法单独完成复杂情境中问题的解决。组成横向技能框架的四个部分也构成了整体，并在不同情境中可以转移，且支持横向技能转移的是不断进行自我反思与调适的能力，自我反思与调适既是自我对话的过程，也是与他人、社会、世界交往的过程，且同样需要建立在成熟的"专家思维"上。

第二，核心素养关注的是整个未来世界的趋势与挑战，横向技能则更侧重于关注工作世界中的挑战。从核心素养的关系上看，不同地区的框架均有各自的逻辑，但都指向三组关系，即人与工具、人与社会、人与自我，

这三组关系恰好对应信息社会的三种挑战，经合组织的框架表述得最为鲜明；欧盟的八大素养更像是对经合组织核心素养的具体解释；而美国的"21世纪技能"则更为具体，更有操作性。值得注意的是，欧盟除了提出八大素养外，还作了如下说明："有几个主题应用于整个《为了终身学习的核心素养：欧洲参考框架》之中：批判性思维、创造性、首创精神、问题解决、风险评估（risk assessment）、采取决策以及建设性管理情绪，在八个核心素养中均发挥作用。"[①] 这些被称为渗透在八大核心素养中的"心智过程和能力""暗线"恰恰与美国的具体的、可操作的"21世纪技能"呼应。由此可见，各地区在建构核心素养框架时不仅考虑了培养什么样的人去应对未来世界的挑战，更考虑了如何将这些素养有效地落在学校教育中，这些素养既包含了可用的技能，也包含了价值观。荷兰学者沃格特等人在对世界上著名的八个核心素养框架进行比较分析以后，进一步提炼出四大素养，即协作（collaboration）、交往（communication）、创造性（creativity）、批判性思维（critical thinking），由此构成享誉世界的"21世纪4C's"。

与核心素养相比，横向技能更聚焦于工作能力上。正如前文所述，职业兴替日益频繁，低端的、重复性的劳动逐渐被人工智能所取代，未来的工作世界需要更多具有能动性、积极性特征的创新型、跨界型的职业人。横向技能框架中的四大能力所遵循的是工作世界中人与团队、问题、自我发展，以及社会发展关系的逻辑。因此，从某种程度上来说，横向技能是核心素养在工作世界中的具体表述。

第三，核心素养与横向技能都指向人的"高级能力"和"人性能力"。核心素养既包括学科知识、技能、方法与思维，又跨越学科界限，以"专家思维"组合、综合、整合知识与技能、方法与思维解决复杂情境问题，且能自觉自愿地选择道德与正向的价值取向。正因如此，核心素养不囿于时代，却又与时代发展紧密相关。与此相应，横向技能也具有普适性和时

① 张华.论核心素养的内涵[J].全球教育展望，2016，45（4）：10-24.

代性特征。它指向的不是某一类具体的技能或知识，而是针对信息时代工作世界中每一个工作领域都需要应用的一系列重要的技能。[①]所以，"横向技能"必然随着工作情境的变化而灵活转移，随着工作世界的发展而在载体、方法上不断更迭，且随着世界的多元化而在价值取向上呈现出坚守职业道德与体现多元包容的特点。

通过以上的分析，我们认为横向技能是核心素养在职业教育中的转化。如果说核心素养的培养针对的是所有接受教育的学习者，那么横向技能则聚焦于接受职业教育的学习者。尤其随着"职教20条"的发布，从国家政策层面确定了职业教育的类型地位后，对"横向技能"的研究更是对纵向技能的补充和发展，体现了数字经济视域下职业教育培养面向未来职业人的育人导向。

（三）横向技能的现实意义

基于以上的分析，立足于社会转型期的当下，人们应该尤其关注横向技能促进人的发展的重要功能，将之与纵向技能进行有机整合，共同构成职业教育人才培养的内容。

第一，横向技能能够丰富职业教育对技能的认识，突破传统职业教育将技能局限为具体的操作性技能或者基础认知技能，而更应该重视高认知能力（如批判性思维、决策力）、社会和情感沟通能力（如人际沟通能力、领导力等）以及技术能力（如高级数据分析能力）的培养。

自2016年《政府工作报告》指出要"培育精益求精的工匠精神"后，"工匠精神"成为决策层的共识。但是职业教育对于"工匠"培育的路径与内容却依然不甚清晰。事实证明，所谓的"技艺精湛"并不简单等于熟练。在追求精致、精心、精彩的道路上，只有善于学习，善于和团队共同作战，善于解决不同场景中的问题，才能攻坚克难，让产品、作品达到极致的精

---

① 鲍锦霞.职业教育中的横向技能：教学与评估[J].世界教育信息，2017，30（2）：23-36.

美。这才是"精益求精的工匠精神"的底色。因此，在人们不断追求高质量美好生活的当下，具备"工匠精神"的人必然是兼具横向技能和纵向技能的智慧型和创新型的人才。

后工业时代对横向技能的要求更为广泛。随着经济组织方式发生重大变化，传统的集中固定的工作方式逐渐被灵活的合作方式取代，终身雇佣与职业线性发展的工作模式逐渐被消解，个人的职业生涯发展出现了更多的无边界、多岗与不可预测的特征。中国人民大学国家发展与战略研究院2020年发布的《灵工时代：抖音平台促进就业研究报告》中提出了一个有意思的概念："灵工"。"灵工"主要有三个特点：一是"灵活"，创业团队较为年轻，工作机制灵活；二是"灵气"，具有出人意料、出奇制胜的新颖性、创造性；三是"灵捷"，能敏锐洞察市场变化，快速反应并适应市场需求。[①]此外，新冠疫情也导致更多需要"一人多岗"的低成本、活运营的小微企业出现。这些小微企业出于成本的控制，往往通过减少正式员工的数量，借助灵活人才来填补岗位缺口，避免冗员成本及其他问题。"灵工时代"给能够胜任多岗、学习力强、沟通力强的人带来了更多的就业机会。

第二，从对核心素养与横向技能的比较中可以发现，学术型人才和技能型人才在思维特征、能力结构上的区分并不像一直以来认为的那样泾渭分明，这为普职融通创造了可能，有助于搭建职业教育人才成长立交桥。无论是培养学术型人才，还是培养应用型人才，人的成长本质是一致的，沟通与合作能力、解决问题能力、学习能力和创新创业能力共同决定了一个人的成长空间和职业发展路径。这些能力的培养既需要广博的知识与技能作为基础，又需要在具体的实践情境和认知情境中获得。因此，当前培养学术型人才的普通教育和培养应用型人才的职业学校在人才培养的设计上都失之偏颇。正是在这个意义上，许多国家将职业教育从一次性终结教

---

① 中国人民大学国家发展与战略研究院.灵工时代：抖音平台促进就业研究报告[R/OL].（2020-09-03）[2021-08-03].http://nads.ruc.edu.cn/docs/2020-09/e45e512c133f40aca56c0cf3d4573b90.pdf.

育转向了整个生涯教育。职业教育的功能不再是让学生掌握单一技能，而是必须传授学生职业世界中共同的、普遍的、核心的知识。职普融通在美国、英国、瑞典等发达国家相当普遍，这些国家构建了普职一体化体系，普通高中与职业高中可以互相转化。由此可见，职普融通有许多值得探索和尝试的路径。①

　　第三，要让学生和劳动者掌握更广泛、更灵活的能力，并且持续更新，就需要在职业教育领域进行更为深刻的课程与教学改革，彻底改变以传授专业知识、纵向技能为主的职业教育教学倾向。以工艺、肢体的操作为定向的职业教育课程发源于工业时代，工作任务和知识的关系是确定的、清晰的，因此课程也是刚性的、具体的，不需要核心的、共同的、可迁移的学习内容。② 因此，传统的职业教育课程往往以重复训练为主，将培养熟练工作为第一要义。但在后工业时代，人类的职业活动的性质正在发生根本性变化，职业活动中的工作任务越来越具有不确定性，且这种不确定性已达到一定程度，使得职业活动与专业活动之间的界限逐渐模糊，人们难以在工作任务与知识间建立确定的联系。③ 所以，基于狭隘的、传统的职业教育观的职业教育课程及其相应的教学方式已经无法适应产业的发展。职业教育培养的是能够适应变化、能够完成任务与解决问题的人，这种能力的获得必须基于具体的实践情境，情境教学、工作场所学习、合作学习、项目化学习都应成为改造传统职业教育课程教学的主要方向。

　　综上所述，横向技能是在全球进入信息社会后产业结构调整引起职业兴替以及人才规格上移背景下提出的概念。横向技能的四大类别——沟通

①　刘丽群，彭李.普职融通：我国高中阶段教育改革与发展的整体趋向[J].湖南师范大学教育科学学报，2013，12（5）：64-68.
②　姜飞月，贾晓莉.新职业主义的主要教学观[J].外国教育研究，2010，37（4）：48-52.
③　徐国庆.新职业主义时代职业知识的存在范式[J].职教论坛，2013（21）：4-11.

与合作能力、问题解决能力、创新创业能力、学会学习能力[①]，具有普适、跨界、可转移的特点，其目的是适应未来工作世界中非机械重复的、不同类型的、复杂的场景，其核心是"专家思维"。正因如此，横向技能的培养已经受到了各国政府和教育部门的重视。比如，美国教育科学部提出的"就业能力框架"包括 8 种就业能力，其中 5 种能力就是横向技能，英国、澳大利亚、加拿大等国家制定的"可就业能力框架"都将横向技能列为高层次思维技能。[②] 这些国家通过教育改革，包括职业教育培养方式重构、课程设计思路转变、终身学习体系构建等，将横向技能的培养落在校内外教育与培训中。反观我国的职业教育，经过 10 多年不间断的改革、重构，已经基本建立起职业教育框架，在加强纵向技能向精深发展的同时，也有不少学校逐渐意识到培养横向技能的重要性，并做了许多有益的探索。

二、沟通与合作

随着社会发展，越来越多的企业开始重新认识人的价值。尤其是当人工智能在很多标准化高、重复性强的岗位上取代了人之后，传统企业将人看作工具的理念被颠覆并受到挑战。更多的企业认识到基于沟通的合作是企业成长、获得更大收益的重要路径，而且这也是人工智能无法取代的能力。

---

① 联合国教科文组织的《2012全民教育全球监测报告》中对"可转移技能"的表述是"解决问题的能力、有效交流思想和信息、创新意识、领导力和责任感以及创业能力"。鲍锦霞编译的联合国教科文组织曼谷办事处发布的《职业教育中的横向技能：教学与评估》一文认为"横向技能指工作和生活中一系列重要的技能（即交流、创业、问题解决、创新、合作等）"。我们还注意到，"可转移技能"在不同领域中包含的内容不完全相同。比如，图书馆情报学领域的"可转移技能"包括"沟通技巧、反应能力、人际关系、亲和力、逻辑判断能力等"；财务专业中的"可转移技能"包括"准确的数据搜集能力，流利的口头表达和文字表达能力，良好的人际沟通能力和精确的数据分析能力"，并将创新创业能力单独列出，与"可转移技能"并列；在国际组织各部门任职所需的"可转移技能"则包括"学习能力、语言能力、计算与信息能力、个性品质管理能力"。不同职业领域提出的"可转移技能"内涵之所以不同，与该领域职业特征相关，也与不同时代、不同国家对能力认知的程度相关。我们通过提取这些概念内涵的交集部分，最终将本书的"横向技能"内涵确定为"沟通与合作能力、问题解决能力、创新创业能力、学会学习能力"。

② 刘丽玲.论中国建立可就业能力国家框架的重要性[J].人口与经济, 2009（6）: 36-41.

（一）横向技能中的沟通能力

沟通（communication）是人与人之间、人与群体之间信息、思想与感情的传递和反馈的过程。这种过程不仅包含口头语言和书面语言，还包含形体语言、个人的习气和方式、物质环境——赋予信息含义的任何东西。[①]沟通是人与外部世界发生联系的唯一方法，当沟通的渠道被切断，人就被封闭在自己的世界中无法成长，所以语音流动并不等于沟通。在工作世界中，沟通是信息交换、促成合作、提升效率的重要方式，也是每个人不断获得成长的重要路径。但是现代社会中的沟通却并不会因为沟通渠道增多而变得容易，反而要求人们更为慎重地选择沟通的方式与载体，否则沟通会适得其反，这也正是横向技能中沟通能力居于首位的原因。

第一，沟通的手段和载体在信息时代更为多元。除了口头语言和书面语言外，随着信息时代的发展，图像、视频，甚至表情包等数字媒介丰富了沟通的载体。更为重要的是现代职场人必须懂得有效借助或者组合载体，才能在不同的情境中采用有效沟通的手段，促成有效沟通。比如，对于水果店经营者而言，地段不同面对的消费人群就不同，经营者与顾客的沟通方式也就不同。菜场中的水果摊往往采用静待客来的方法，因为熟客、回头客居多，经营者往往不需要在宣传上投入太多的精力。超市中的水果柜台是超市经营的一部分，客流量较大，盈利较为稳定，沟通需要服从超市整体的销售风格。而路边的水果店虽然身处闹市，但客流量不稳定，就需要采用提升客户黏着力的方式。近两年这类水果店的店长往往会组建客户微信群，在群里发布每日优惠信息、时令水果图片，甚至还有水果养生美容方式，以及天气变化等生活提醒，以此提高水果店每天在客户生活中的曝光度，从而吸引一批稳定的消费者，将客户变成粉丝。这种新型的、以情绪资本为核心的沟通方式已经成为信息时代的一种商业模式。很多创业者不仅是公司的管理者、技术的研发者，还因为其具有极强个人魅力的沟

[①]　黑贝尔斯，威沃尔.有效沟通[M].7版.李业昆，译.北京：华夏出版社，2005：6.

通方式，聚集了一大批拥趸，这些善于沟通的创业者才是企业的灵魂。

不同方式的沟通也发生在团队协作或者上下级的相处中。很多企业都要求员工每日做工作简报，间断性的工作汇报与讨论已经成为常态。这种企业内部的沟通往往有这些特点：用图表呈现进度，分析市场，直击问题；结合简洁明了、提炼概括主要内容的PPT进行分享、讨论；用短视频、动画等方式生动呈现，深度表达，等等。这类图文搭配的沟通必然成为快节奏、高效率工作的重要方式。因此，信息社会对人的沟通能力的要求较之从前更高，不仅需要有主动的沟通意识，还需要能够根据需求和发展选择恰当的沟通平台、沟通方式。

第二，有效沟通需要参与者将平等对话放在首位，既要考虑到他人的想法，又要得体、清晰地表达自己的想法，引起广泛的共鸣。沟通中的信息传递必然受到参与者个人思想观念、主观情绪、沟通意图、表达特点、经历经验、利益诉求等复杂元素的影响。这些元素会赋予信息不同的意义，甚至呈现不同的面貌。这也是我们常常说起的"罗生门"的本质原因。擅长沟通的人往往具备良好的倾听能力与习惯，能够准确地捕捉到对方表达中的信息本质，敏锐地感受并理解他人的需求与目的，并能精准地把自己的想法表达出来，使沟通成为解决矛盾与问题、推进合作与共赢的重要渠道。

第三，良好的沟通能力还需要建立在对不同文化的理解与观点包容上。不同的语种、方言会对沟通的走向起到重要作用。"巴别塔"是语言学中一个著名的典故，上帝为了阻止人类共同建造通往天堂的巴别塔，就让人们说不同的语言，形成沟通的障碍。人类计划果然失败了，从此各奔东西。这个典故传达出三个关于"沟通"的重要特点：一是每个人都会用自己熟悉的语言思考问题，所以来自不同语言区域的人更容易产生误解；二是不同的语言必然带有该语言区域的文化特点，因此，在一个语言区约定俗成的语意在另一个语言区则会产生不同的理解。三是沟通是促成共同完成任务的必要条件。所以，当越来越多有不同文化背景的人汇聚到互联网平台上时，人们更需要具备基于多元视角的沟通能力。

作为一种横向技能，一个人的沟通能力可以从三个维度评价：沟通的准确性、主动性和注意水平。准确表述事物的能力是沟通成功的前提；主动沟通者比被动沟通者更容易建立并维持广泛的人际关系，与他人的沟通也较为充分、及时和有效；沟通注意水平高的沟通者能较好地根据反馈调节自己的沟通过程，对对方的沟通形成良好支持，使沟通始终保持较好的彼此对应性而得以顺利持续。[①] 很多教育者认为沟通能力可以通过训练获得与提升，但事实却没有这么简单。有15年国际工作经验的领导力顾问莎拉·罗赞图勒在她的专著《沟通的力量：用关键对话提升人际关系的非暴力沟通策略》中提到，提升沟通能力"可以练习交流技巧、使用特定方法和采用不同的态度。这能够让我们在沟通中具有灵活性。在沟通中，既能站在对方的角度考虑，与此同时又要保持真实的自我，往往并不容易做到。因此，需要行动指南来增强信心、提升能力"。看上去是一种外在表现的沟通能力，而折射的是人内在的素质、思想观念、价值判断。如果一个管理者把员工看作是完成KPI的工具人，那么这个公司或者部门的沟通会缺乏人性的温暖。同样，一个以自我为中心的人无法认真倾听团队中其他成员的意见，以至于很难融入团队的整体工作，他也可能很难主动跟客户达成良好的互动共识，从而建立信赖关系。相反，一个不自信的人无法坚持自己的原则，甚至无法充分表达自己的观点与建议，而成为被动工作者，给人留下不够专业的印象。所以，莎拉·罗赞图勒认为"有意义的沟通还需要内在的努力、更广阔的视野、更慷慨的胸怀，以及对我们内在能量的调动——所有这些都来自对'我们是谁'这一问题更深刻的认识"。[②] 由此可见，沟通并不是一种简单纵向升级的能力，除了要不断刻意训练技巧外，更需要修炼自己的内功，加强文化基础，拓展社会视野，形成对自我、他人和社会的正确认知，才能真正具备有效沟通的能力。

[①] 许峰.关于人的适应性培养的社会心理分析[J].教育研究与实验，2000（6）：36-40.
[②] 罗赞图勒.沟通的力量：用关键对话提升人际关系的非暴力沟通策略[M].孙鹤，译.北京：中国友谊出版公司，2021：31.

（二）横向技能中的合作能力

在横向技能中与"沟通"同时出现的是"合作"，两者形成互为条件、互为目的、互为因果的关系。两人以上一起做一件事是否就构成合作呢？《现代汉语词典》（第7版）对"合作"的定义为"相互配合做某事或共同完成某项任务"。《心理学辞典》对"合作"的解释为"人与人、群体与群体为了达到共同的目的而组成联盟、相互配合，并向对方提供自身所拥有的知识和技能，从而更有效、更迅速地实现目标的社会行为。合作的关键在于各方利益一致。影响因素有：①信息沟通的情况；②奖励的方式是鼓励竞争还是合作；③各方的人格特点；④彼此的信任程度"①。从这两个定义中可以析出关于"合作"的特点。

第一，互相理解对方的诉求才能构成合作。合作的前提是有共同愿景，这是指组织中所有成员的共同愿望、理想或目标，并且这种愿望、理想或目标表现为具体生动的景象，来源于成员个人的愿景而又高于个人愿景，建立在共同价值观基础上，是对组织发展的共同愿望，并且这个愿望不是被命令的，而是全体成员发自内心想要争取、追求的，它使不同个性的人聚在一起，朝着共同的目标前进。②大部分人认为只要合作参与者有共同的目标，就能产生利益共赢，参与合作的各方都能在行动中获利，但事实上通过牺牲一方成就另一方的行为很难构成可持续的合作关系。这种获利的结果并不一定是物质、金钱，还包括资源、权利、影响力、地位，甚至是个人的成长等无形的需求。因此，要构成基于共同愿景的合作，就需要各方在合作之初或者在合作过程中理解并包容不同合作者的诉求，并能彼此"搭台"，从而在出现分歧的时候最大限度地达成共识，促成有效合作。

第二，具备良好合作能力的人可以在不同的项目中担任不同的角色。合作可以发生在个人与个人之间，也可以发生在群体与群体之间，可以是

---

① 杨治良，郝兴昌.心理学辞典[M].上海：上海辞书出版社，2016：528.
② 陆雄文.管理学大辞典[M].上海：上海辞书出版社，2013：561-562.

团队内部的合作，也可以是团队外部的合作。许多现代企业的组织架构由以行政管理为核心的金字塔型变成以项目团队为核心的"液态"结构，这类企业中的每个员工都将摆脱固有的标签与固定的岗位，动态地在不同项目团队中工作，和不同团队的人形成合作关系。因此合作能力还隐含了人对不同角色的胜任力。

第三，具备良好合作能力的人具有全局观。合作是一种参与者"互相配合"的联动，无论是同质合作还是异质合作，各方都需在任务进行之初明确各自的分工、权责，以及工作的范围和原则。但是，有一种误解是在一个团队中每个人只要完成本职工作就可以推动项目的进程。事实可能完全相反，项目的推进是一个有机的整体，"局部加局部"并不一定等于整体，还可能大于整体。并且，当团队中成员无法共享资源、信息对等、相互"补台"的时候，即使完成了所有的局部，也仍无法拼接在一起，从而出现"局部加局部小于整体"的现象。《合作式思维：有效掌控、激活群体智慧，轻松提高团队效率》的作者大卫·萨维奇引用奥尼尔·奥泰的话说明合作失败的原因是"合作者们经常抱有不切实际的期待，他们认为合作应该是非常容易的"[①]，所以很多人并没有意识到合作需要建立在参与者对任务进程、全局发展的整体理解上。

由此可见，合作能力是一种建立在团队共同愿景基础上，能发挥协同、互补、互助精神，由此实现团队工作效率最大化的能力。和沟通能力一样，合作能力的外显行为是良好的交流能力、主动工作的态度、高质量的任务完成度，并对团队其他成员的工作起到助推作用；内隐的是一种责任心、理解力，以及对他人的尊重、包容。

综上所述，横向技能中的沟通与合作是一种侧重人际交往的工作能力。合作是未来工作世界中最重要的一种工作方式，良好的合作能提升工作效

---

① 萨维奇.合作式思维：有效掌控、激活群体智慧，轻松提高团队效率[M].信任，译.北京：中国友谊出版公司，2017：69.

率，解决工作问题，缓解工作矛盾，拓宽工作领域。有效沟通是可持续合作的前提，团队共同完成任务的过程中需要形成主动沟通的意识，掌握沟通的方法，不断清除沟通障碍，开拓沟通渠道。在与客户、消费者等工作对象协调过程中，主动沟通的态度和良好的沟通技巧能形成信任关系。所以沟通与合作是一组不可分离的能力。

（三）工作世界中沟通与合作的能力构成

越来越多的学校意识到沟通与合作能力对于学生职业发展的重要性，并逐渐将这种能力的培养纳入人才培养方案中。但是，在具体的实施中往往出现两种现象：一是顺其自然，不少教师认为课堂中有师生互动、生生互动，还有小组合作，这就是培养沟通与合作能力的最佳途径，没有必要专门进行培养。二是无章法培养，有些教师意识到对于很多学生来说这种能力的形成需要进行专门练习，所以会在自己教授的课程中加入这类练习，但没有制订整体训练方案、设置合理的练习情境，导致练习低效或者无效。出现这两种现象的原因，主要是教师对沟通与合作能力的构成，尤其是对工作世界中这种能力的特质不够清晰。

沟通与合作是一种侧重人际交往的能力，工作世界中的沟通和合作是在具体的工作环境中人际交往能力，所以能力构成与工作语境相联系，包括该工作活动领域中的话语体系、相关的文化背景知识、交往规则和语用规则。

话语体系是指语言作为一种社会交往方式，在特定语境中说话人与受话人之间通过言语或文本而展开的沟通活动及方式，包括说话人、受话人、文本、沟通、语境等要素。[①]工作世界中的特定语境即工作活动领域的语境，它具有普适性的特征，比如符合正式场合中上下级、同伴、甲乙方等关系的交往方式；又呈现个性特征，比如企业、事业、机关等不同性质的单位

---

① 　周莲英.《马克思主义基本原理概论》教学话语体系创新研究[J].课程教育研究，2017（40）：12-13.

有不同语言环境；工作场合与非工作场合进行工作性质的交往也有不同的语言环境，不同国家、不同民族、不同行业都有各自的语境。

正因如此，提高工作世界中的沟通与合作能力的前提就是要熟悉该工作领域的话语体系，尤其是隐含在其中的文化背景、行业知识、专业术语、交际规则等，这样才能形成基于文化理解的沟通与合作能力。

第一，要熟悉和理解各行业的专用术语或者词语，这是行业交流的密码。人类从有行业以来，每个行业或者组织就有固有的话语，这是进入某个行业，或者在某个行业内顺利交流的门槛。这种所谓的"行话"隐藏着这个行业的文化与传统，只有理解这些"行话"，才能进入交流语境。比如，2021年被广泛讨论的互联网"黑话"其实就是互联网从业者在长期交流中形成的一套话语体系，是互联网的"行话"。像深度串联、势能积累、高频触达、关键路径、快速响应、耦合性、引爆点、颗粒感、链路等所谓的互联网行业"黑话"，虽然对业外人来说比较陌生，但对互联网从业者而言则是不言自明的术语。因此，要在一个行业中进行有效沟通与合作，就必须具备一定的术语积累，并结合行业的文化背景知识与行业信息动态深度理解这些术语，正确、适当、合理地使用行业术语，能够体现专业性，拉近与业内人员的距离。

第二，要熟悉和理解工作领域的语用规则。语用规则是指人们在交际过程中需要正确使用的一种语言的语音、语法、词汇的语言规则，但是，在具体使用语言时还要运用一套语用规则（讲话规则），例如，如何打招呼、告别等[①]。工作中也有不少约定俗成的语用规则，有些规则是普适的，比如多用谦辞、敬辞等礼貌用语，尽量使用普通话及其语法规则，少用祈使句等。有些规则涉及工作场景中人与人之间的关系及其对应语境，比如上级给下级部署工作，一般用祈使句；销售在推销产品时，少用特殊问句，而

---

① 熊少微.二语习得中的跨文化交际因素影响——听力与跨文化交际[J].语文学刊（外语教育教学），2015（6）：135-136.

用选择问句；在讨论会上提出自己的建议时，应先肯定前面发言者的意见，再提出自己的想法，等等。对于在跨文化领域工作的人而言，还需要熟悉和理解不同文化的特殊语用规则和思维习惯。比如，从事跨境电商的人就需要了解不同语言地区的语用规则，尤其是那些容易冒犯他人或者被他人误解的语言规则。

第三，要理解工作领域中的交际规则。1967 年，美国语言哲学家保尔·格莱斯在"逻辑与会话"的讲演中提出了一套系统的有关隐含意义的理论，经过不断地延伸、重构，最终形成格莱斯原则，这套原则揭示了人际交往中的普遍规律。[①]格莱斯原则的核心是合作原则，指参与交际的双方"根据对话目的和交流方向，提供交际所需的话语或信息"。这一原则又包含四个方面：一是数量原则，即所提供的信息应是交际所需的，且不多也不少；二是质量原则，即所提供的信息应该是真实的；三是关联原则，即所提供的信息要关联或相关；四是方式原则，即提供信息时要清楚明白。[②]虽然格莱斯原则有一些局限性，但其中的规则在工作世界的交际中具有借鉴意义。

（四）沟通与合作能力的培养

当更多的企业认识到沟通与合作是企业成长、获得更大收益的重要路径时，这一能力也成为企业用人的必要条件，有些企业甚至将其置于专业技能、学历学位之上。所以越来越多的职业学校将这一能力的培养融入专业人才培养方案中，通过设计训练课程，用较为成熟的技巧训练方法提升学生这方面的能力，通过重构跨文化、跨学科的课程，使学生获得和理解更多的行业、专业背景知识，通过整体设计学校活动，将这一能力的提升置于学校育人全过程中。目前职业学校对沟通与合作能力的培养主要有以下三种方式。

---

① 封宗信.格莱斯原则四十年[J].外语教学，2008（5）：1-8.
② 张鹏飞.试析格莱斯合作原则在交际中的局限性[J].农家参谋，2019（21）：207.

第一，开设训练课程。这类训练课程是专门针对沟通与合作能力提升的，基本以选修课、社团课的形式开设，是学校课程的必要补充。有些学校专门开设"演讲与口才""团队合作力课程"等选修课。比如，宁波建设工程学校致力于"中职学校 HOPE 生涯教育"。这个育人模式包含积极体验（happiness）、职业规划（occupational planning）、正向关注（positive attention）/积极人格特质（positive personality）、环境支持（environment support）四个方面，取英文单词首字母组成"HOPE"。在实践中学校开发"玩出品格力"的课程，这一课程抛弃以往以说教为主的教学方式，整合了与职高生切身相关的品格议题，采取体验教育学习法，通过呈现与主题相关的活动，让学生完成个人和团体目标，经历团体的成长历程，并从中发展有效沟通分析、问题解决、信任合作、决策领导等能力，将成功经验转换成实践品格。HOPE 生涯教育突破了将所有能力都等同于"技"的局限，从解决能力形成的核心问题入手，通过塑造正确的价值观，帮助学生建构对于职业、社会、他人、自我的认知，驱动学生主动、合理地沟通与合作。

设计专门训练沟通与合作能力的课程时可以结合心理健康、品德教育等内容，系统设计训练模块：情绪控制模块、认识自我模块、表达技巧模块、生活模拟模块和职场模拟模块。

情绪控制模块：这一模块旨在帮助学生建立主动沟通、积极合作的心态，尤其在行动受挫、环境不利的情况下，如何通过保持良好的情绪，用正面积极的心态复盘过程、改进沟通合作方式，达成目标。这一模块可以借用正念训练的方式，让学生学会调节、控制情绪，并进行积极的自我反思。

认识自我模块：这一模块旨在帮助学生正确认识自我的价值与能力，实现从学生到职业人、社会人的身份转换，建立责任感，形成成就感，获得价值感。该模块也可与德育课程中的"职业生涯规划"相结合。

表达技巧模块：这一模块主要解决中职生沟通过程中表达碎片化、浅表化、重情绪、轻逻辑的问题。通过阅读优秀作品，实现优秀语言素材的输入；通过观察分析表达案例，实现语言素材内化；通过演讲练习、主题发言练习，实现语言的有效输出。"输入—内化—输出"的过程正是言语图式建构的过程。该模块也可与语文课相结合。

生活模拟模块：这一模块帮助学生积累在生活中的交往经验。在设计模块时可从学生熟悉的、有安全感的环境与事件开始，比如班级主题活动的讨论、学校运动会入场式的解说等，逐渐过渡到社会交往事件，比如志愿者活动中的方案沟通和完成合作任务等，帮助学生实现从学生到社会人的身份转变。

职场模拟模块：这一模块侧重沟通与合作方法在职场中的运用，通过设计普适性的职场沟通与合作场景，让学生体验、分析、总结职场中的沟通与合作的特点、方法与技巧，为在特定的职场沟通与合作奠定基础。

这类训练课程可以单独以选修课的形式开设，也可以成为公共基础课和专业课的内容，或者在学生实习前进行入职前的集中培训。此外，沟通与合作能力的获得不是一个由此及彼的过程，而是四个模块融合并进的过程，在具体的训练中教师应针对不同的开设方式进行训练内容的整合与训练方式的设计。

第二，采用真实情境训练方式。这种训练方式是将沟通与合作能力作为一种认知技能，通过创建仿真或真实的情境，采用系统训练的方式，提升学生对于沟通与合作能力的认知。最常用的训练方式是角色模拟训练，尤其是酒店管理、餐饮旅游、电商客服等服务类专业，以及医药护理等医学类专业和学前教育等直接面对人群的专业，在沟通和合作能力的训练中，教师会设计工作中可能碰到的场景，让学生扮演客户和从业人员，通过沟通解决场景中碰到的问题。

目前，已有的较为成熟的沟通训练模式是美国流程化沟通方式的培训，简称 CICARE，即接触（connect）、介绍（introduce）、沟通（communicate）、询问（ask）、回答（respond）、离开（exit）的英文首字母缩写[①]。这种培训往往用在临床护士的培训中，教师将护士与病人沟通的过程进行分解，并对每一个环节的起始语言进行规定。从各环节的设计来看，该训练模式符合格莱斯的合作原则，护士与病人有合作意向，因此在信息的传递和交换上能够清晰、明确地提供与主题相关联的信息。我们将每个环节分解后可以看到各环节语言的指向。

C：称呼对方喜欢的称谓。拉近护士与病人的距离，对处于陌生环境与身体不舒服状态的病人起到心理安慰的作用，为后续的合作沟通奠定基础。

I：告诉患者"我是谁"。护士首先出示自己的信息，这符合人际交往的语用规则。

C：告诉患者"我为什么来，我将要做什么，需要配合什么"。清除病人的心理戒备，给予安全感，并明示病人接下去的流程，让病人有目标和方向。

A：询问患者需要什么，担心什么。引导病人提供更多的信息，以便帮助他解决问题。

R：对患者的问题和要求给予恰当的反馈。给病人提供更多的安慰，但并不能替代医生给予更多的诊断。

E：有礼貌地离开。符合一般人际交往语用规则。

从以上的分析中，我们可以获得关于通过角色扮演训练沟通能力的一般流程：①介绍自己的基本信息或者沟通目的，让沟通的双方明确本次交流的目标；②了解对方的基本信息以及对沟通目的的想法，使沟通双方在目标上达成一致；③告诉对方自己的方案、计划等有用信息，增强互相的信任；④咨询对方对这个方案、计划的建议，给予反馈，提升共识或者达成协议；⑤有礼貌地离开，给予对方良好的印象。

---

① 冯佳，俞申妹.流程化沟通方式在提高护理服务质量中的作用[J].中华护理杂志，2013，48（8）：696-698.

这类角色扮演的训练可以让学生根据专业知识想象、推测对方的心理，形成同理心，弥合中职生有限的生活体验与复杂广阔的生活和工作之间的裂缝。这也正是有效沟通的前提。在正式的工作场景中，学生因为有了这些体验，会将冷冰冰的流程化沟通技能自主转化为有情感、有温度的交流、询问和关心。

合作能力的形成与提升也是如此。我们不难从成功学的书中获得关于合作的方法与技巧。大卫·萨维奇在《合作式思维：有效掌控、激活群体智慧，轻松提高团队效率》一书中详细分解了合作的十大基本步骤：①设置意象，表明目的；②注意对抗性行为，以开放心态参与；③接受冲突——寻找那些敢于说话的人；④寻求多样性——引进多样化视角；⑤创造成功型的合作；⑥走到一起，带着尊重与信任参与合作；⑦深度倾听——认识到什么是人们想听到、却不想说的；⑧在愿景下合作，开发集体智慧；⑨在目标与责任下进行领导；⑩实现合作——合作推动能源转型，共同享受美好未来。在每一个步骤中，作者详细列出了完成每一步骤的必要条件，比如在愿景下合作这个步骤中，作者认为每个合作者都应该扪心自问四个问题："是否一切属实？""各方是否都受到公平对待？""能否促进信誉和友谊？""能否兼顾所有参与者的利益？"①

无论是萨维奇还是卡耐基，成功学、管理学大师对于合作能力有许多共识，如果我们把这些书中列出的方法做一张表格，就可以清晰地看到这些方法都聚焦在几个关键词上：目标、规则、沟通、互补。①合作的双方要有明确的目标，并能基于共赢达成共识；②合作的双方要形成合作的规则，规则一旦形成就不能违反，否则将受到惩罚；③在合作的过程中需要进行不断沟通，双方都需要在沟通中逐渐达成一致；④合作的双方需要互相补台，而不是拆台。

---

① 萨维奇.合作式思维：有效掌控、激活群体智慧，轻松提高团队效率[M].信任，译.北京：中国友谊出版公司，2017：383.

　　但是不是只要学生学习了这些方法就形成了合作能力了呢？事实并非如此。和沟通能力的养成一样，如果学生没有合作学习、合作完成任务的经验，就无法形成合作能力。因为合作中最重要的是根据团队工作的进程、他人的行为不断校正自己在团队中的位置、价值与功能，从而更好地成为推动团队前进的一员。在这个过程中，每个人不仅仅要完成分内的工作，还需要对个体与团队的关系进行反思。所以仅靠开发训练类课程是不足以提升学生的沟通与合作能力的。比如商贸类专业和机械、电子、烹饪等技能特征显著的专业不同，传统的商贸类专业课更偏重概念性知识的识记。所以商贸类专业的教学大部分放在普通教室中进行，即使有沙盘课、电脑操作课，也都是在抽离了真实而复杂因素的仿真情境中进行的，所谓的"互动"都是在人机或者生生之间进行。但是，真正的商贸能力是需要建立在良好的沟通与合作能力基础上的，而良好的沟通与合作能力则需要有尊重包容他人的价值取向，迅速捕捉信息的能力，以及达成共识的能力。这些能力必须在有一定诉求的情境下才能通过不断试错逐渐获得。

　　但是大部分情境创设中的沟通训练课容易停留在表演的层面，即教师或者学生已经完成表演剧本的设计，在课堂上只是将这个剧本表演出来，缺乏深层的情绪体验。此外，这类表演式的训练缺乏整体设计，呈现出碎片化倾向。这种角色模拟训练会因为教师的教学理念的偏差而走向形式化的极端。比如，酒店专业要求学生在与顾客沟通交流的过程中露出八颗牙的笑容，要运用符合要求的肢体语言，这些都有可能在不经意间对学生机械化训练。其实，在真实的工作场景中顾客更希望看见的是温暖的微笑、体贴的服务、舒适的形象与得体的表达。随着业态的变化，民宿产业逐渐兴起，这也成为酒店专业学生的就业方向。尽管都是餐饮旅游服务，个性化的民宿与标准化的酒店要求却有着许多不同。选择民宿的客人更希望获得家的感觉，因此服务者在沟通上应尽量避免商务特色的称呼和流程化的语言，应用对待家人、朋友的态度和客人交流。许多民宿和青年旅舍一样，都设置了公共交流空间，不少民宿的经营者和服务者还会利用这类空间与客人聊天，介绍民宿的主题文化、地域特色，甚至交流兴趣爱好、推销民宿周边产品。这就要求未来的民宿从业者丰富经历、开阔眼界、提升素养，并具备产品营销的技能，这些都将成为有效沟通的前提。所以，如果仅仅将沟通与合作能力作为一种认知技能进行训练，则无法真正培养学生这种能力。因此，当教师在设计沟通与合作能力提升课程的时候，不能仅仅将其作为一种技能，更应该关注到这一能力的文化结构与心理结构。

第三，重构跨文化，跨学科课程。许多职业学校已经意识到提升沟通与合作能力不能停留在表面的技巧，需要形成内在意识的问题，最为关键的是对专业文化、职场话语规则的理解。文化与规则是一个整体，学生无法在分科学习的情况下进行整体学习，所以学校更需要将这种能力的培养融入所有的课程中。同时，文化与规则无法通过灌输、说教的方式内化为学生的行动逻辑，而需要学生不断通过体验、反思、改进的方式，对实现自我进行解构与重塑，从而理解沟通与合作的真谛。基于此，我们认为学校需要重构跨文化、跨学科课程，将职场文化、专业文化、职业语用规则融入学习任务之中。

浙江商贸学校在培养新商科背景下的商贸人才上的特色做法是构建婺商文化教育体系。学校重新定位了人才培养目标，将现代性融入传统婺商信义与坚毅中，明确地指出要培养学生"跨文化"的"国际视野"，将现代婺商精神提炼为"信义、坚毅、包容、开放"四个词。为了将这种精神融入育人过程中，浙江商贸学校设计开发了一系列校本课程，开发了《婺商文化解读》《婺商文化之魅：传承与弘扬》《为你讲好—— 婺商创业故事》等宣传传统婺商文化、展示现代婺商精神的素养教材。此外，还开设扩大国际视野的课程，如欧洲文化、中亚文化、非洲文化、漫步世界看风情等，以此接轨国际，提升学生的跨文化交际能力，升华"包容""开放"的婺商特质。

文化知识上的学习只能起到宣传、激励、启示的作用，要培养真正的现代婺商，还需要有更多的实战经验。浙江商贸学校的实战措施主要有三条：一是以六人小组的形式进驻义乌小商品市场进行现场创业实战。六人小组成员均来自不同的专业，包括国际商务、电子商务、商务英语、跨境电子商务、现代物流。二是开展校外社团实践活动。组织学生参加"金华人文大讲堂""义博会""永博会""跨境电商大会"等各种大型活动；结合商贸类专业特色和优势，组织学生参加社会调查、专业调查、毕业生跟踪调查、"三下乡"等多种形式的社会实践活动。三是打造系列游学访学交流平台。推荐学生到台湾亚太创意技术学院、泰国东亚大学、韩国灵山大学等大学深造游学，培养学生跨文化共学共事的能力、多元化思考问题的能力，拓宽学生的视野等。

这些措施都将促使学生实现由单纯的"技术劳动者"向"技术人文者"的转变。精神文化的获得不同于技能的形成，后者是进阶升级的过程（见第三章），前者则是逐渐体悟、慢慢养成的过程。作为横向技能的沟通与合作在这个案例中起到了很重要的作用。在跨专业合作创业中，学生既需要站在专业的立场分析问题，完成自己的专业任务，又需要有广阔的视野，概览项目全貌，了解其他岗位的任务特点，只有这样才能从自己专业的角度提出建议，或者修正自己的任务解决方案，使之更符合任务链的要求。那么，浙江商贸学校的学生是如何形成这种沟通合作能力的呢？这与后两项举措有重要的联系。学习不局限于课堂，学生在论坛上交流发言，就需要有较高的总结能力与关注听众的意识；学生在市场上调研，就需要根据调研目标撰写提纲，并与调研对象进行良性、深度互动，以此获得更多的信息，因此，提问的方式与角度就很关键；学生到国外访学，能建立主动跨文化交流的意识，并学习尊重对方国家的文化，并以此为出发点理解他国的商业及其文化传统。

现代企业的项目任务往往需要进行跨部门、跨领域、跨行业的沟通与合作，所以跨专业、多学科、校企双元协同育人已经成为职业学校培育学生沟通与合作能力的重要方式。比如，杭州市西湖职业高级中学建筑专业"3+2"班在高三的第二个学期会开展毕业设计展与答辩活动。这个专业的学生主要学习室内设计，在未来的工作中，他们将面对不同类型的户型与客户，如何站在客户需求的角度进行室内设计是这些学生面临的重要挑战。在之前的毕业设计中，学校的专业老师发现学生的设计个体化风格比较鲜明，无法顾及风格的融合、成本的预算、客户的特征等重要信息。因此在毕业设计正式启动前学生团队需要进行深入的市场调研，包括客户访谈、材料价格调查、设计住宅实地测量与观察等前期准备。该校建筑教师与语文学科教师协同教学，设计了访谈提纲的制定、调研信息的分析、调研报告的撰写等教学模块。在学习实践中专业教师负责提供调研与访谈的角度与内容，语文教师负责辅导问卷的设计、访谈的方式与技巧、调研报告的撰写，两科教师共同对调研信息的提取与分析进行教学。在这项学习中，学生逐渐形成客户意识，能够站在尊重客户需求与个性化风格的角度进行沟通，充分了解设计中的材料选择、风格取向、功能布局等重要信息。在最后的毕业设计答辩中，他们能够自信地阐述充足的设计依据，而不是将住宅设计成空中楼阁。这种站在客户立场的沟通交流能力是推动他们今后职业发展的重要因素。

作为横向技能的首要能力，沟通与合作能力几乎不受自动化、智能化和信息化趋势的影响，而是现在或未来职业人拓宽职业空间、提升职业成就、实现职业价值的关键能力。在技能转型的当下，职业学校可以开设专门的培养课程，但更应当在所有课程教学中渗透这类能力的培养。

三、问题解决

问题解决能力是人们运用一定的规则、观念、方法、程序对情境中的问题进行分析并提出合适的解决方案的能力，包括问题的发现能力、问题的分析能力、提出假设并进行推理的能力、验证结论的能力。随着产业智能化水平的提高与工作世界中职业种类与内容变化速度的加快，人们逐渐认识到问题解决能力已经成为就业竞争力的核心要素。

（一）横向技能中问题解决能力的价值与内涵

回溯历史，人类正是在不断解决问题的过程中获得今天的发展、享受智能的便利的。从为了取暖而发明钻木取火技术，到为了解决大量计算问题而发明计算机，这些都是人类为突破瓶颈、摆脱束缚、克服困难而形成的问题解决成果。问题解决能力彰显一个人的思维品质。今天，人们在职场上也依然会碰到各种棘手的问题。比如，在综合医院的分诊台前，护士应该如何正确识别不同类型的病人，并将他们指引到相应的门诊看病？家装设计师在碰到独特户型与特殊要求时，如何达成客户的装修要求？ 4S 店的维修人员如何在最短的时间内发现汽车的故障原因，并顺利排除？在遇到客户投诉时，客服如何发现客户的真正诉求，并合理解决投诉？当领导要求一小时内提供季度预算，而你手上只有不完整数据时又该如何解决问题？可以说，"问题"组成了人们的全部工作，甚至生活，"遇到问题"是人们的工作和生活的常态，而解决问题的过程则是人们从无序到有序的过程，也是人们突破能力与思维边界的过程。

现代社会产业升级速度加快，对于很多行业来说仅仅靠提升技能的熟练度、精细度似乎已无法赶上产业升级的脚步。正如每一次科技革命都会将社会对于人才的要求向上提升一样，智能制造带来的产业层级上移也将逐步淘汰只会从事技术和思维含量低的岗位员工。根据经合组织教育报告的数据，2016 年至 2030 年，商业、行政专业、法律专业等职业的增长率将超过 20%，失业率最高的则是处于中间技能水平的职业，包括文职人员和制造业手工相关工作。[①] 这是因为商业、行政专业、法律专业等职业虽有既定的职业规范、文件政策，但更需要面对瞬息万变的情况，采取更为灵活的方案，这需要从业者能够快速分析问题、调取信息与知识、发现需求和痛点，综合各种资料与建议，作出准确的判断，提出问题解决方案。因此，

---

① 梁珺淇，石伟平.人工智能视域下技能人才需求的未来走向与职业教育的路径选择——基于 OECD 教育报告的分析[J].中国成人教育，2019（4）：10-13.

这类职业不容易被人工智能取代。但文职人员和手工制造业从业者则有更多的重复性劳动，尤其是程式化严重的工作，更易被取代。

另一个变化发生在制造业领域，大量只需要体力和人工操作技能，以及只需要基本认知就能完成工作的岗位将被取代，而一些需要高认知技能和数字化技能的职业将出现较大的人员需求。这些职业主要面对的是解决制造业的难题，而不是具体的手工制造。我国进入"中国制造2025"时代后，把创新能力、质量效益、两化融合、绿色发展作为主攻方向，这在带来产业全面升级的同时，对人才类型也提出更加明确的要求：一是低科技含量的传统产业部门和业态将被高科技含量的新兴产业部门和业态所替代，这个过程中需要大量科学研究人才和创新创业型人才作支撑；二是在价值链低端聚集的产业将向"制造业微笑曲线"的两端攀升，这个过程需要大量技术研发和营销管理类人才作支撑①；三是制造环节将注重用精细化生产和流程优化提升加工制造的品质，这个过程需要大量的现场工程师和技术技能人才作支撑。这里提及的各类支撑"中国制造2025"的人才都将面对来自未来工作世界的、尚不可知的科技难题、技术难题、创新难题、管理难题。每次难题的攻克，都是对中国产业升级的推动。

从职业发展的角度来看，问题解决能力体现了一个人的职业素养。纵向技能对技巧、要领的掌握，必然需要解决技能提升中的问题，才能突破技能瓶颈。事实上，从新手到专家的进阶过程正是问题解决能力不断提升的过程。即使在"新手"阶段也需要在不清楚的复杂情况下运用规则，而在"内行的行动者"阶段则需要解决复杂的情境问题。②因此，仅在脱离问题情境中进行重复性的技能训练是无法培养现代工匠的。

所谓的"工匠精神"并不是像一颗没有思想的螺丝钉永远重复流水线上的某一道工序，而是强调在做任何事情时都追求卓越、精益求精，这也正

---

① 机械工业教育发展中心.机械工业转型升级：技术技能人才新需求产生[N].机电商报，2014-08-11（2）.
② 徐国庆.智能化时代职业教育人才培养模式的根本转型[J].教育研究，2016，37（3）：72-78.

是"工匠精神"的核心。这种精益求精需要人不断发现可以改进的问题，从而达到技术的提升与完善。1759 年，英国的约翰·哈里森完成了第四个航海钟，在航行 64 天后只慢了 5 秒，完美解决了航海精度定向问题。中国工匠的代表人物胡双钱，在缺少高精设备的情况下，依靠一双手和一台传统的铣钻床在 1 小时内打完了精度为 0.36 毫米的孔，这是中国新一代大飞机 C919 上的重要零件。这些俯拾即是的例子说明无论是航海钟的精度，还是零件的精确加工，都需要从业者不断发现影响精度的问题，分析各零部件的关系以及零件形状的特征，理解整部机器运行的原理，以及每个零件在整体运行中的功能与位置，甚至是遇到故障时每个零部件可能出现的问题，才能准确找到解决问题的方法。如果一个工人只是机械地按照师傅所教的技能进行重复劳动，那么无论是航海钟，还是 C919，都不可能制造出来。

当然，职业教育中的问题解决能力和学术研究中的问题解决能力尽管在思维的过程中有一定的相似之处，但却不等同。学术研究中的问题解决能力以符号思维为载体，侧重从概念向概念的推演。但工作世界中的问题解决能力，则必须依托具体复杂的情境，对情境中问题涉及的关系网络、发展过程、依循制度、解决问题团队特征、知识与技能储备等因素进行综合分析，获得独立判断，得出不同方案，并对方案进行比较与优化，获得最终解决方案。因此，问题解决能力是一种综合了判断、分析、比较、推理、归纳、演绎等多种思维方式的能力，职业情境中的问题解决能力是基于专业知识与技能的综合实践能力。

正因问题解决能力可以体现一个人的思维品质、职业素养，所以各国、各机构都将其纳入就业能力和学生培养框架中。由经济合作与发展组织实施的国际学生评价项目（programme for international student assessment，PISA）将学生问题解决能力定义为"个人运用认知过程来面对并解决一个真实的、跨学科情境中问题的能力"[1]。美国教育科学部提出的就业能力框架

---

① 伍远岳，谢伟琦.问题解决能力：内涵、结构及其培养[J].教育研究与实验，2013（4）：48-51.

中对问题解决能力的描述是：能改善现状；能解决团队中存在的问题；能在发现问题和解决问题的过程中显示独立性和主动性；能利用数学知识解决问题，包括预算和财务管理；能验证假设，并把数据和情况的背景考虑进去。[①] 从 1979 年开始，英国教育部门对关键能力进行了多次修订，都将问题解决能力作为广泛关键能力，在 1999 年形成的职业教育关键能力中，问题解决能力也在其中。[②] 德国、澳大利亚也均在职业能力的内涵中纳入了问题解决能力。[③] 德国还特别强调了个人应具备的在不同情境下工作的能力，这种能力就隐含了由判断、分析、推理、整合等思维构成的问题解决能力，这是形成高路迁移的核心，也是实现创新、进行高端制造的前提。

（二）良构问题与非良构问题

将问题解决能力作为人才培养的重要内容已经成为全球教育的共识。但解决的问题到底是什么？问题解决的能力是如何形成的呢？多年来，教育家、社会学家和心理学家都对此进行了探索。目前对问题的分类有不同维度，主要有四种类型。

第一，从问题的结构性不同来看，可分为良构问题和非良构问题。良构问题很典型地呈现出问题的全部要素；包含有限数量的规则和原理，而这些规则和原理是以肯定的和规定性的安排而被组织起来的；拥有正确的、收敛的答案，并且有一个优先的建议性的解决方法。非良构问题的特点是：和具体情境相联系；问题的描述比较含糊；给定信息不完全；目标不确定；不知道哪些概念、规则和原理对于解决问题有用。良构问题是理想问题，一般存在于教学、训练等场景中，是仿真的，或是习题化、任务化的。而非良构问题则大量存在于真实的生活、学习和工作中，是真实存在的。[④]

---

① 陈均土.美国大学生就业能力培养机制及其启示[J].教育发展研究，2011，31（19）：63-68.
② 关晶.关键能力在英国职业教育中的演变[J].外国教育研究，2003（1）：32-35.
③ 庞世俊.美、英、德、澳四国综合职业能力内涵的比较[J].中国职业技术教育，2009（4）：67-70.
④ 袁维新.国外关于问题解决的研究及其教学意义[J].心理科学，2011，34（3）：636-641.

第二，从问题的难易程度来看，可分为常规问题和非常规问题。前者是学生通过较少的心理步骤就能够轻易解决的；后者的问题情境较为模糊，学生需要花费大量的时间，进行大量复杂的思维活动才能解决困难。

第三，从问题的情境出发，可分为符号性问题和操作性问题。符号性问题的情境通过符号（文字、表格、图片等）的形式表现出来，学生通过思维活动将符号转换成具体的情境，进而处理疑难，解决问题；操作性问题的情境是真实的，学生借助一定的工具直接解决现实的问题。[①] 前者更适用于学术性人才培养，后者更适合技能型人才培养。

第四，根据问题情境对学生思维活动的需要来分，问题可以分为决策、系统分析与设计、疑难排难。决策是指根据设置的问题情境，学生在有限制条件的情况下，从众多备选解决方案中作出选择。系统分析与设计是指学生通过认真分析，找出一个系统中不同部分之间的相互关系，或者通过设计一个系统来表述不同部分间的关系。疑难排难是学生纠正错误的或是有故障的系统或机制。

在以上的问题归类中，第一种分类指向教学中对问题的选择与加工的程度，第二种分类涵盖了教学、生活与工作中的所有问题，第三种分类指向问题呈现的方式，第四种分类指向问题解决的过程。从教育的角度来看，对良构问题和非良构问题的内涵、特征，及其关系的理解将影响教师的教学导向。因此，本书将对这种问题分类进行深入讨论。

很多从事职业教育的教师能够主动地、有意识地培养学生的问题解决能力，并将"问题导向""项目"等教学理念运用到自己的教学中。在具体的实践中，教师却容易对问题过度加工，用仿真训练代替真实练习，学生在学习过程中碰到的问题大部分是良构问题，导致学习中思维含量不高，更无法积累处理非良构问题的经验。但是强调非良构问题并不是排除良构问题，两者间是一个循序渐进并逐渐过渡的过程。从纵向技能的角度来看，

---

① 伍远岳，谢伟琦.问题解决能力：内涵、结构及其培养[J].教育研究与实验，2013（4）：48-51.

从新手到专家的五个阶段中学习者将面临的是良构问题逐级减少，非良构问题逐级增加的过程。从某种意义上说，学习对良构问题的处理也是学习者获得概念、原则、方法的一种路径，是处理非良构问题的基础。教师需要思考的是，应该设计怎样的学习路径、学习资源、学习情境才能帮助学生从良构问题中获得概念、原则、方法，并在非良构问题中运用策略、积累经验，形成解决问题的心理图式。因此，教师如何把握两类问题在教学中的关系，成为是否能真正培养学生问题解决能力的关键。

讨论两类问题的教学功能时，教师需要了解学习者在解决两类问题时不同的思维方式。

良构问题的解决过程有三个阶段：①激活图式来表征问题；②搜寻解决方案；③实施解决方案。[①] 良构问题一般都有清晰的起点和一个令人满意的解决方案，在解决问题的过程中学习者对问题的表征质量决定了问题解决的效果，其中的关键是学习者是否已经具有与这一良构问题匹配的心理图式。如果有，那么他将直接获得解决方案，如果没有则需要进行方法搜寻。比如，烹饪教师在教完滑炒里脊丝后布置的任务是滑炒鱼片，这个任务的核心技能也是滑炒技术，只是在原料初加工阶段运用的手法稍有不同，学习者需要将两种解决问题的方案进行组合，才能完成任务。但如果烹饪教师在教完滑炒里脊丝后布置的任务是煸炒肉丝，那么学习者完成任务就需要根据成品特点寻找另一种解决方案，因为煸炒和滑炒是不同的炒制方式。由此我们看到解决良构问题的价值：①在良构问题解决的过程中，学习者将积累解决不同类型问题的心理图式；②学习者在搜寻解决方案中获得知识、技能与方法，并形成结构性知识；③学习者将学到关于问题解决的基本策略，即相似策略与"手段－目的"分析策略。

根据美国教育学家沃尔斯的研究成果，解决非良构问题的过程包括三

---

① 袁维新.国外关于问题解决的研究及其教学意义[J].心理科学，2011，34（3）：636-641.

个阶段：表征问题阶段、解决问题阶段、监控和评估问题阶段。① 通过与良构问题的三个环节比较，我们可以看到两者有以下不同。

第一，良构问题可以从已有的心理图式中寻找匹配图式，但非良构问题由于问题较为模糊，学习者得到的很可能只是一个复杂的情境现象，无法发现与问题完全匹配的图式，或者完全没有匹配图式。因此，解决良构问题的第一步是激活，而解决非良构问题的第一步是将情境现象转化为问题，建构问题的空间。比如，酒管专业的学生在民宿服务的过程中发现尽管自己的服务技能比民宿员工更为规范、精致，但始终无法像民宿员工一样与客人建立起良好的关系，获得更多好评。这就是一个非良构问题，学生无法从已有的知识与经验中获得解决问题的图式，而需要通过观察老员工的服务细节、与客人交谈的方式等才能发现问题的本质，从而形成一个或者一系列的改进目标。

第二，在问题解决阶段，良构问题有较为固定清晰的解决思路与评价标准，而非良构问题则没有，所以需要学习者根据目标自行确定一个或者多个问题解决方案，并且确定方案的过程必然会根据情境的变化而不断生成与优化。方案的优劣与学习者对于问题本质的挖掘和对目标的理解程度息息相关。比如，学生发现无法获得客人更多好评的问题本质是他没有理解酒店与民宿因定位不同而造成的服务方式、与客人建立关系的方式不尽相同。基于这样的发现，他需要有多种改进服务行为的方式，如由心出发的温暖的微笑，观察不同客人细节提供更为贴心的服务，随时随地和客人打招呼等。但更多的方案需要学生根据民宿的环境、客人的临时需求、突发事件等因素生成。

第三，监控与评估问题解决是解决非良构问题的特殊阶段。良构问题的答案几乎是固定而明晰的，或者有评价标准的，学习者可以清楚地判断问题是否得到了解决，如果没有解决则可以寻找其他方案。但非良构问题

---

① 袁维新.国外关于问题解决的研究及其教学意义[J].心理科学，2011，34（3）：636-641.

的答案是模糊的，有时甚至没有标准答案，只有好或者更好，合理或者不够合理。因此，学习者需要通过观察、比较、思考等方式判断问题解决是否向目标的方向发展。这就需要学习者有自主监控评估问题的意识和能力。比如，学生在民宿服务中行动改进的过程中，他需要尝试不同的服务方法，通过客人的微表情、行为举止、对自己的评价等途径判断自己的改进方式是否合理。

通过以上分析，我们认为具备解决非良构问题的能力是从学生思维转为工作思维的关键，具备这种能力的人能够主动建构与理解问题，选择特定的问题解决的方法或程序，运用策略解决问题，并能运用元认知对解题过程和结果是否得当作出评估。[①] 因此，学生形成这种能力的过程也是知识结构化、形成元认知的过程。

（三）问题解决能力的培养

以上对于良构问题与非良构问题的讨论对解决目前职业教育中存在的问题有重大意义。浙江省从 2008 年启动中职专业课程改革以后，项目课程"理实一体化"教学在一线学校逐渐由教学理念转为教学实践。从校企合作到产教融合，各个学校都建立了现代化实训基地，与业内标杆企业的合作育人也在轰轰烈烈地推进。然而，学校对学生培养的脚步跟不上产业发展速度的呼声却不绝于耳。造成这个矛盾的原因有很多，但对项目课程与"理实一体化"教学的误解或者理解不透彻导致的一线教学问题是其中很关键的因素。我国的技术技能人才培养体系是基于传统的工业生产的专业分工与岗位分工模式建立起来的，在专业设置上，专业狭窄且界限分明，不利于培养复合型人才；在能力培养上，重视可量化的操作技能，而轻视问题解决能力、自主学习能力等隐性的技能，受教育者的能力结构单一、发

---

① 袁维新.国外关于问题解决的研究及其教学意义[J].心理科学，2011，34（3）：636-641.

展后劲不足。① 长期以来形成的较为固化的专业课教学模式体现的正是将操作技能训练等同于职业能力培养的理念。

建构主义学习理论认为，学生的学习可以分为初级知识学习与高级知识学习两个水平。初级知识学习又称入门性学习，其方式主要是接受、理解和记忆，其内容是结构良好领域的学科知识，由事实、概念、原理或定律组成，彼此之间存在严密的逻辑关系和层次结构。但是这些知识比较抽象，是对复杂的外在世界现实加以过分简化的产物，具有一定的片面性、机械性、静止性和孤立性。高级知识学习的内容是结构不良领域的知识及有关知识应用的知识。知识被应用到每一个实例中时，具有一定的特定性、差异性和复杂性。高级知识学习就是通过大量反复的案例分析和实际问题解决活动来把握的。在这个过程中，学习者通过理解同一案例中各知识之间关系的复杂性和不同案例中同一知识意义和用法的差异性，达到灵活应用知识、推导新知识、广泛迁移知识的目的。② 从这个知识的分类中可以看到，传统的讲授式教学、"示范＋模仿"式训练，都属于初级知识的学习。这类知识是基础。而高级知识的学习则是一种解决问题的经验学习。

目前在职业教育中已经有不少学校和教师在努力突破传统的教学模式，尝试进行指向问题解决的经验学习方式重构改革。

第一，侧重构建以实际产品为工作项目载体的课程体系。这类课程体系将产品进行归类整理，提炼出典型工作产品，并以此为载体设计工作－学习项目。课程将工作过程与学习过程合二为一，学习者需要在不断解决产品制作问题的过程中学习相关知识与技能，形成关于制作不同产品的心理图式。但囿于中职学校教学管理制度与课时限制，目前这类课程在实际教学中往往止于良构问题，或者以良构问题为主。

比如，浙江信息工程学校采用的"转段分流、多元选择、人人出彩"的

---

① 于志晶，刘海，岳金凤，等.中国制造2025与技术技能人才培养[J].职业技术教育，2015，36（21）：10-24.
② 刘儒德.基于问题学习对教学改革的启示[J].教育研究，2002（2）：73-77.

人才培养方式，建立了以职业活动为导向、以校企合作为基础、以综合职业能力培养为核心，理论教学与技能操作融会贯通的工学一体化课程，并制定了相应的课程标准，课程的考核评价采用"理论＋技能"的评价模式。学校依据原有的课程知识技能和素养体系，结合企业实际应用，引入新技术发展内容，进行课程重构。课程结构采用"项目制·工作式"体系。一是以现实生产中的实际产品为工作项目的内容载体，以项目完成中相关知识与技能、过程与方法、情感与态度因素形成思维导图式项目内容结构；二是以工作项目知识技能的相关性及内在逻辑进行分类和组织，形成"从简单到复杂、从单一到综合"的课程项目体系；三是本着"做中学、学中做"的原则，建立"以学生为中心、以任务为载体，以工作为标准"的教学生态，使学习者在行动中生成知识、经验和技能。学生通过对技术工作任务的学习，实现知识与技能、过程与方法、情感态度与价值观学习的统一。学校非常清楚学生的工作能力不仅是技能，还包括在技能形成过程中的知识、经验以及方法、思维，并且学校也遵循工作能力的形成规律而设计了完整的"做中学"课程体系，将解决工作中的问题作为经验学习的重要组成部分。

第二，侧重进行指向解决工作流程中问题的项目化学习设计。学习者不仅需要解决各工作流程、岗位上的问题，还需要解决流程各环节、岗位各部门间的工作协调、协同问题。学习者获得的是工作流程各环节的工作内容、相互关系，或者是不同工作岗位的工作内容、岗位间的关系。在这些内容与关系的基础上，学习者逐渐理解职业的内涵，形成解决职业问题的心理图式。

比如，嘉兴市建筑工业学校在进行1+X证书制度试点工作中，各专业重新整合规划了项目全生命周期管理过程中所涉及的建筑信息模型（building information model，BIM）相关软件和识图与制图软件，并将原有课程的实践、实训环节优化和重组。以模拟建筑工程实际为出发点，充分运用项目教学、可视化仿真教学等手段，探索基于BIM仿真的信息化教学和案例项目教学方法。开展融合 BIM 技术、装配式技术等数字建筑技术核心的集结构展示、招投标模拟、工程项目管理沙盘模拟等功能于一体的综合性实训教学项目，在案例分析、实践作业、技能大赛、毕业设计等环节中融入 BIM 技术的学习和运用要求。

一般来说，真实场景中的工作有三个特征：容错率低、强调效率、协同性强。脱离真实场景的仿真训练理论上可以允许学习者不断试错，并且在较为宽松的环境中进行互助式学习。因此，从未在真实场景中工作过的学习者无法积累关于短时间内少出错，甚至不出错的经验，也很难获得团队协同完成任务的经验。尤其是设计类、金融类专业，在学习阶段学生很难获得真实的任务。在这些专业教学中，教师需要创设更多的平台，给学生提供解决真实任务问题的心理图式。在嘉兴市建筑工业学校的案例中，尽管学生的毕业设计不是在真实的工作场景中完成的，但在沙盘实战中，他们将学习理解问题、描述问题、展示问题、解决问题、反思解决方案、交流解决方案的方法，在案例分析中他们可以将已有的心理图式与案例中解决问题的方式进行比较、分析，这种学习也能帮助学生建构问题解决思维。

第三，侧重整体构建学生经验学习的路径。这类尝试在不同学习阶段采用不同指向问题解决的经验学习方式，重构"经验—抽象—经验"的任务链。这种方式搭建了从良构问题到非良构问题的桥梁，学生从训练型的任务出发，在解决良构问题中获得知识、原则、概念、要领，并在解决拓展型非良构问题的过程中对知识、原则、概念、要领进行整合重构，通过一次又一次的螺旋路径，逐渐形成解决非良构问题的思维方式。

比如，杭州市西湖职业高级中学的"新学习序列"的设计，将任务根据功能特点分为三类：训练型任务、引导型任务和拓展型任务。训练型任务旨在解决良构问题，针对某个产品、某个技能、某个任务的达成目标，学生通过观察训练，由表及里解决结构、流程等问题；通过定向训练获得要领，积累经验；通过纠错训练，在观察、讨论、阐述问题的过程中，完成标准的内化；通过优化训练，对相同或同类作品进行练习，提升技能的熟练度。侧重方法提炼的引导型任务旨在解决关于情境与任务、方法的关系等关键概念的理解和运用的方法问题，包括基于情境的问题解决任务、基于情境的作品反思任务、基于情境的试错实验任务等。其中，基于情境的问题解决任务一般会设计"学习 – 工作"情境问题串，学生在不断地解决问题的过程中，发现情境问题的规律及解决办法。基于情境的作品反思任务一般要求学生分析作品与情境的匹配性，并进行不断调整与优化，理解两者的关系。基于情境的试错实验任务，通过"试错—探究—优化"积累纠错经验与方法。拓展型任务旨在解决关于工作流程熟悉和工作思维培养的问题。该类任务有三种类型：一是设计任务，这种任务指向针对客户或者市场的方案设计，形成以了解需求为起点，设计方案、确认方案为过程，实现方案为终点的工作思路。二是基地任务，该任务是指在实训基地完成的真实工作项目，学生通过分析任务、知识梳理、复盘评价，形成现场应对的工作思路。三是研究任务，是指针对某个技术难题，通过市场调查、功能分析、改造方案、市场应用，学生形成市场导向的工作思路。

为了更好地帮助学生获得解决非良构问题的能力，西湖职高采用两种方式进行实战：一是将小微企业引入校内实训基地，建立真实的企业生产车间、培训学院、工作室，学生参与真实的生产。二是各专业组织服务队，利用节假日进入合作民宿进行现场服务，教师作为观察者记录现场学生的表现，在之后的复盘活动中师生共同讨论服务中碰到的问题、解决问题的思路，以及其他可行的解决方案，并就此提炼出更为丰富的方法，补充或者重构教材。

问题解决能力是职业发展的基础，也是高阶思维的体现。遗憾的是，我们分析了浙江省内各中职学校的育人案例，很少有针对问题解决能力，特别是非良构问题解决能力培养的具体案例。这从某种程度上提醒了我们，还需站在学习理论的角度思考职业教育。

四、创新创业

创新创业是近年职业教育讨论的热点，一方面，很多学校设置了创新创业课程，开辟了创新创业园区，轰轰烈烈地开展"双创"实践。另一方面，"双创"教育的实践意义也遭到诸多质疑。本节针对"职业阶段是否应该继续进行创新创业教育"和"应该如何进行创新创业教育"两个问题，在横向技能的视域下讨论创新创业能力对于人才培养的意义，以及相应的教育模式。

（一）横向技能中的创新创业能力

2014 年，李克强总理在夏季达沃斯论坛上提出"大众创业、万众创新"的理念[①]，在中国大地上掀起了创新创业热潮。2018 年，国务院颁发《关于推动创新创业高质量发展 打造"双创"升级版的意见》，更是将"双创"推上了年度经济类十大流行语榜单。由此可见，似乎"双创"由"创新"和"创业"两个词变成了一个词。但是"创新"和"创业"并不是等于的关系，也不是先后或者因果关系，所以在讨论职业教育是否需要培养创新创业能力，以及怎样培养创新创业能力之前，有必要明确这是两个概念，还是一个概念，或是两个相互联系与影响的概念。

创新能力是指人们在丰富的知识和开阔的视野的基础上，通过创新性的思维活动，发现新问题，提出解决问题的新思路、新途径，并通过创造性的实践活动，产生新产品、新技术或新方法的能力。具体而言，创新能力至少应该包括发现新问题和新事物的能力，提出解决新问题的思路或方案的能力，将思路或方案付诸实践并取得创新性成果的能力。[②] 由此可以看出，创新能力之所以成为横向技能的一个部分，是因为其中包含了跨越具

---

① 李克强谈"双创"："双创"为众多人提供了公平竞争的机会[EB/OL].（2017-08-04）[2021-09-06].http://www.gov.cn/xinwen/2017-08/04/content_5215828.htm.
② 林健.卓越工程师创新能力的培养[J].高等工程教育研究，2012（5）：1-17.

体学科与技能的知识整合能力和问题解决思维。

　　一个具有创新能力的人必然具备发散思维、辩证批判思维、隐喻联想思维。① 其中，发散思维是创新的前提，具有这种特质的人往往思维广阔、不拘一格，能从不同角度思考问题，因此常常有出人意料的创见。辩证批判思维是提出质疑的前提，具有这种思维特质的人对世界的认识是整体的、系统的，且能站在事物运动变化的角度思考问题、提出问题。正所谓"不破不立"，用辩证批判思维提出质疑就是一个"破"的过程。隐喻思维是想象力的基础，具有隐喻思维的人可以通过类比和联想建立已知事物和新事物间的联系，② 从而找到诠释新事物、新概念的方式。由此可见，提出新的想法，或者进行发明创造和艺术创作都是创新能力的表象，从横向技能的角度来看，这些表象内在的思维特征才是真正需要关注的。

　　与创新能力相比，创业能力的界定较为复杂。在企业发展的不同阶段，个人的创业能力有不同的内涵，在企业初创阶段创业能力指的是创业者特质、机会识别能力、创业构想能力和承诺能力，在成长阶段更多指向机会评估能力、机会利用能力和关系能力，在企业成熟阶段则是指战略能力和组织能力。③ 根据以上关于创新和创业能力的界定，可以发现两者的内涵并不相同。创新更多地指向思维品质，创业更侧重创造性的实践能力。所以，有创新思维的人不一定能创业，能够创业的人在创新思维上不一定胜过他的下属。但两者又有许多共通之处：一是两种能力都包含一定的专业知识，但更需要跨界知识，创新创业能力的强弱与个人的视野广博程度有很大关系。二是两种能力都指向思维的整体性、灵活度、变通性、流畅性。三是两种能力的获得都需要建立在实践的基础上。四是两种能力的形成还需要具备一定的风险意识和抗压心理。正因如此，尽管创新和创业有不同的内

---

① 岳晓东，龚放.创新思维的形成与创新人才的培养[J].教育研究，1999（10）：9-16.

② 王洪刚，杨忠.试论隐喻思维的特点及功能[J].东北师大学报，2003（2）：86-91.

③ 马鸿佳，董保宝，葛宝山.创业能力、动态能力与企业竞争优势的关系研究[J].科学学研究，2014，32（3）：431-440.

涵，但两者都聚焦在"创造"这个特质上，前者创造的是思想、内容或者产品，后者创造的是企业，而判断两种能力的最重要的标准是产出的内容或者实体是否经得起实践的检验。所以创新创业并举指向的是创造，创新创业人才指向的是创造性人才，创新创业教育指向的是培养创造能力。

（二）基于创造能力培养的创新创业教育

受到世界创新浪潮和工业 4.0 的冲击，我国在 2015 年颁布的《中国制造 2025》是以完善创新体系为核心的科技政策，这一政策确定了中国建设制造强国的十大重点领域，明确了这些领域的技术路线和发展方向，并提出抢占全球新一轮技术竞争的制高点，这对于实现制造强国战略至关重要。[①] 无论是科技创新，还是产业创新，除了要有相应的体制作为保障外，创新型人才是核心。正是在这一背景下，教育界开始关注培养学生创造能力的创新创业教育。

事实上，教育界早就开始出现关于创新创业的讨论。2001 年，劳动和社会保障部培训就业司副司长信长星在天津市劳动保障局和天津职业技术师范学院组织召开的创新创业教育研讨会中提出，要把创新创业教育引入技工学校的教育中。[②] 以此为开端，我国教育界对于创新创业教育的讨论经历了几个阶段：第一个阶段用创业教育替代创新创业教育。第二个阶段将创新创业教育作为一个整体的独立的新概念，"从创新教育与创业教育的关系看，二者的目标取向是一致的，都旨在培养学生的创新精神和实践能力；二者的功能作用是同效的，创业教育使创新教育融入了创业素质的要求，创新教育注重的是对人的发展"[③] 第三个阶段以 2010 年为起始，教育部专门印发了《关于大力推进高等学校创新创业教育和促进大学生自主创

① 黄群慧，李晓华.中国工业发展"十二五"评估及"十三五"战略[J].中国工业经济，2015（9）：5-20.

② 柳翠钦.劳动保障部培训就业司副司长信长星强调：要把创新创业教育引入技校教学之中[J].职业技术教育，2010（3）：15-17.

③ 雷家骕.国内外创新创业教育发展分析[J].中国青年科技，2007（2）：26-29.

业工作的意见》，明确使用了"创新创业教育"概念，确立了创新创业教育的合法地位。第四个阶段侧重揭示创新创业教育的本质，有学者指出"创新创业教育，既不等同于原来的创新教育或创业教育，也不是创新教育和创业教育的简单叠加，在理念和内容上都实现了对创新教育和创业教育的超越"[1]。从侧重创业教育到创新创业成为一个整体概念被提出来研究，从关注创新创业技能的培养到反思创新创业的内在关系，从而揭示在学生受教育阶段应该着重培养的创造性能力，这些都是一个将原先处于"黑箱"状态的创造能力析出，并进行标识，进而转化为可教可学内容的过程。

有些学者将这些内容特质概括为四个方面：一是创新积累，指为了实现或达到创新的目的或成效，而在创新过程前和创新过程中所进行的知识、技能、经验等方面的积累，是创新活动的必要前提。二是创新意识，指创新型人才对创新活动的自觉认知和自主意识。三是创新精神，是在创新实践活动中，创新型人才逐渐形成的自身比较稳定的创新型个性心理，是创新意识的外在表现。四是创新能力，是创新型人才在创新意识的驱使下，及时准确地收集各种创新信息，抓住创新机遇，为下一步创新积累材料，并对事物将来可能出现的各种复杂情况作出预测的能力，是创新主体在认识事物和解决问题时所迸发出的前所未有的最高的本质力量，是创新的决定性因素。[2] 还有学者提出中国智造需要的高技能人才具备的创新能力包括创新思维能力、创新服务能力和创新协作能力。[3] 这里的创新服务能力是指基于技术知识和职业技能，应用创新性思维方式获取、消化吸收、创造并传递新技术技能的创新能力，进而优化传统的服务流程，以快速、低成本

---

[1] 李志义.创新创业教育之我见[J].中国大学教学，2014（4）：5-7.

[2] 王亚斌，罗瑾琏，李香梅.创新型人才特质与评价维度研究[J].科技管理研究，2009，29（11）：318-320.

[3] 张弛，张磊.中国智造视域下高技能人才职业素质模型与"1+X"育训协同体系构建[J].教育与职业，2019（20）：35-42.

地实现用户的客制化需求。① 综上所述，首先，创新创业是可以培养的能力，这种能力的内核是创造力。其次，这种能力的获得与提升需要学习者在实践中不断积累知识与经验。最后，培养的内容包括跨学科知识与学科融合的方法、研究与分析的方法、学习的方法等。

在这个基础上，目前存在三种创新创业教育实践。

第一类，"广谱式"创新创业教育。这类创新创业教育实践侧重整体设计。"广"指的是"广义"，创新创业教育"不仅仅是传授创业知识和技巧"，更是"培养学生的创业观念、创业精神以及创业思维和创业能力"②。"谱"指的是"普及"，根据不同学生的特点与选择开展不同类型的"双创"教育，实现"双创"教育"全覆盖""分层次""差异化"的基本目标。"广谱式"教育既不将创新创业作为泛化的素质教育，又不将其窄化为创业技能教育，而是在两极之间找到平衡点，将两者结合起来。

"广谱式"创新创业教育根据学习者成长的不同阶段，设计四种方式：面向全体的通识教育、嵌入专业的"双创"教育、针对创业需求的"双创"教育、面向创业初期的"双创"继续教育。不同方式针对不同的需求，因此也有不同的目标指向、教学内容与教学方式。

"广谱式"强调"双创"教育与就业教育的衔接联动。"对全体学生进行'广谱式'创新创业教育有利于促进学生就业；对学生进行就业教育并帮助其落实合适的工作岗位，有利于学生在工作岗位上积蓄力量，以就业为跳板，走一条'经由就业走向创业'的道路。就业可以成为创业的台阶和跳板，创业也可以作为就业的基础和平台，二者天然具有衔接性和联动性"③。从以上关于"广谱式"创新创业教育的论述中可以看出，这类设计主要倾向的是对创业能力的培养，因此在培养目标的设计上倾向于提高学生的就业

---

① 张弛，张磊.中国智造视域下高技能人才职业素质模型与"1+X"育训协同体系构建[J].教育与职业，2019（20）：35-42.
② 王占仁."广谱式"创新创业教育的体系架构与理论价值[J].教育研究，2015，36（5）：56-63.
③ 王占仁."广谱式"创新创业教育的体系架构与理论价值[J].教育研究，2015，36（5）：56-63.

能力，在内容的设计上以创业知识和方法为主，未能关注到其中创新思维的培养。

第二类，**创客教育**。创客教育是一种指向全人发展的教育，从微观上来看，创客教育通过课程学习培养个体的创客基本素养，包括知识与理解、技能与态度、价值与倾向；从中观上来看，创客教育通过创客项目培养群体的创新创业能力；从宏观上来看，创客教育通过创客活动培植社会的创客精神与创客文化。[①] 国际上的创客教育是在反对工业社会的确定性、程序化以及精确地设置对人的异化的过程中提出的，其内核是尊重生命、尊重潜能、促进人的整体发展。在我国，创客教育的热潮是因针对传统教育的应试性、手脑分离的弊端而引发的，这类教育强调在实践中学习，在实践中逐渐将知识系统化，在创造性地解决问题的过程中形成跨学科整合的能力，以及批判性思维、交流与沟通、团队协作能力，由此成为完整的人。目前，以 STEM 课程为载体的创客教育成为中小学最主要的创新教育方式，其教育理念也成为大学部分专业培养方式的学理依据。

从创客教育的内核来看，与前文提出的基于创造能力培养的创新创业教育非常接近，都需要有跨学科学习和知识整合的能力、批判性思维和发散思维。不过，目前创客教育的标识是互联网、现代信息技术和设计思维，侧重的是产品创新、科技创新，是一种"DIY 精神工业化"。因此创客教育应该是创新创业教育的重要组成部分，但不能涵盖全部的创新创业教育。

第三类，**创新创业教育与专业教育深度融合模式**。这类模式从人才培养方案的顶层设计入手，将创新创业贯穿于学生学习全过程。在课程体系的设计上，侧重提高交叉融合学科的学时比例，建立与创新创业融合的课程群。在教育方式上注重通过积极与社会建立"产、学、研"全面合作联盟，吸引政府、企业和科研院所提供场地、项目、经费、政策等支持，为

---

① 　王佑镁，王晓静，包雪.创客教育连续统：激活众创时代的创新基因[J].现代远程教育研究，2015（5）：38-46.

学生提供更多参与应用创新和创业项目的锻炼机会，提高学生创新精神、创新思维和创新创业能力。[①] 这类模式较好地体现了以提升学生社会适应力和持续发展力为旨归的学校与社会协同教育的理念，在建立优势互补、资源共享机制的同时，实现了学校专业建设与产业动态发展的接轨，相关的创新产品在实践中进行价值转化，进一步推动了合作企业的发展。而学生也在创新创业的实践中实现了知识、能力与素养的协同发展。

（三）创新创业能力的培养

　　上文中总结的三类创新创业教育方式大都存在于大学的教育体系中，只有创客教育这几年在中小学中开展得有声有色，成为素质教育重要的载体。如果说大学阶段进行创新创业教育一方面是为了培养高层次创新人才，另一方面是为了解决大学生就业问题；中小学阶段开展创客教育一方面是培养敢于创新、善于探索的创客精神，另一方面是在实践中促使学生进行知识迁移，那么职业教育开展创新创业的目的是什么呢？目的的模糊性导致职业学校创新创业教育常常流于形式，甚至成为外在于专业发展的"鸡肋"。

　　要解决这一问题，首先要明确创新创业教育在中职教育阶段的功能。在高职扩招和产业结构升级的背景下，中职的定位已经从简单的不是就业导向就是升学导向的二选一思路转向职业预备教育，即中职学校的主要任务不再是直接为企业输送劳动力，而是对学生进行职业预备教育，同时为高一级的高职高专以及本科院校培养合格的毕业生。职业预备教育的实质是职业生涯教育，它不是单纯的就业教育，而是包括就业教育在内的职业教育，是贯穿于个人一生成长的综合性终身教育。[②] 从这一定位出发，中职阶段的创新创业教育也不是以研发多少产品、获得多少专利或者是否创业

---

① 　刘艳，闫国栋，孟威，等.创新创业教育与专业教育的深度融合[J].中国大学教学，2014（11）：35-37.

② 　赵蒙成.高职扩招背景下中等职业学校转型发展的教育立场[J].职教论坛，2020，36（5）：14-21.

成功为教育旨归的，而是通过多形式的创新创业教学活动，通过创新创业实践活动，促进个体思维发展、潜能开发，形成自信、独立、坚韧等良好个性品质，从而完善个体的综合素质，增强个体的应变能力，帮助个体自我成长。所以，创新创业教育不以传播知识为目的，而以个体的全面发展为最终归宿。[①] 在中职阶段开展创新创业教育的重点并不在创业，而是在学习创新创业技能的过程中保留或者激发中职生对陌生领域的好奇心，驱动他们不断尝试探索新的世界，增强他们的抗挫能力和责任担当，且提高风险意识。此外，通过尝试创新、尝试创业的实践，中职生还能建立产品与市场的关系，形成"设计—生产—销售"较为完整的产业链，从而加深他们对职业的理解，对经济社会的认知。从这个意义上讲，中职阶段的创新创业教育的核心是"育人"，培育有创新思维、能主动探索、不断突破舒适区，且有强烈责任感、道德感的创造型人才。

基于这种定位，我们将目前中职学校对学生创新创业能力的培养分为三种类型。

第一类，指向专业能力成长的创新创业与专业教学融合。这是目前中职学校采用最多的创新创业教育方式。这类"双创"教育和专业教学紧密结合，采用项目制的方式，组建多层级异质项目研发团队，学生在研发新产品、新技术的过程中实现专业知识、专业技能的应用与迁移，并对该专业的产业链形成较为完整的认知。此外，所有研发的产品和技术都要经过市场或者企业的检验，并在此基础上进行优化提升，有利于培养学生针对问题进行复盘反思的意识和方法。

浙江省衢州中等专业学校的"1+4"模式是在探索具有职业教育特征的"双创"教育中总结的模式。学校成立了一家由学校师生发起、采用股份制形式、经民政部门审批注册、由市科技局业务指导、从事非营利性社会服务的创新创业型企业——衢州市大器创业服务中心，发挥服务和中介的双

---

① 程江平，庄曼丽.中职创新创业教育应回归育人本质[J].中国职业技术教育，2017（9）：87-92.

重作用。同时学校新设"实训与创业指导中心"业务主管部门，聘任中层管理干部，对内负责开展师生创新创业教育和专业实训，对外对接衢州市大器创业服务中心，出台校内创新创业实践活动管理规范，落实开展创新创业项目与教学项目的对接、师生作品商品化、师生创新成果专利申报和转化、教学的可视化评价等工作。在此基础上，学校成立了面向创新创业、与专业教学相关联的十六个教学工作室，将教学项目与创新项目进行融合。比如新式卫生工具架，就是学生通过"企业出题、教师析题、学生解题 →利用专业知识设计作品 → 作品分解成众多的教学项目 → 实训完成作品制作 → 作品商品化成为创业项目推向市场 → 市场反馈开启新的教学项目"的做学创一体的教学范式，"学创结合、理实一体、专利申报、成果应用"的模式有效地促进专业建设的开展和办学质量的提升。

为了鼓励学生的创新创业热情，学校将发明专利作为知识应用的"试金石"，利用第三方认证、具有创新元素的、评价科学的"国家专利"评价体系，走出了一条以专利申报为方向创新人才培育的新途径。截至 2019 年5 月，学校师生已获得 60 多项国家专利。

衢州中等专业学校的"1+4"模式以专利申请为激励，不仅提升了中职学校的社会价值，还引导学生建立在实践中创新，为解决真问题而创新的意识，更为重要的是，所有的专利发明都与专业教学相结合，学生在有经验的师资团队引领下，用"聚焦真问题—思维发散尝试解决—聚焦问题解决成效"的方式，促使聚合思维与发散思维同时发展。虽然这个模式中的专利申请并不适合所有专业，但将创新创业与专业知识紧密结合的"双创"思路是值得推广的。

制造类专业在"双创"与专业融合的教育中更侧重产品的创新，而商贸类专业则更侧重创业。比如，温州市职业中等专业学校的基于"一职猫"的中职电商实战化人才培养模式就是典型的商务类创新创业教育的实践。该校引进真实的企业创业项目，学生在教师指导下组建团队，在课内和课外对这个项目开展分析，确立活动任务，在完成项目每个阶段的任务中，学习文案策划、商品详情页制作、网络营销和财务核算等专业知识。

为了营造真实的企业氛围，"一职猫"采用公司化的运营方式，建立了现代学徒制的管理架构，学生直接负责实际业务岗位的操作。学校选拔优秀的学生担任各部门总监；专业课教师作为各部门营销总监的指导师；经贸学部部长和教研组组长分别作为董事长和总经理，负责顶层设计。

根据电子商务专业学生不同岗位的能力要求，将电商专业学生的能力培养分为三个层次，构建金字塔式的学生创业梯队模型。第一层次为职能岗位的操作者，为高一年级学生。主要从事运营基本工作，人数最多，属于专员级，例如美工、客服、物流、售后等岗位；第二层次为电商项目的运营者，通常由高二学生担任，主要负责产品的营销策划、设计指导，属于经理级；第三层次为电商项目的管理者，由高三优秀的实习生担任，主要进行产品选型、平台选择、策略方向及设计调性的制定，人数最少，属于总监级或自主创业级。金字塔模型描绘出温州市职业中等专业学校电商专业学生在校三年职业发展的路径图，也展示了电商专业创业经营的蓝图。

如果说制造类专业和商贸类专业在"双创"教育中主要侧重一个方面，那么生产服务类专业则可以将"双创"作为一个整体进行系统设计。杭州市西湖职业高级中学的"小吃馆"模式正是这种"双创"教育理念的实践典型。该校的"小吃馆"既是面向校内学生经营的小店，又是为合作企业提供产品研发的实验场。"小吃馆"由烹饪专业不参加高职考的高三"3+2"面点专业学生经营，经营权的获得采用方案竞标的方式，让学生组团投标。前一届经营的学生团队在毕业前一个月以学徒制的方式指导下一届经营中标的学生团队开展"小吃馆"的运营业务，包括进货、成本核算、菜单设计、人力分配、卫生打扫等非专业技能的企业运营知识。"小吃馆"主要承担两项工作，除了每天早上和晚上进行餐点售卖外，还需要负责将孵化的产品推向市场。

除了创业线外，"小吃馆"的创新线由面点专业教师和企业师傅共同负责。他们将对地方特色小吃点心进行市场化提升的项目与面点的核心技能学习项目结合起来，以特级教师工作室和技能大师工作室为载体，组织学生团队针对城市人群的需求与乡村小吃的特色与问题进行改良，将改良产品在"小吃馆"进行试点售卖，根据顾客的意见反馈继续优化产品。将成熟的产品投放到合作酒店、民宿进行市场化推广。这种方式也是从提升实践价值的角度，激励学生将专业知识用于创新改良，同时学生通过近距离接触市场，形成强烈的市场风险意识。

第二类，指向跨界融合的创新创业与专业建设融合

成功的创新创业必然需要具备跨界能力和跨学科知识，即使在第一类与专业教学紧密融合的"双创"教育中，也需要进行跨界融合，比如在市场调研环节中，学生需要学习问卷的设计、数据的分析等跨学科知识。只是第一类"双创"教育中的跨学科知识融入专业课程中，呈现出散点碎片的特点，"双创"教育的目的依然是提升学生的专业能力，重构的是教学内容。但第二类"双创"教育则以培养学生跨界融合能力为核心，这就需要在重构人才培养方案的基础上在课程体系和师资团队建设方面进行整体设计。

温州市职业中等专业学校的"创客·智造坊"模式就是典型的以课程重构、空间重构为抓手的跨界融合"双创"教育模式。该校在课程体系重构上进行了两类融合：一是指向核心素养的"文化课 + 专业课"融合，即在学生设计制作智能化产品的过程中，有机融合语文、数学、英语的教学要求，设计同专业相关的学习任务，如成本核算、说明书撰写等，以提高学生对于文化课的学习兴趣和应用素养。二是指向专业融合的"基干专业 + 相关专业"融合，所谓基干专业，就是学生在入学时所选择的专业，相关专业是指学生在开展学习时同该项目有融合点的专业。

为此，学校着重打造基于创客项目的三个层级跨界融合型师资团队。第一层级团队由不同专业和学科的一线教师组成。"创客·智造坊"项目包含若干个子项目组，每个子项目组对应一个模块课程，每个模块课程中，文化课教师、基干专业课教师和相关专业课教师组成一个教学团队，依据教学目标和实际生产要求共同进行任务设计、学案编写和课堂教学。比如，

工业产品设计是数控专业中的专业课，为了提升工业产品设计的美感，美术设计专业教师和数控专业教师组成师资团队，共同研讨课程设计和教学方式，让学生的设计不仅实用，而且具有美感。第二层级团队由校内优质跨学科教学团队和校外企业骨干组成，主要解决项目的来源和实践价值转化问题。第三层级团队由校内的研究型教师和省内外的知名学者组成，通过"项目管理＋研究改进"的方式解决"创客·智造坊"模式推进过程中在课程设计、教学实践中的问题。

从课程融合到师资团队重构，"创客·智造坊"模式打造的是具有职教特色的"创客"教育样态。该模式既发挥了"创客"教育中工程思维培养与审美素养提升的双重功效，又立足于职业教育专业优势，避免了"创客"教育无法落地的尴尬。当然，以工程思维培养为核心的"创客"比较适合在制造类、信息技术类的工科专业中开展，对于商贸类、服务生产类的专业则有一定的限制。

此外，开展这类"双创"教育也需要对教学环境进行整体设计，以对接课程结构与教学内容和方式的改变。浙江省永康市职业技术学校在进行"双创"教育的过程中，对创新创业环境进行科学规划与功能整合，最终确立 3D 设计创意中心、精密五金加工中心、校企协同创新中心、创业项目孵化中心四大实训模块，全面对接与引入各类真实的"双创"项目，包括产品研发、技术改进、对外加工、小微创业等项目，进而搭建集"双创"项目的创意设计、加工制造、精密检测、销售经营、创造效益等环节为一体的全程式实践训练平台，有效助推创意、创新、创业教育深度融合。

第三类，指向素养提升的创新创业与育人模式融合。更多的职业学校将"双创"教育融入学校育人体系中，在创新创业实践中培养学生的价值感、希望感、成就感。前文提到的宁波建设工程学校探索多年的中职学校HOPE 生涯教育就是这一类型的典型模式。

该校构建的 HOPE 生涯教育模式以引导学生做好生涯发展规划为核心载体，以增进学生积极情绪体验、培养学生积极人格品质、创设正向温暖的育人环境为推手，引导学生在开启希望、规划希望、放飞希望、成就希望的过程中启动学生内在动力，重构学生动力机制。"双创"教育是助推学生生涯发展的重要路径。学校打造以创新创业为核心的"宁建集市"，包括至高创新创业园、至高文化创客空间、宁建集市三大项目，让学生在实践孵化中提升生涯体验。至高创新创业园已经孵化了8个经济实体，并与影视城开发公司等8家单位合作签约，授牌为创新创业校外教育基地。至高文化创客空间是对本地非遗文化的"传承＋创新"，将学校之前建立的小石潭记工作室、交互平面设计工作室、动漫设计工作室与竹根雕大师工作室进行整合与功能延伸，逐渐成为学生文化创意集聚空间。宁建集市以班级为单位进行申请，学生进驻无需成本，采用"教师＋学生"共同管理的模式，成为学生校内创业实践场所。

相较而言，这类"双创"教育虽然不如前两种类型有较为完整的体系，但因为统合在学校整体的育人理念和布局下，更能获得学校各部门的支持。一旦达成全校共识，对于创造精神的追求便成了学校的核心文化，对创造精神的塑造便成为教师的自觉行为。在此基础上，学校才有可能营造出培养创造型人才的沉浸式"双创"氛围。

不可否认，以上所述的目前中职学校构建的三种类型"双创"教育都各有特色，并没有高下之分。无论是将创新创业与专业教学结合，尝试进行跨界融合的人才培养，还是将其与学校整体育人工作融为一体，都没有将创新创业作为一门独立的课程进行教学，而是基于育人立场，通过创新创业教育，改变中职生的精神状态，给他们的生命注入希望和激情，使他们对未知的事物再次萌生好奇心和探索的冲动，使他们明了当下生活和学习的意义。[1] 我们认为，这才是中职学校开展创新创业的意义所在，也正是在这个共识上，我们才能将创新创业内含的创造精神与创造能力渗透进中职所有的教育教学中，彻底摆脱职业教育工具理性的束缚。

---

① 程江平，庄曼丽.中职创新创业教育应回归育人本质[J].中国职业技术教育，2017（9）：87-92.

五、学会学习

2018 年世界银行发布的《2018 世界发展报告：学习以实现教育的承诺》首次将教育作为独立的主题进行深度剖析。该报告认为目前"全球学习危机"令人担忧，一方面，以技能偏向型科技进步为推动力的经济结构和生产方式意味着对高技能劳动力的需求将不断扩大。另一方面，人力资本回报率的不断提高将导致高技能劳动者与低技能劳动者之间出现较大收入差距。成年人往往学习曲线较缓，再学习机会成本较高，这是造成劳动力市场"技能危机"的重要原因。[①] 因此提升教育质量，提升每个人在高开放性、多样化和强挑战时代应对职业风险的能力，形成终身学习的习惯与方法，是解决危机的最佳途径。在这个意义上，上学不等于学习，而学习也不仅仅指向课本知识，"学会学习"才能使人摆脱工具本位的功利学习困境，掌握发展的主动性。

（一）横向技能中的学会学习

当人工智能冲击人类的工作世界，并取代部分职业后，当全球经济格局面临一轮又一轮洗牌时，当新的知识和技术不断产生时，原有的相对比较稳定的工作世界被逐步推至多变动荡的地震带，随时会出现行业大变局的状态。越来越多教育界的有识之士认为学校无法，也没有必要把所有的知识教给学生。正是在这样的背景下，1996 年联合国教科文组织在报告《教育：财富蕴藏其中》中提出了 21 世纪教育的四大支柱，即学会求知、学会做事、学会共处、学会生存。这四大支柱被称为 21 世纪公民的基本素养。其中"学会学习"是"学会求知"的重要组成部分。2002 年，欧盟发布的《欧洲终身学习质量指标报告——15 项质量指标》中，"学会学习"能力被列为关键素养之一。在 2006 年欧盟公布的《终身学习的关键能力：欧盟参考框

---

① 刘骥.如何应对全球学习危机?——世界银行《2018世界发展报告》述评[J].全球教育展望，2018，47（6）：3-14.

架》中，"学会学习"被列为八大核心素养之一，这标志着学会学习能力已被纳入欧洲终身学习的政策体系，成了欧洲整体发展战略中的组成部分。[①]由此，"学会学习"不仅是教育领域关注的热点，还是人类社会进入知识更新速度不断加快的知识经济时代后关注的重要议题。有研究者在研究了经合组织、欧盟、美国、日本、俄罗斯等主要国际组织和国家的核心素养框架后发现，在 29 个核心素养中有 17 个提及学会学习和终身学习。[②]不过，关于"学会学习"的内涵，各国、各地区和组织却有不同的阐释，对这一概念的界定也经历了很多的变化。比较典型的阐释是欧盟在 2006 年制定的核心素养框架对"学会学习"的界定。该框架认为这是一种学习上的追求和坚持能力，是一种从个体和团体两个层面高效地管理时间和信息而组织自我学习的能力；包括对学习过程和需求的意识、识别可利用的机会、为成功学习而克服各种障碍的能力；这意味着个体不但要寻求和借助外界的指导，而且要主动获取、加工和同化新知识和技能。为了在不同情境中（在家中，在工作中，在教育和培训中）利用和应用知识和技能，学会学习使得学习者必须要在已有学习和生活经验的基础上进行建构；动机和信心在个体能力形成和发展中起至关重要的作用。[③]欧盟对"学会学习"的内涵阐述分析，主要体现在四个方面：一是他对学习有正确认识，学习对于他而言不是被压迫的外力，而是主动发展的内力。二是他具有主动学习的意识与方法，不仅能抓住学习的机会，而且有加工和同化新知识与技能的方法。三是他能在实践中学习，将学习与生活、工作紧密结合起来，且在实践中能主动建构知识、更新知识系统。四是他能有坚持学习、克服学习困难的毅力与决心，且将学习作为终身的行为。

---

① 孙妍妍，顾小清，丰大程.面向学习者画像的评估工具设计：中小学生"学会学习"能力问卷构建与验证研究[J].华东师范大学学报（教育科学版），2019，37（6）：36-47.
② 师曼，刘晟，刘霞，等.21世纪核心素养的框架及要素研究[J].华东师范大学学报（教育科学版），2016，34（3）：29-37.
③ 贾绪计，王泉泉，林崇德."学会学习"素养的内涵与评价[J].北京师范大学学报（社会科学版），2018（1）：34-40.

　　"学会学习"也是2016年提出的中国学生发展核心素养的表现之一，是"自主发展"素养的表现，具体体现在三个方面：一是乐学善学，即能正确认识和理解学习的价值，具有积极的学习态度和浓厚的学习兴趣；能养成良好的学习习惯，掌握适合自身的学习方法；能自主学习，具有终身学习的意识和能力等。二是勤于反思，即具有对自己的学习状态进行审视的意识和习惯，善于总结经验；能够根据不同情境和自身实际，选择或调整学习策略和方法等。三是信息意识，即能自觉、有效地获取、评估、鉴别、使用信息；具有数字化生存能力，主动适应"互联网+"等社会信息化发展趋势；具有网络伦理道德与信息安全意识等。

　　我国核心素养对"学会学习"的阐述揭示了"学会"和"学习"之间的关系。第一，测评"学会"的标准并不是知识的多少，而是学习者对学习的态度、情感和方法。第二，"学会"中的"反思"指向元认知能力，是对个体自身对学习的监控与评价，并根据情况对学习进行调整。第三，"学会"还包括对信息的获取能力和网络安全与道德，这是我国核心素养框架对信息时代的回应。

　　综观国内外核心素养框架以及学者对"学会学习"内涵的阐述与分析，可以看到各国建立的核心素养框架中"学习"是一种广义的概念，指向在社会生活实践中，以语言为中介，自觉地、积极主动地掌握社会和个体经验的过程。"学会"有两层含义，浅层含义指向掌握学习的方法，深层含义指向关于学习的学习，是元学习能力。与"横向技能"的其他三种能力相比，"学会学习"是一种更为关键的能力，这一能力有助于人们获得有效的学习工具，成为反思的学习者，从而成功应对变幻莫测的未来情境。①

（二）学会学习能力的测评维度

　　人们如何判定一个人具备学会学习的能力？对这种能力的培养又如

---

① 鲍银霞.欧盟"学会学习"能力监测进展评介[J].上海教育科研，2014（3）：15-18.

何转化为教学内容？只有对学会学习能力的维度有清晰的认知，才能在教育中落地。目前，不同国家和国际组织对这一能力的测评指标有不同的侧重点。比如芬兰赫尔辛基大学的评价元素包括情境相关的信念（context-related beliefs）、自我相关的信念（self-related beliefs）和学习能力（learning competences）。荷兰对于"学会学习"的评价包括进行观察、选择和整理信息、总结和得出结论、形成见解、在他人和自己的行动和意见当中识别出信仰和价值、区分观点和事实、合作完成任务、对自己任务质量的要求（包括过程和成果两方面）等八类能力。英国则提出了成长方向、批判性的好奇心等七个维度。[①] 欧盟在研究典型的"学会学习"评价维度后，将评价框架分为三个维度：首先是认知维度，欧盟将"学会学习"能力的认知维度划分为四个子维度，包括识别命题、使用规则、检验规则和命题、使用心智工具。其次是情感维度，欧盟将"学会学习"能力的情感维度划分为三个子维度，包括学习动机、学习策略和面向变革的学习取向，学业上的自我概念和自我评价，学习环境。最后是元认知维度。这也是欧盟框架中新增的内容，包括问题解决任务监控、元认知准确度和元认知信心等三个子维度。[②] 根据欧盟的综合归纳，大部分关于"学会学习"评价都指向的三个维度各有其功能。

第一个维度是认知能力，指学习、研究、理解、概括、分析的能力。从信息加工观点来看，即接受、加工、贮存和应用信息的能力。[③] 所以，认知是个体认识世界的信息加工过程，这应该是学习活动发生的基本条件，只有当一个人能自主地对外界信息进行加工，使之成为自己认知结构的一部分时，他才具备了"学会学习"的基本条件，因此认知能力是"学会学习"能力监测的基本内容。加涅在其学习结果分类中将认知能力分为三种，

① 孙妍妍，顾小清，丰大程.面向学习者画像的评估工具设计：中小学生"学会学习"能力问卷构建与验证研究[J].华东师范大学学报（教育科学版），2019，37（6）：36-47.
② 孙妍妍，顾小清，丰大程.面向学习者画像的评估工具设计：中小学生"学会学习"能力问卷构建与验证研究[J].华东师范大学学报（教育科学版），2019，37（6）：36-47.
③ 车文博.当代西方心理学新词典[M].长春：吉林人民出版社，2001：304.

即言语信息、智慧技能和认知策略。[①] 这三种能力与欧盟框架中认知维度的四个子维度形成对应。比如当学习一个菜品制作时，学习者需要获得这次菜品制作的信息，包括原料、初加工方式、烹调技法、烹调过程、成品特征等，这些信息有些以文字、图片、视频、教师示范、同伴操作等方式形成不同类型的符号。认知能力强的学习者在阅读学习材料、观察操作示范、自主操作实践的过程中，能不断地将这些信息与自己原有的关于其他菜品制作的知识进行比对，发现异同，并准确聚焦产生异同背后的原因，建立成品特征与原料、初加工方式、烹调技法的选择，与烹调过程的要领之间的关系，由此主动更新或者重构原有的认知结构。所以这类学习者的迁移能力范围广，且程度深。

第二个维度是情感。"学会学习"框架中的情感与非智力因素的内涵有一定的交集，特指伴随认知活动产生的对学习的好恶倾向与态度。同时，这种情感也会对认知活动产生促进或者阻碍的作用。情感好恶会导致人对对象注意的转移，意志和性格对人对事都有一个稳定的作用。在学习过程中，在观察、推理、思考、练习和实验过程中产生的这些情感，将成为一种推动、支持学习的巨大力量——学习的动力。[②] 除此之外，欧盟还注意到伴随认知过程产生的对自我的认知，以及积极地自我改变，也是影响学习的重要情感因素。而英国则将批判性的好奇心列入这个维度。中国学生发展核心素养框架中的"乐善好学"也属于情感维度，我们将其表述为学习态度、学习兴趣、学习习惯。其中"学习习惯"是其他国家和国际组织在"学会学习"能力框架中没有提及的，此处所说的"学习习惯"是指学生在学习动机下形成的主动学习意识与良好而自律的学习行为。由此可知，情感对学习活动具有准备、调节和强化等功能。

第三个维度是元认知，亦称"反省认知""后设认知"，指个人对自己

---

① 车文博.当代西方心理学新词典[M].长春：吉林人民出版社，2001：452.

② 林崇德.中国中学教学百科全书·教育卷[M].沈阳：沈阳出版社，1990：170.

认知历程的认知，它对学习活动起着反思、监控和调节等作用。这是 20 世纪 70 年代美国发展心理学家弗拉维尔提出的概念。从本质上来讲，元认知不是一种知识体系，而是一种活动过程。从学习心理的观点来看，元认知包括两种成分（或两个层面）：一是元认知知识。指个人对自己所学知识的明确了解；个人不但了解自己所学知识的性质与内容，而且也知道知识中所蕴含的意义及原理原则。二是元认知技能。指在求知活动中个人对自己行动适当监控的心路历程。换言之，元认知技能是认知之后的实践，是知之后自认确实能行。[①] 在各国和国际组织"学会学习"的评价维度中，元认知维度指的都是第二个层面，即元认知技能，是个人对自己认知活动的行为调控活动。这种调节活动通过两种基本过程得以实现，即监测和控制。前者指个体获知认知活动的进展、效果等信息的过程，后者指个体对认知活动作出计划、调整的过程。[②] 比如，学习者在学习菜品制作的过程中能将自己的制作手法、原料的配比情况，以及菜品最后的成品特征跟标准进行比对，并及时发现问题，分析成因，或者会主动地与其他学习者进行操作速度和效果的对比，发现问题后能及时调整操作方法和速度，并在学习结束后及时总结经验，形成方法。

（三）学习能力的培养

根据以上对"学会学习"内涵与评价维度的分析，我们认为提升职业院校学生"学会学习"能力意义重大。大部分职业院校学生都将成为技术链前端的一线员工，而技术链前端也是变化速度最快、最容易被新技术冲击甚至取代的岗位。当不断出现的"AI 换人"现象导致部分职业逐渐消亡后，职业教育深感危机。和终身学习联系在一起的"学会学习"能力可以让职业院校学生不断拓展职业边界、提升技术含金量，从而能从容面对不确定的未来和多样态职业，解决有可能到来的就业危机和职业发展危机。

---

① 车文博.当代西方心理学新词典[M].长春：吉林人民出版社，2001：304.
② 汪玲，郭德俊.元认知的本质与要素[J].心理学报，2000（4）：458-463.

如今，已有越来越多的职业院校意识到教学不止于知识和技能。为了避免职业院校学生毕业后无法直接上岗，需要企业花费大量的成本进行二次上岗培训，从而消解职业教育存在的意义，职业院校应开启紧密型、融合型校企合作之路，校企共同开发专业课程、共同进行"双师"教学、共建实训基地等措施，改变传统职业教育脱离企业、脱离市场、脱离社会的"悬浮"状态。但与此同时，另一种关于职业院校技能教学的误解也悄然产生，很多人似乎认为只要把所有新技术、新产品教给学生，就能避免职业院校学生快速被淘汰、社会认同度低、职业岗位低端等问题。事实上，虽然许多学校压缩文化课的时间，将其让位给专业训练，但专业课教师依然认为学生专业学习的时间不够。此外，尽管学生在专业课上学习了很多技能与产品生产，但当他们真正进入企业后依然出现无法适应、无法上岗的窘境。而越来越多的职业院校学生离开学校后从事的职业并非与曾经所学的专业相关，这也让学校在技能训练上花费大量时间的做法令人质疑。

造成这一矛盾的关键原因是教师对于技能学习的理解还停留在传统的学习观上，将学习局限在具体的、静态的知识和技能或者方法的范围内，只注重外显操作能力的提升，没有关注学习者内隐心智的发展。虽然有些教师采用了多样化的教学方式，但因为有这样一个局限的前提，而没有将隐含在知识、技能、方法背后的信息加工能力、在学习中建立正向积极的学习意识与情感导向能力和以自我为对象的反思学习，引入教学过程。正因如此，职业院校在进行教学改革、育人模式构建的过程中，要尤其关注职业院校学生内隐心智的发展，从而培养他们"学会学习"的能力。这可以从三个方面进行实践。

第一，将外部动力转化为内部学习驱动。有研究者通过调查发现大部分职业院校学生有多种学习动机，其中最主要的有六种：一是完善生活的动机，即为求得安稳的工作、富裕的生活而学习；二是社会交往的动机，希望通过学习增进人际交往，得到他人的认同与尊重；三是职业提高的动机，如为获得职业资格认证而学习；四是求知的动机，为满足求知欲、增长才干而学习；五是服务社会的动机，为了更好地助人和服务于社会；六是寻求社会刺激的动机，通过学习摆脱单调乏味的生活或令人不悦的环境。这六种动机只有求知动机是直接指向学习的内部动机，其他的主要是外部动机。这说明外部动机是职业院校学生学习的主导动机。虽然内部动机是激励学生学习的主因，但对职业院校学生来说，一味地强调内部动机或者激发内部动机，有可能造成学习的疲惫感、无助感和抵触情绪。所以职业院校可以采取迂回或间接的外部动机调动方式，将外部动机转化为内部动机。①

余姚市第四职业技术学校构建的基于工作室"四阶三导"设计人才培养模式，在学生学习的不同阶段采用不同的驱动方式，以此增强学生的学习动力。在"赛事工作坊"阶段，学生通过参与各类比赛提升技能水平。在这一阶段中，获得竞赛胜利成为激励学生不断练习的目标，教师则帮助学生树立信心，在学生碰到挫折时帮助其反思，不断进步，使他们逐步具备迅速解决技能类问题的能力。在"公益工作坊"阶段，学生深入参与各类志愿活动，时刻关注社会民生，在社会实践中获得社会的正面评价，建立价值感、成就感。在"精研工作坊"阶段，教师将严格学习行业标准、规范工作行为和习惯作为重点，并把国际先进理念和头脑风暴的学习方式教给学生，让学生看到职业前景。在"行业工作坊"阶段，学生从仿真操作进入真实接单，身份的转变、与成人社会的交往、对融入工作世界的渴望，成为激励他们认真完成设计方案的动力。"四阶三导"的设计人才培养模式充分调动了学生能接触到的所有外部资源，通过重构学习路径和学习内容的方式，将这些外部资源转化为激励学生不断追求新的目标、新的价值认同的内部动力。

此外，良好的学习环境也是形成学习动力的重要因素。嘉兴技师学院在进行基于双元企业学院的产教融合体建设过程中，与合作企业在校园内共同建立了企业学院，如与浙江瑞宏机器人有限公司合作建立瑞宏机器人

---

① 姚梅林，邓泽民，王泽荣.职业教育中学习心理规律的应用偏差[J].教育研究，2008（6）：59-65.

学院，与嘉兴市美丽家食品有限责任公司合作建立美丽家族烘焙学院，与中国网库集团公司合作建立产业互联网学院。这些学院的建立将企业文化融入校园。同时，为服务浙江中德（嘉兴）产业合作园的发展，学校在2016年与德国手工业行会开展"中德职教合作项目"，探索德国"双元制"模式的本土化实践，积极开展中德文化跨国交流活动，实现中西文化互动。校企文化融通给学生的学习带来新鲜的体验，进入企业学院学习也成为激励学生"看得见"的目标。同时，企业的管理方式、管理文化也让学生感受到劳动的价值、学习的价值，从而使他们形成较为持久的学习坚持力。

温州市轻工职业学校在校园中建设"十景一馆一基地"，打造职业文化育人环境。"十景"指校内十大文化景观。学校广场的"人"字雕塑，喻示顶天立地、踏实行千里的学校精神；"匠心亭"的对联"怀壮志怡园蕴巧匠，铸精工鹿履印天涯"，既彰显学校的办学志向，又表达对工匠精神的追求；行政楼墙面浮雕"武林门火烧劣质温州鞋"，讲述温州鞋历史，培植诚信、质量为本的理念；教学楼通道设计成"职场通道"，让通行其间的学生感悟职场素养和职业规划；"天工廊"寄寓学生实现能工巧匠的职业理想。校园内"鞋文化"主题景观星罗棋布，各含寓意，开阔学生认知，启迪学生思考，时刻陶冶着学生。"一馆"是学校鞋文化博物馆。藏馆介绍古今中外鞋知识，收藏了各个时期鞋品和师生优秀鞋作品，还介绍学校办学历史，展列师生发明专利等。"一基地"指学校与企业共享的系列校外鞋文化基地，如"红蜻蜓"鞋文化博物馆、"康奈"企业文化展示厅等。校外鞋文化基地具有鲜明的区域、产业和企业特色，能很好地补充学校文化建设的不足。此外，学校融合中国鞋都园区的"一都一镇"（中国鞋都、鞋艺小镇），与行业龙头企业康奈集团、鞋艺特色小镇建立产教融合体，营建职业学校与行业企业的"鱼水式"互动环境。这类可视化、形象化的环境也是有效增强学生学习动力的路径。

第二，重构学习方式，提升学生认知能力。认知能力的核心是信息加工能力，这是加涅运用现代信息论的观点提出的学习理论。他将学习的过程分为 8 个阶段，即动机、领会、获得、保持、回忆、概括、操作和反馈。各阶段设置对应的教学事件，即激活动机、告知学习者目的、指引注意、刺激回忆、提供学习指导、增强保持、促使学习的迁移、引出动作并提供反馈。[①] 无论是以文字符号为主的学习，还是以操作实践为主的学习，都可以运用基于信息加工理论的学习设计提升学习者的认知能力。同时，加涅也提出要依据不同的学习结果类型，创设不同的学习内部条件并安排相应的外部条件。这个观点也是加涅信息加工学习理论应用在教学设计中的出发点。

杭州市西湖职业高级中学在进行"塔形进阶式"人才培养模式的探索中，根据不同阶段学习者的学习目标与内容特征，设计不同的学习方式。比如熟手阶段的培养目标是技能熟手，要求学生能够熟练地、独立地完成规定任务，并能达到相关标准，所以采用的学习方式是以定向为目标的模仿式学习，并通过反复地纠错与优化，提升精准度和熟练度，帮助学生积累操作经验。而在以培养合格员工为目标的能手阶段，"体验—碰撞—复盘—改进"的螺旋上升的学习方式，帮助学生建立分析、研究、提炼等认知策略。而在培养具有双创意识的高阶研创阶段，学生通过假设、验证、优化、实践四个阶段训练心智能力，形成推理、反思等高阶认知能力。

除了进行学习方式的重构外，也有研究表明学生的学会学习能力与跨学科技能测试具有正相关性。[②] 因为在跨学科学习中，学生需要根据学习任务和目标，从不同学科中提取有效信息，进行比较、分析、整合，最终形成新的知识框架。在学习已经由学科导向的系统学习和碎片化学习向个人导向的系统学习转变的当下[③]，学习已经不再只是对教材内容的识记，更重

---

① 林小琴.加涅信息加工学习理论与教学设计[J].福建论坛（人文社会科学版），2010（S1）：100-101.

② 孙妍妍，顾小清，丰大程.面向学习者画像的评估工具设计：中小学生"学会学习"能力问卷构建与验证研究[J].华东师范大学学报（教育科学版），2019，37（6）：36-47.

③ 王竹立.新知识观：重塑面向智能时代的教与学[J].华东师范大学学报（教育科学版），2019，37（5）：38-55.

要的是个体知识的创生。从这个意义上来看，跨学科学习能够通过加强信息加工能力，有效提升学生的"学会学习"能力。

湖州市现代农业技术学校在园艺人才培养的过程中，将项目化教学模块与信息化元素结合，进行多学科跨界融合。主题式的项目学习既能促进学生对于课程的学习，又有助于其知识的整合和建构、拓展和加深。"知识"模块涵盖现行园艺园林专业课程体系中的植物识别与应用植物栽培与养护等课程的相关内容，使学生掌握相应花卉的植物学知识，在理论上"识花"。"技能"模块以园林园艺专业课程插花艺术为主要教学内容，涉及中式传统插花（以文人花道为主），同时增设植物贴花艺术等花材多元应用的相关技能实践，并以作品为销售对象开展营销教学，使学生掌握相应的花卉艺术化、商品化应用的操作技能，在技能上"玩花"。"素养"模块结合人文艺术课程古诗词鉴赏（文学类）、音乐美术等开展教学，使学生掌握相关的古诗词鉴赏、乐曲吟唱、绘画等，在情感上"赏花"。围绕共同的项目开展多学科学习的方式，有助于学生逐步形成完整的心理图式，自主建构关于花艺的知识。

杭州市旅游职业学校的全域旅游背景下中职复合型人才创新培养模式，也开拓了学习的边界，其以教学课堂、社会课堂、企业课堂为载体，在学创融合的过程中多元驱动学生的能力递进。学校依托旅游节事活动，开展"真情境、真环境、真岗位、真运作"的"四真"实践。学校创设节气主题活动真情境，将企业的生产（营销）实际案例转化为教学案例；还原实训真环境，校内构建中华花艺、南宋官窑等23个传统文化主题场所，与素业茶院等企业合作开辟7个教学车间；实施真岗位技能训练，学生与学徒双角色，提升职业能力递进式发展；推进真运作包岗轮学，将产品制作的新技术、创意设计新产品、商品营销新模式等引入课堂教学，将课堂教学、基地生产与社会实践相结合。通过三类课堂、四类实践培养学生在真实工作情境中知识的构建与整合能力，建立学生个体与工作团队的关系、团队与工作项目的关系、个体与外部世界的联系，从而使学生自主确定学习步骤与方案，并根据学习与工作目标进行调适。

第三，更新学习观，培养学生元认知能力。学习观是对学习活动本质属性的看法，它决定教师教学方式和学生学习方式的选用，并最终影响教学的效果和人才质量。[①] 在传统的学习观下，学生在教师的指导下进行有组织的学习，虽然有一定的合理性，但在整个学习过程中，学生被动地接受教育，学习是间接的认知。现代学习观认为学习不能单纯归结为对人类间接知识的认识过程，而应彰显学习的实践性、体验性、建构性和交往性等现代学习理念的特点。[②] 因此，虽然现在的教师都明白学生是学习的主体，但如果对"主体性"的认知仅停留在课堂中设计一些学习活动，那么这个理解未免过于肤浅。所谓的"主体性"，是指学生需要在学习中发展自我概念，构建自己与学习、工作、同伴、环境的关系，成为一个完善的人。正是在这个意义上，元认知能力的培养才应该成为教学革命的核心。这种能力包括预测结果的能力、向自己解释以改进理解的能力、记录理解上失败方面的能力、激活背景知识的能力、预先规划的能力以及分配时间和记忆的能力。[③] 我们可以通过帮助学生进行自我调控，使学生形成自主规划、自主反思的能力。

自我调控，也就是元认知监控，主体在进行认知活动的全过程中，根据元认知的知识、体验对认知活动进行积极的、及时的、自觉的监控、调节，以期达到预定目标的过程，它是元认知的核心。[④] 这也是一种元认知技能，一般由计划、监测、调整三个部分组成。

前文提及的西湖职高"塔形进阶式"人才培养模式和杭州市旅游职业学校的"四真"实践，都通过职业成长阶段重构学习方式，帮助学生在不同成

---

① 李召存.现代教学论视野中的学习观[J].中国教育学刊，2002（1）：29-31.
② 李如密，孙龙存.元学习能力培养：促使学生学会学习的关键——基于现代教学论视角的思考[J].课程·教材·教法，2007（6）：43-48.
③ 布兰斯福特，等.人是如何学习的——大脑、心理、经验及学校（扩展版）[M].程可拉，孙亚玲，王旭卿，译.上海：华东师范大学出版社，2018：17.
④ 王亚南.元认知的结构、功能与开发[J].南京师大学报（社会科学版），2004（1）：93-98.

长阶段树立不同的学习目标，将短期目标、中期目标和长期目标结合起来，让学生通过职业远景的制定树立理想，通过完成阶段目标获得价值，对完成近景目标的学生及时激励。学生在明确知识和技能有效性的前提下，在不同的学习情境中根据任务要求确定方案，在教学共同体的影响下适时调整学习节奏，优化工作与学习的方式。温州护士学校在基于"化验单"的学教机制改革中，学校的"课堂大脑"将学情诊断以"化验单"的形式呈现，以三向箭头为提示符号，简洁明了地呈现学情。学生根据"化验单"主动整理"病灶"，自主诊断问题因素，确定是知识、技能的识记、理解、迁移应用问题，还是个人的态度、思维和自制力方面的问题，从而制订有针对性、个性化、差异化的诊断改进计划。

因此，要提升学生元认知能力，教师就必须明确学习目标及其意义与价值，给予学生自主制订学习计划的机会，建立容错、改错的空间、时间与机制。

在梳理浙江省职业院校育人模式的过程中发现，不少学校已经意识到"学会学习"能力对于职业院校学生未来发展有重要作用，通过采用产教融合、校企合作的方法，打造真实的学习情境，尽可能地将学习与工作融合在一起。不少学校也开发了以"理实一体"理念为核心的项目课程，并在实践中积极推广。虽然学校在理念认识上已达成共识，但具体的教学行动仍需改进，尤其是对传统学习观和教学观的革命应该成为"十四五"期间职业院校"三教"改革的首要之举。

CHAPTER 4

| 第四章 |

技能变迁中的本土实践

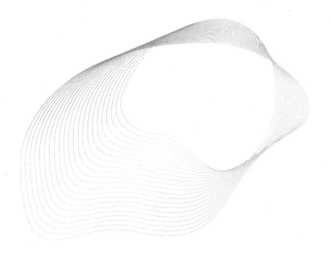

前述中，详细梳理了技能的内涵演变、发展历史，系统阐述了横向技能与纵向技能的概念、特征，本章将从政策线索、实践线索、纵横未来三条主线，结合浙江省职业教育的课改实践，深度剖析职业教育是如何在技能内涵的价值变迁中进行教育教学创新探索的。面向未来，职业教育的技术技能人才培养要进一步融合纵向技能与横向技能，同时，要把握改革的多元适应性、深化改革的科学性、完善改革的联动机制，探索构建面向不同时期、不同区域、不同对象的职业学校"纵横交错"技能人才的培养模式。

一、政策线索

历经数十年的高速发展，我国已初步建立起现代职业教育体系，为经济社会培育了一大批高素质的技术技能人才。系统梳理与归纳我国职业教育各段不同时期政策的发展脉络，深度剖析技术技能人才培养的价值诉求和底层逻辑，不难发现，职业教育关乎技能培养，历经了从知识本位到能力本位、关注个体发展的横向技能、走向未来的价值融合三大转变，不断推进我国职业教育技术技能人才培养的改革创新，也为进一步构建并完善具有中国特色的现代职业教育人才培养体系提供参考。

（一）关注技能：从知识本位向能力本位转变

新中国成立初期至改革开放（20世纪50年代至80年代），伴随着国民经济逐渐恢复与发展，各行各业建设急需一大批技能人才，职业教育发展定位在以服务于国民经济发展建设为导向。通过梳理 20 世纪 50 年代至 80 年代期间所颁布的职业教育政策文件，分析在这一时期中职业教育的发展特征，从中归纳技能人才的目标定位与培养模式，进而了解技能内涵的发展逻辑。

1951 年，教育部颁布《关于工业、农业、财经性质中等技术学校教学计划的指示》。1979 年，教育部颁布《全日制中等专业学校工作条例（征求意见稿）》。两份政策文件都明确要求职业教育教学要重点关注专业课程设置，注重教学工作的规范性与标准性，同时，要求职业教育理论课程占总课程的 60% 以上。在当时的背景下，中等专业学校着重培养一大批具备高中学历文化，掌握高中文化程度的基础文化知识与专业课理论知识的技能人才，进而服务国民经济发展建设。通过对以上政策进行梳理分析，发现当时职业教育在课程设置方面，呈现出明显的以学科知识为本位的价值取向：知识本位的课程体系主要以学科课程体系呈现为主，注重学习系统的学科理论知识，同时，强调传授学科知识，追求知识的内在逻辑与体系，彰显知识的系统性与完整性特征。

1986 年，由劳动人事部门制定，中央职称改革小组颁布的《技工学校教师职务试行条例》，明确技工学校教师主要职责是课程讲授、知识辅导、作业批改、成绩评定等方面内容，特别是在学生成绩评定方面，技工学校教师大多数采用笔试或口试方式，重点考查学生专业理论基础知识的学习情况。以上政策内容都呈现了明显的知识本位下职业教育课堂教学实施的特征，即一般以教师为中心，注重知识的传授，强调基础训练和系统理论教学。

1953 年，中央人民政府政务院颁布《关于加强高等学校与中等技术学校学生生产实习工作的决定》，明确指出生产实习教学方式是高等学校与中等技术学校实行理论与实践一体化教学的主要途径之一。1955 年，高等教育部颁布《关于中等技术学校毕业设计工作的指示》，明确中等技术学校学生的毕业设计在学校教师和企业导师共同指导下开展，学校教师要对学生毕业设计进行全面的讲解、指导及监督，企业导师则进行辅导及意见反馈。校企双方共同组织开展毕业设计相关的培训活动，并对毕业设计进行相应的评价考核。对于企业而言，它具有先进的设施设备、科学的制造生产工艺、雄厚的专业技术力量等优势，注重技能人才在专业技能方面的训练与指导。而对于学校而言，具有教育教学、管理方面的优势，注重技能人才在文化课程知识、专业基础理论知识等方面的讲授与指导。因此，从以上政策文件分析来看，知识本位的教育观体现在办学模式、校企共同培养技能人才的方方面面。

1954 年，中央人民政府政务院颁布《关于改进中等专业教育的决定》，强调中等专业教育的任务在于培养一大批中等专业干部，满足国家社会经济发展的需要。中等专业学校应按照新的教学计划及教学大纲进行教学，实行新的教学方法，提高中等专业干部的培养质量。因此，这一时期的中等职业教育，尽管较多地关注学生系统掌握专业理论基础知识，但也推动了技能实习实践，进而培养出一批掌握系统的文化课程知识和专业基础理论知识，同时具备较强的技能实操能力的技能人才。不难发现，虽然强调技能的实习实践的重要性，但仍将实习实践视为专业理论的学习延伸，学生掌握系统、扎实的专业理论基础知识是专业技能学习的前提，先知识后实训，知识重于实训是知识本位职业教育人才培养观的重要特征。

我国知识本位下职业教育的人才培养尽管还有一些不适应和亟待改进之处，但在新中国成立初期，为支持当时国民经济的恢复与发展，助力国内各行各业高速建设，培养了一大批技能人才，同时，也为日后我国顺利实施改革开放，提供了人才储备。

到了 20 世纪 90 年代至 21 世纪初，我国经济发展逐步向社会主义市场经济体制过渡，经济增长方式以集约型为主。这种转变给职业教育提出了新的要求：需培养一大批高素质的技能人才，支撑我国社会主义现代化建设。尤其进入 21 世纪，随着我国改革开放的深入，用工数量的急剧增加和用工结构的不断调整，相对固化的知识本位课程体系，逐渐无法满足社会对于技能人才动态化、多元化的需求。1991 年，国务院颁布《关于大力发展职业技术教育的决定》，明确指出在教学实施方面，增设实践教学环节，加大专业技能训练，在实践教学安排方面，要凸显知识的实用性和方法的灵活性。因此，伴随着我国改革开放的深入，技能人才培养质量日益提高，职业教育急需加强专业实践教学和技能训练，呈现出以能力本位为核心的发展趋势。

以能力本位为核心的职业教育起源于第二次世界大战期间的美国，于 20 世纪 90 年代引入我国。它是以胜任职业岗位为目标，以具备岗位能力为重点，根据职业岗位能力标准来适当调整专业规划设置、课程教学方法和技能训练内容的人才培养模式。

国家相关部门颁布的职业教育政策主张有效推动了能力本位理念指导下的职业教育改革实践。1995 年，教育部颁布《关于普通中等专业教育（不含中师）改革与发展的决定》，指出中等专业学校要拓宽多渠道多举措办学通道。大力兴办校办产业，产教结合，促进学校自我发展。1996 年，《中华人民共和国职业教育法》开始实施，积极鼓励各地知名企业、各类行业协会等社会主体共同参与职业教育办学，与职业学校共同开展技能人才培养、校内专业实训基地建设、校外生产实习基地建设、职业培训中心建设，开展联合办学。《中华人民共和国职业教育法》的实施标志着职业教育全面步入法治化轨道，职业学校依法与企业行业在人才培养中进行联系，产教融合培育人才的局面逐步形成。这一时期，我国职业教育大力推动学校与产业、企业、行业的多方联合培养技能人才模式。

1998 年，教育部颁布《面向二十一世纪深化职业教育教学改革的原则意见》，职业教育确立以能力为本位教学指导思想，重点培养一批面向 21 世纪符合我国现代化经济社会建设要求，具备综合职业能力和全面素质，能从事生产、服务、技术和管理一线工作的技术技能人才。同时，在办学模式、专业设置、教学内容等方面，从各地方和产业发展的实际情况出发，贯彻产教结合的原则，调整并深化职业教育教学改革，加强专业教学工作，努力提高职业教育办学质量。从中可以发现，能力本位的职业教育已开始实施，它主要面向某一行业常见或企业典型的岗位群的发展需要，以胜任岗位能力需要为目标，培养具备综合职业能力与全面素质，能从事服务、生产一线工作的技能人才。

1990 年，教育部颁布的《关于制定职业高级中学（三年制）教学计划的意见》指出：职业高级中学要以专业教育为中心，着重加强学生专业技能的培养。根据技能人才培养目标，专业课程需占总课时的 60%，实习课程需占总课时的 75%。职业学校课程设置以满足国民经济建设发展需要为目标导向，兼顾行业发展趋势，融合企业典型的岗位群胜任能力要求，科学调整专业课程内容，合理安排教学环节，凸显技能实践训练，进而实现以专业技能训练为中心的技能人才培养目标。1993 年，劳动部颁布《关于深化技工学校教育改革的决定》，强调以《国家职业技能标准》为基本依据，大力推动课程设置、教学内容、教学方法的改革，提高教学质量。专业理论课课程设置要适应操作技能培训的需要，教学内容以技能实际的应用知识为主，教学方法实施以启发式和直观式教学为主，而专业生产实习课程则突出基本技能训练，实行每生一岗或轮流在模拟装置上操作，同时，把学生的基本技术训练同直接参加生产密切结合起来，不断提高学生的实际操作技能。从上述政策的梳理中，发现能力本位职业教育要进一步融合企业典型的岗位能力培养需求，在课程设置方面，重点构建以突出职业技能训练特征为核心的专业理论课程和实习课程。专业基础理论知识以必须、够用为原则，实习课程知识则以培养学生掌握熟练的专业技能为原则，促使学生参与企业真实生产情景训练。

此外，教育部颁布的《关于普通中等专业教育（不含中师）改革与发展的决定》《面向二十一世纪深化职业教育教学改革的原则意见》等政策文件均有所规定：职业教育要秉承理论与实践相结合、教学与生产相结合的原则，加强专业实训、生产实习等专业实践教学环节，重点培养学生发现问题、分析问题、解决问题的能力。因此，能力本位下职业教育的教学实

施坚持理论联系实际原则，开展实践教学，注重情境教学，通过创设多样
化的真实企业生产场景，激发学习者内在的学习动机，将学习者带入与学
校传统教室截然不同的企业生产场景中。在面对真实企业生产管理活动中
出现的真实问题时，能够运用已学的教育经验和思维方式解决问题，进而
培养学习者的交流合作、问题解决、创新思维等应变能力。[①]

综上所述，能力本位教育理念给我国职业教育发展带来了培养目标、
教学方式、课程设置等方面突破并取得了系列成果，推动了技能人才培养
与岗位能力要求无缝衔接，初步形成以培养学生专业技能实践能力为核心
的技能人才培养体系，从而改变了我国职业教育以传授知识为中心、技能
操作能力弱的学科知识本位人才培养模式，在实践中逐步形成以能力为中
心，以技术技能人才为培养目标的新型模式。

尽管能力本位的教育教学改革解决了前一时期知识本位的许多问题，
但也遇到了一些挫折尤其是社会经济的高速发展，带来了产业结构和产业
形态的巨大变迁，能力本位的职业教育观也表现出许多不适应性。例如，
在教育教学上，由于过度强调"就业导向"的"专业性"，忽视学生成长成
才所必需的"通识性"和"基础性"，最终导致学生岗位迁移能力不足，可
持续发展能力低下。[②]在评价上，过于强调"技能"的达成度而忽视职业精
神、职业素养等隐性的要素。是故，学校技能人才培养与社会、行业、企
业对人才需求还存在一定的距离，群众对职业院校及其培养的学生评价和
认可度不高，职业教育对社会经济发展的贡献度没有充分展现出来，在一
定程度上也制约了我国职业教育的健康发展。

---

① 宋乐.能力本位教育视阈下我国职业教育育人模式探讨[J].中国职业技术教育，2019（31）：71-75，96.
② 宋乐.能力本位教育视阈下我国职业教育育人模式探讨[J].中国职业技术教育，2019（31）：71-75，96.

（二）超越纵深：关注个体发展的横向技能

回顾历史，职业教育起源于 18 世纪资本主义工业革命时期，是近代资本主义社会工业革命的孕育品。在工业革命发展时期，资本主义社会对物质的过度追求，使其急需大量的技术工人。当时工人阶级处于被统治地位，职业教育主要在于训练各类工人，培养一大批工人，成为资本家创造财富的工具，进而也直接推动了职业教育向规模化、体系化发展，进一步凸显了职业教育的经济功用。在工具立场指导下的职业教育随着近代工业革命发展迅速崛起，但也促使其工具化为简单的以服务社会发展为目的的技能训练和就业准备。这种情况在我国职业教育发展过程中也有所体现。

梳理我国在 20 世纪 90 年代到 21 世纪初期间颁布的各类政策文件，从中分析职业教育政策价值取向，可发现这些政策呈现出效率优先、兼顾公平的特征，体现了服务于国民经济社会发展需要的本质。如"职业教育为……服务""职业教育推动……发展"之类的政策文本表述屡见不鲜。这种将职业教育视为一种促进经济社会发展工具的思维占据主流，进而忽视了学习者的学习兴趣与学习需求，进一步凸显了工具本位的教育思想。[①] 此外，参与职业教育合作办学的主体普遍有功利化倾向。这些办学主体涉及地方政府、企业、行业、社会团体，还包含学校、教师、学生和学生家长。这些主体对职业教育的定位、目标、地位的看法形成了他们自身的职业教育观，从中不难看出，不同主体所处的视角与诉求不同，直接导致不同的职业教育价值观：各地方政府重点关注的是职业教育培养的技能人才是否满足区域产业经济发展需求；各类合作企业重点关注的是职业教育所培养的技能人才能否胜任各类岗位，能否满足企业日常运营需求，能否为企业带来经济效益；学校和教师重点关注的是所培养的学生在知识、技能、素养等方面能否正常发展；家长和学生重点关注的是通过进入职业学校学习

---

① 汪福秀，余秋菊，汪成.浅析试行现代学徒制的教育价值取向[J].新课程研究，2020（27）：83-85.

后，能否顺利就业。[①]

通过梳理参与职业教育办学的各类主体对职业教育的不同的利益诉求，不难看出，各类主体都非常注重职业教育的结果产出，即重点在于自身能获得什么结果，进而忽视了职业教育的过程实施。一方面，这正体现了一种带有功利性的职业教育价值观；另一方面，也进一步彰显了工具本位下职业教育的特征。

然而，教育本质是培养人的社会活动，人的发展是教育终极追求目标。在工具立场下的职业教育则把人当作社会经济发展的手段，单纯地注重技能训练和就业准备，丧失教育的本质属性。整个社会经济健康、持续地发展除了需要先进生产技术来支撑，更需要优秀的文化、精美的艺术等方面的支撑。在短期内，工具立场下职业教育通过培养一大批技能人才，助力国家各行各业建设，助推社会经济高速发展，然而从长期看，创新意识和职业能力的缺失，会导致整个社会系统的发展失调，甚至倒退。归根到底，工具立场职业教育是对一个国家人力资源的过度开发，单纯将人力资源作为创造财富的工具，一方面，也会给国家后期的发展带来隐患，进而阻碍社会经济可持续性发展的趋势；另一方面，也会降低人们生活的幸福感。

近年来，过多地强调职业教育的"职业"属性，较多地从技术或工具的角度来理解职业教育的功能，也在一定程度上使广大的学习者在实践中被异化为"局限于职业的、急功近利的甚至是工具性的人"。21世纪，职业教育担负着培养一大批高素质技能人才的重任，这是未来职业教育教学改革的重要使命，也为助力国家创建人力资源强国提供强有力支撑。从21世纪初至今，我国职业教育逐步重视学习者的学习成长需求，推动以服务社会经济发展为导向的工具思维向以注重学习者成长需求为导向的以人为本思

---

① 顾志飞.工具理性视域下的职业教育问题思考[J].开封文化艺术职业学院学报.2018，38（8）：166–168.

维转变，不断调整职业教育政策主张，推动职业教育向个性化、人本化与公平化发展。

2005年，国务院颁布了《关于大力发展职业教育的决定》，明确指出职业教育要大力推行产教融合、校企合作、工学结合的人才培养模式。2017年，国务院办公厅颁布《关于深化产教融合的若干意见》，强调要深化产教融合，全面促进教育链、人才链与产业链、创新链无缝衔接。2018年，教育部等六部门颁布《职业学校校企合作促进办法》，明确指出产教融合、校企合作是职业教育的基本办学模式，是办好职业教育的关键所在。2019年，国务院印发《国家职业教育改革实施方案》，明确指出，鼓励多元主体组建职业教育集团。促进企业需求融入人才培养环节，实施面向企业真实生产环境的任务式培养模式，实现校企育人"双重主体"。在此基础上，职业教育人才培养进一步关注校企双方的内在发展要求。同时，要求校企双方进一步总结现代学徒制改革的做法与经验，完善校企协同育人机制。因此，21世纪，人本立场职业教育在培养主体方面，倡导校企一体化协同培养，促其成为职业教育技能人才培养的主要模式，有效切合了技能人才培养的规律，也符合当前我国经济社会发展对技能人才提出的最新要求。

2008年，教育部印发《关于进一步深化中等职业教育教学改革的若干意见》，强调以人为本，正确处理好学生综合素质提高和职业能力培养的关系。关注学生职业生涯持续发展的实际需要，培养学生良好的职业道德，使学生掌握必要的文化知识和熟练的职业技能，实现德、智、体、美全面发展。2014年，教育部印发《关于开展现代学徒制试点工作的意见》，指出建立现代学徒制是全面实施素质教育，把提高专业技能和培养职业精神高度融合，培养学生社会责任感、创新思维、实践能力的重要举措。职业教育要推行招生与招工一体化，结合职业教育人才成长规律，培养一大批满足岗位能力要求的技能人才。从以上政策文件可以看出，人本立场职业教育在人才培养目标上，重点突出学生岗位综合能力的培养。

2000年，教育部印发《关于全面推进素质教育 深化中等职业教育教学改革的意见》，明确指出中等职业教育要全面贯彻党的教育方针，转变教育思想，培养与当前社会主义现代化建设要求相适应，德智体美全面发展，具有综合职业能力，能在生产、服务、技术和管理第一线工作的高素质劳动者和中初级专门人才。同时，要加强课程改革，构建适应经济建设、社会进步和个人发展需要的课程体系。教育部相继发布《国家中长期教育改革和发展规划纲要（2010—2020 年）》《关于加快发展现代职业教育的决定》《国家职业教育改革实施方案》等相关政策文件，明确指出，职业教育重点培养学生的专业技能、职业素养和就业创业等能力，进而满足社会经济对技能人才的要求。系统建立校企双元评价标准体系，将工匠精神、劳动教育、职业道德等要素融入技能人才培养的全过程，同时，引入 1+X 证书制度标准，进一步培养学生综合能力。从中可以看出，人本立场职业教育在课程内容方面，注重创新创业能力、沟通合作能力、问题解决能力等横向技能的培养。

另外，国务院颁布的《关于大力推进职业教育改革与发展的决定》《关于加快发展现代职业教育的决定》等相关政策文件，还进一步明确指出大力推动案例式教学、项目化教学、理实一体化教学、任务驱动式教学等新型教学模式改革实践。建立校企协同育人机制，通过签订合作协议书，明确双方职责，学校主要负责学生系统的专业知识学习，开展专业实习实训活动，培养学生基本的专业技能，企业负责学生真实的岗位实践活动，让学生实质性参与典型的企业项目实践活动，培养学生分析问题、解决问题等综合能力。因此，人本立场职业教育在教学改革方面，注重以实习实训、生产实践、技术服务为特征的情景化与职业化教学。

这一阶段，我国职业教育政策主张体现以人为本的职业教育人才培养特征，关注个人的全面发展，注重人的发展对整个社会带来的价值，是人本立场和社会本位的和谐统一。人本立场下职业教育凸显人的个性化发展，帮助人在工作、学习和生活中找到个人独有的价值，实现人的最高层次需求，而非站在职业的角度为了谋生。[①]此外，重点突出对"人"及其相关因素的研究，从关注学习者、研究学习者、理解学习者的视角，进一步探索职业院校学生的群体特点、能力特质以及学习习惯，深刻分析学习者的学习规律与技能形成规律，借鉴先进的职业教育理论，凸显专业技能训练，指导并推动"以人为中心"的职业教育技能人才培养模式改革的实践。

（三）纵横技能：走向未来的价值融合

新一轮的科技革命与社会变迁推动全球经济社会高速发展，也促使教育理念、内容以及方式发生根本性的转变。2015年11月，联合国教科文组织在巴黎发布了《教育2030行动框架》，指出教育要为人类提供所需的高质量教育和终身学习机会。同年，联合国教科文组织在《反思教育：向"全球共同利益"的理念转变？》一书中，提出维护和增强个人在他人和自然面前的尊严、能力和福祉是21世纪教育的根本宗旨。因此，教育的活动主体是人，要更多关注的是人的发展。未来经济社会高速发展及我们面临的挑战促使我们必须掌握全新的、不同于以往的技能来适应未来的就业岗位，同样，教育也应该适应社会经济的新变化与新需求，进一步推动在人才目标设立、教学方式变革、评价体系建立等方面的改革实践。

伴随着经济社会发展进入全新的发展时期，我国经济社会处于市场经济体制建设和现代化发展目标实现的重要阶段。经济发展方式逐步从单纯依靠资源和低成本劳动力等要素投入向创新驱动转变，促使我国职业教育技能人才培养定位由以社会为本位的培养理念向以人为本立场的全面发展理念转变，从中渗透终身教育理念；从单纯的职业培训、为企业输送急需的技术工人向人的全面发展教育目标转变。《中国教育现代化2030》指出，到21世纪中叶，我国教育整体水平与竞争力将处于世界领先地位，教育先进理念、教育创新思想及教育改革模式要成为世界典范。进一步明确了职

---

① 王思然.论职业本位与以人本位职业教育理念的对立[J].亚太教育，2015（30）：150.

业教育的现代化发展目标，即培养面向未来全面发展的人，以人为本，改变传统意义上的功利性学习观念、单纯技能培养的教育，赋予现代意义的全新终身学习理念、综合能力培养等方面内容。因此，职业教育现代化发展目标的实现，要立足于高质量的日常课堂教学改革和高规格的技能训练项目实践，不断更新教学内容，完善课程体系，创新教学方法，使学习者同时掌握精湛的专业操作技能与必备的创新创业、沟通合作、学会学习、问题解决等综合职业能力，这正是纵向技能与横向技能的有效融合，最终促使学习者成为未来满足人类活动需求的公民。[①]

　　党的十八大报告明确提出要"加快发展现代职业教育"。发展现代职业教育先要明确现代化的职业教育理念。现代化的职业教育理念应该是以人为本，重点关注人的全面发展，实现职业教育的价值、工具两种属性有机融合。2014 年，国务院印发《关于加快发展现代职业教育的决定》，明确指出健全"文化素质 + 职业技能"、单独招生、综合评价招生和技能拔尖人才免试等考试招生办法，为学生接受不同层次高等职业教育提供多种机会。政策中所涉及的"文化素质 + 职业技能"招生办法进一步诠释了以人为本职业教育现代化理念，其本质上是追求价值理性与工具理性的有机融合。

　　伴随着世界未来工作岗位不断更新迭代，社会生活节奏不断加快变化，现代职业教育在培养目标上，发生了深刻变化：培养学习者非认知能力远比知识和技能更为重要。其中，非认知能力包含内在动力、忍耐能力、自制能力、理解能力、社交能力和创新能力等方面，这些正是培养横向技能的关键要素。因此，现代职业教育发展要及时调整专业设置、课程内容、教学模式，将学习者的横向技能（创新创业能力、沟通交流能力等）培养与纵向技能（专业操作技能等）培养融为一体，并贯穿于职业教育的整个教育教学活动过程中，秉承"以人为中心"理念，培养一大批全面发展、综

---

① 唐智彬，欧阳河，任陈伟."以学习者为中心"：论职业教育现代化人才培养模式变革[J].职教论坛，2017（34）：14-19.

合能力强的技能人才，为全面实现职业教育现代化，为实现优质、包容、公平的现代职业教育奠定坚实的基础。[①]职业教育已逐渐发展成为整个社会终身学习的重要组成部分，同其他教育类型一样，也是实现人全面发展的方式和手段。

此外，职业教育可以将自然科学、工程科学、技术科学等多个领域有机融合起来，对学习者全面发展进行指导与学习。一方面，使学习者掌握纵向技能，掌握一技之长；另一方面，使学习者掌握横向技能，具备创新创业能力、学会学习能力、问题解决能力、沟通与合作能力等职业能力。因此，基于纵横交错的技能人才培养模式能有效满足现代人追求终身学习、持续发展的需求，也使现代人能更好地适应未来工作岗位与社会生活的变化与挑战。

二、实践线索

课程是实施人才培养的基本载体，承载了在不同时期发展背景下职业教育对"培养什么样的人"的现实追问和实践变革，同时，也是联结和推动现代学校教育体系中各要素变革与发展的重要纽带。课程改革是当前中等职业教育关注的重要话题，也是深化中等职业学校教育教学改革的关键。课程改革与实施的效果直接决定教育的效果和质量。不同时期的课程改革在技能人才培养的价值追求和培养目标等方面有着不同的侧重指向，也是对技能内涵和发展变迁的有力回应和实践诠释。

浙江省近 20 年中等职业教育课程改革的实践探索是我国中等职业教育课程改革的缩影：从 2006 年正式启动中等职业教育专业课程改革，到 2014 年实行中职学校选择性课程改革，再到 2021 年全面推行中高职一体化课程改革。回顾和梳理专业课程改革、选择性课程改革和中高职一体化课程改

---

① 唐智彬，欧阳河，任陈伟."以学习者为中心"：论职业教育现代化人才培养模式变革[J].职教论坛，2017（34）：14-19.

革这三种不同模式改革，可以发现它们呈现出一种螺旋式的递进上升关系。同时，从技能内涵发展分析来看，这三种不同模式改革清晰明了，技能培养的发展轨迹呈现出技能人才培养从立足纵向技能、关注横向技能到实现纵横交错的发展演进过程。经济社会不同的发展阶段，对技能人才的要求呈现出不同特点，浙江省始终坚持严谨、务实、创新的精神，通过聚焦不同阶段职业院校技能人才培养中面临的各类难点问题，从省域层面全面进行课程改革，以适应经济社会对技能人才培养的新要求。

（一）立足纵向技能培养的专业课程改革

1. 改革背景

21 世纪初期，随着我国加入世贸组织和全球产业结构的调整，我国面临严重的"技工荒"问题，这成为制约我国成为制造业大国的发展瓶颈。为加快培养同社会发展要求相适应的数以亿计的高素质技能人才，浙江省明确中等职业教育要以就业为导向的发展定位，将毕业生能否满足一线岗位要求作为人才培养质量的重要衡量标准，积极推进以社会需求为本位的课程改革。2006 年，浙江省政府召开全省职业教育工作会议并下发《关于大力推进职业教育改革与发展的意见》，将中等职业教育专业课程改革列为重要行动计划，以此为抓手推动中等职业教育内涵发展。此行动计划的设计实施，一方面，准确把握中等职业教育结构调整、规模恢复以来，社会、企业对于职业教育人才培养质量提升的客观要求，以中等职业教育课程改革为落脚点，夯实中国特色现代职业教育体系的质量之基；另一方面，结合当时长三角地区众多职业学校已经自主进行的课程改革实践，进行系统提炼、论证、完善和推广，形成区域规模效应，切实提升中等职业教育吸引力。同年，浙江省正式启动中等职业教育专业课程改革，首批选取数控技术应用、服装设计与工艺、汽车运用与维修、旅游服务与管理四个专业作为试点专业。2008 年，浙江省教育厅印发《全面推进中等职业教育课程改革指导意见》，全面启动专业课程改革。

这一阶段的课程改革侧重专业课程体系的重构，重点关注学生的核心技能培养，努力转变遵循学科知识体系进行专业知识技能传授的培养逻辑。核心技能是指以企业岗位典型的工作任务为载体，强调学生在完成岗位任务的过程中学习知识和实践技能，突出专业能力的培养，而纵向技能本身是学习者具备在不同情境下从事某种行业或某种专业的技能操作能力，即学习者进行产品生产或提供特定服务的本领。因此，核心技能与纵向技能在内涵本质上是一致的。加之，核心技能培养是在还原企业典型工作过程的基础上通过一定的程序提炼出来的。而纵向技能培养则通过理论与实践、工作与学习、学校与企业的深度融合，在情境化工作场所及真实任务中完成技能的积累和迁移，具有专业性、情境性、进阶性和熟练性的基本特征。从中可以看出，核心技能培养的过程实质上正是纵向技能培养的过程。

因此，应基于纵向技能培养的专业课程改革要求，根据各种典型工作任务开发相应的教学项目群，结合企业实际岗位的能力要求整合教学项目，形成课程教材，着力推动专业课程建设由聚焦专业知识系统化培养转向聚焦纵向技能的培养，彻底改变传统按照学科知识体系组织职业教育课程内容的情况，让学生在实际工作领域学习并掌握纵向技能，提高专业能力和就业优势，切实提升学生的岗位胜任能力。在课程实施方面，积极鼓励教师深入一线积累实践经验，吸引企业师傅驻校授课，融入独特、多元、丰富的企业师傅一线生产实践经验，让学生专业知识技能向纵深发展。

2. 面临的问题

这一阶段的课程改革着力破解当时大多数职业学校在推动专业课程建设中面临的三大难点问题：一是专业课的"学科知识本位"问题。原有专业课教育过分强调知识性和系统性，专业教材以学科知识逻辑为框架，体现为"建筑学"模式。学科知识本位下职业教育课程以"知识点"为中心，导致专业与产业相脱节，教学内容与职业标准相脱节，纵向技能培养得不到应有的重视。二是专业教材内容的"全""繁""难"问题。学生专业理论学习与纵向技能训练存在"两张皮"，专业理论学习内容脱离企业真实的生产实际，而核心技能训练往往被弱化。原有专业课程以"学科知识"为中心，在课程设置和教材内容的设计上注重全面系统，比较繁杂繁琐，并且普遍存在教学内容过深、过难等问题。三是课堂教学中的"普高化"问题。原有课堂教学基本上还是以知识传授为主导，教学方式以教师传授知识为主，学生学习索然无味。教学过程与生产过程相脱节，学生学习主动性普遍缺失，导致课堂教学效率低下，学生对岗位所需的纵向技能得不到有效掌握。这种知识本位课程的固有弊端，很大程度上导致学校技能人才培养质量低下，成为阻碍区域经济快速发展的瓶颈之一，再加上当时正值浙江全省出现"技工荒、技师荒"之际，使得这一矛盾越发突出。

3. 实施方略

基于对以上三大问题的分析，浙江省率先推出首批四个试点专业进行专业课程改革，整个改革实施主要分为三步：首先，系统分析并梳理当前国内外职业教育课程改革的最新研究成果，研究职业教育课程改革的未来发展趋势，形成重视纵向技能学习的专业课程改革方案的理论设计。构建既有类型又有层级的纵向技能内容体系。其次，组织课改专家、专业教师共同深入行业企业调研，紧紧围绕"教什么、怎么教、学什么、怎么学"等一系列职业教育本源性问题，广泛汲取行业协会代表、企业负责人、企业技术骨干等调查对象的意见。以纵向技能培养为专业课程改革主旨，建立专业所需的层级分明、项目呈现的纵向技能体系，优化并形成"公共课程＋核心课程＋教学项目"专业课程的新模式。最后，课程改革的成果能否有效地服务于技能人才质量的提升，直接取决于教师团队的课程实施质量。在省域层面探索并建立教师开展教法改革、教学评价等专题培训机制，同时，引入优秀企业导师团队，让企业技术人员、行业协会代表走进"课堂"，实质性参与教学实施的整个过程，给予实践操作指导，进而解决工学脱节的问题。

建立以核心（纵向）技能为本位的专业课程体系的关键是提炼企业典型的就业岗位的技能点。可以从两个方面考虑：一是校企深度参与，系统深入地分析本专业所对应的预期就业岗位方向与要求，以及该岗位对应的纵向技能的结构与要素，根据纵向技能培养需求，每个专业设置若干门专业核心课程，保证学校所学与企业岗位所用的精准对接；二是依托企业典型的生产过程或工作任务，明确实际操作技能要领，有机融入理论知识、实践知识、拓展性知识等知识要点，编制教学项目，形成课程，并构建科学、完整的专业课程体系。

在具体实施路径层面，基于纵向技能培养的专业课程改革实施主要有以下几个阶段（见图4–1）：每个专业成立一个课题组。课题组开展对相关专业（企业、行业）大规模的实地调研，对企业、行业和专业发展进行梳理和评估；运用头脑风暴法，召集行业企业专家、教学专家和一线教师进行集体讨论，最大限度地梳理与概括工作岗位的纵向技能；课题组根据各个专业毕业生的预期工作岗位所需要的专业核心技能来重新组织课程资源，确定专业的"核心课程"和"教学项目"，同时，组织编写与专业相配套的课程标准，最终形成"浙江省中等职业学校 ×× 专业教学指导方案"。此外，课程改革整个过程并非一个"单向流转"过程，而是一个不断论证、不断修正、不断完善的过程。

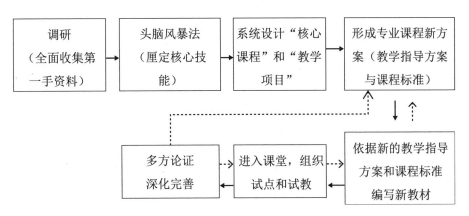

图4–1 浙江省中职专业课程改革实施路径

由于纵向技能培养的专业课程改革在理念、形式和方法上都与传统的注重知识的学科课程有很大不同，新模式下教学缺乏参照的样本。为了专业课改能真正落地，浙江省通过培训、评比、教研活动和基地学校实验等多种路径探索与课改理念相一致的教学模式。

以课改为主题的师资培训及时跟进，将其纳入浙江省教育厅师资培训规划和专项培训计划。为了使新课改能真正落实到课堂活动中，定期开展以全省职业教育教研员及职业学校骨干教师为对象的各类课改培训活动。培训主题涉及课程内容的新知识、新技术、新工艺，以点带面，指导更多的教师及时掌握适应新课程的课堂形式、教学方法和学生评价方式，提高新教材的应用能力等。2008 年至 2013 年期间，全省针对课改专业骨干教师的培训达到近万人次。

推进教研赋能、选优示范。浙江省职教教研部门及时开展一系列旨在推进课改的教研活动，包括专题论坛、研讨会、优秀教学设计和教案评比、说课比赛等活动。通过竞赛遴选一批高质量、高规格的优秀作品，并编辑成册，免费发放给一线教师，供他们学习、参考。2008 年至 2013 年期间，浙江省已召开以课改为主题的论坛、研讨会 160 余次，参与相关比赛 2000 多人次。

遴选专业课改省级基地学校。为了更好地探索新模式改革的做法与经验，在课改初期，浙江省教育厅牵头并主导，面向全省职业学校，优先从国家级、省级重点职业学校中，遴选 55 所办学水平高、行业背景好、专业特色明显的中等职业学校，授予"浙江省中等职业教育专业课程改革基地学校"，全面支持、鼓励这些基地学校率先进行课程改革试点工作。① 专业课程改革基地学校在发现课改问题、探索课改经验、示范教学方式以及营造课改氛围等方面发挥了很大的作用，产生了很好的影响。

---

① 于志晶，程江平，荣国丞.浙江中职课改：省域推动的实践逻辑[J].职业技术教育.2014，35（36）：10-20.

4. 改革成效

为了及时了解并掌握课改实施的实际效果，浙江省教育厅委托浙江金融职业技术学院高等教育研究所作为第三方，对全省专业课程改革实践成效进行全面调研与结果反馈。累计发放问卷9190份，回收有效问卷8344份，同时，组织实地座谈会8次，参与座谈的专业课教师、学生共计107人。从数据分析结果来看：

课改有效促进了教师教学理念的提升和专业发展。在被调查的教师中，有24.6%的教师认为专业课改让教学理念的变化很大，63.0%的教师认为有所变化（见表4-1）。同时，有24.1%的教师认为课改对专业发展促进很大，62.6%的教师选择了"有所促进"（见图4-2）。

表 4-1　教学理念的变化程度

单位：%

类别	变化很大	有所变化	基本没有变化	没有变化
教师	24.6	63.0	9.5	2.9
教学副校长	23.7	60.9	14.2	1.2

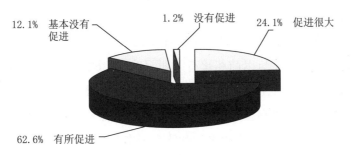

图 4-2　课程改革对专业发展的促进程度

课改大幅提升了学生的学习兴趣。从被调查的学生看，入学时，有近50%的学生不知道为什么选择就读专业，经过一年的专业学习后，25.1%的学生喜欢自己的专业，44.7%学生比较喜欢自己的专业（见图4-3），18.8%的教师认为自己的学生十分喜欢新的课程，57.3%的教师认为学生喜欢新的课程（见图4-4）。这说明课改对提升专业学习兴趣有积极影响。

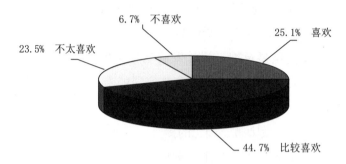

图4-3 学生对所学专业的喜欢程度

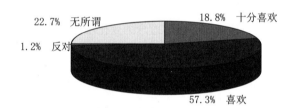

图4-4 学生对新课程的喜欢程度

课改有效优化了育人环境。有13.6%的教师认为课程改革之后自己所教班级的班风、学风与以前相比有了明显改进，62.3%的教师认为与以前相比"有所改进"（见图4-5）。有超过80%的教学校长认为，课程改革对自己所在学校的校风和校园文化建设促进很大或有所促进，86.9%教学校长认为课程改革对学校的学生管理和德育工作有促进作用（见图表4-2）。

表4-2 课程改革对学生管理、德育工作
和对校风、校园文化建设的促进程度

单位：%

类别	促进很大	有所促进	基本没有促进	没有促进
对学生管理、德育工作	10.1	76.8	13.1	0
对校风、校园文化建设	14.5	76.8	8.7	0

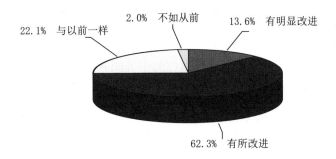

图 4-5　课程改革对班风、学风的改进程度

注重纵向技能培养的专业课程改革虽然是针对课程的改革，但却引起了正向的多米诺骨牌效应。如在推动课程改革实践中，一批专业骨干教师迅速成长，通过参与市场调研、教学指导方案制订、教材编写和课堂实施等环节，大大提高了科研能力、专业技能和教学水平，不少教师因此成长为特级教师和专业领域的专家。同时，在全国范围内也产生了较大影响。截至 2021 年，浙江省中等职业教育专业课程改革已启动 8 个批次 51 个专业的课程改革工作，出版教材 221 本，其中 62 本被列为国家规划教材，23本被列为国家改革示范教材，研究成果荣获首届国家级教学成果二等奖。据出版浙江省课改教材的高等教育出版社、机械工业出版社和北京师范大学出版社 2014 年 2 月底的统计，全国已有 21 个省（市）使用浙江省课改教材。浙江省教育行政部门与行业协会和一些专业教学委员会联合举办了全国数控、物流、汽修和电子电工等 4 个专业的课程改革论坛，吸引了 20多个省（市）同行同业前来取经交流。

5. 改革突破

在改革创新层面，基于纵向技能培养的中等职业教育专业课程改革实现了三个方面的突破。

一是建立了以"纵向技能"为本位的职业教育课程新定位。在某种意义上也是职业教育"类型"课程建设新价值取向的尝试。以纵向技能培养为本位的专业课程改革充分借鉴国外"模块课程"建设的新经验，较为彻底地打破"学科中心"论，使专业课程更切合职业教育的实际和技能人才培养的需求。

二是建立了以"纵向技能"为本位的中等职业教育专业课程体系。专业课程体系设置以纵向技能培养为核心，最大限度地落实"应知"和"应会"的要求，从根本上解决原有教材偏难、偏繁的问题。围绕纵向技能培养的要求，对原有专业课程内容进行了大幅度的删改，尤其强调用"跨学科"方法整合教学内容，将工作任务的构成要素进行分解并转化为可付诸教学实践的教学项目。从根本上解决原有教材内容偏多等问题，不仅明显减少学科门类、切实减轻学生学业负担，而且强化课程内容的有机联系，显示以解决问题为取向的"模块化"课程特征。

三是建立了以纵向技能为本位的中等职业教育教材开发模式。创新专业教材呈示方式，设计"教学项目"作为新教材载体，融入"理实一体""工学交替"等职业教育优秀理念，借鉴国外"项目教学法"的思路与做法，提出"教学项目"这一新的教学载体。教学项目以"理实一体"为理念，通过还原企业典型生产过程，科学整理可供学生动手操作并加以系统设计的"教学项目"，从而使中职学生"做中学"这一新的教学方式成为现实。它与"项目教学法"有所区别：一是"项目教学"是一种教学方式，而"教学项目"则作为专业课程的主要内容，是教材内容的组织呈现形式；二是"项目教学法"的项目在很大程度上是根据内容随机采用的，而"教学项目"是围绕纵向技能培养系统设计的。

（二）关注横向技能培养的选择性课程改革

1. 改革背景

基于社会本位的中等职业教育课程体系在一定阶段内，有效解决了学用脱节的问题，缓解了"技工荒"。但是由于过于强调初次就业岗位技能的精准习得，忽视了学生终身发展的内在需要，将职业教育视为一种社会工具，单纯满足于实现职业教育的社会经济价值，却淡化了职业教育的育人功能。尤其是中等职业学校毕业生在完成初次就业之后，因综合素质、发展能力有限，为适应产业升级要求或满足个人发展需求进行再次择业的能力不强，影响了学生的终身发展。此外，无论是知识本位，还是社会本位，均将课程所需传递的知识技能作为静态、客观的元素对待，然后由学校按照学科体系或企业需求对这些元素进行不同的组织和实施，以实现简洁、快速的传递，导致课程建设忽视学生的主观能动性和个性化发展需求，脱离了学生的生活状态和发展需求，也就失去了教育意义。

伴随着工业4.0、中国制造2025时代的来临，产业转型升级急需一大批适应产业变革需要的多层次的复合型技能人才。同时，随着时代的发展和生活水平的提高，人民群众对接受高层次教育产生了强烈的需求，但原有的专业课程模式，强调专业操作技能的学习而忽视复合型技能人才的培养，注重学生纵向技能的培养而较少考虑兴趣、才能以及综合素质的发展，愈发降低中等职业教育的吸引力。职业教育亟须由满足社会、企业需求转向更加关注学生个体的发展。

以生为本，关注学生发展的课程改革理念逐步进入职业教育领域。在学习者视角下，关注横向技能培养的课程改革实践开始探索。横向技能并不是指某一类具体的技能或知识，而是针对信息时代工作世界中每一个工作领域都需要的一系列重要的技能。它有效体现了以生为本教育理念，强调学生综合素养的培养，即重点关注学习者的沟通合作能力、问题解决能力、创新创业能力、学会学习能力的培养。

基于此，在产业转型升级对技能人才的培养需求与当时职业院校无法满足需求之间存在巨大矛盾的背景下，浙江省及时作出反应，在上一轮专业课程改革的基础上，启动了关注横向技能培养的选择性课程改革。2014年，浙江省教育厅正式印发《浙江省中等职业教育选择性课程改革方案》，首批选拔省内35所中职学校为试点，逐步向全省所有中职学校推进。

2.面临的问题

在这一时期，浙江省中等职业教育选择性课程改革主要聚焦以学生为本位的技能人才的培养过程中面临的三大难点问题：一是课程逻辑起点凸显社会重视专业技能的倾向。基于"供给"理念设置的中职教育课程，更多地关注社会的需要和学校所能提供的教育资源，甚少关注"需求方"（学生）作为受教育者的主体需求，缺乏关注"需求方"（学生）的综合素养提升，即缺乏关注学生的横向技能培养，产生"学非所爱、学非所长"的现象，导致学生学习兴趣和学习效率低下，多样化发展受阻。二是课程体系存在过于统一化问题。专业课程改革以就业为导向，聚焦专业核心课程的标准化建设，建立在"标准化"基础上的中职育人机制，易导致培养目标单一、培养内容统一、培养方法划一等"同一性"教育现象。但中职学生的成长在专业与专业、就业与升学的选择上存在"不确定性"，教育需求和教育机制间存在不对应的矛盾，无法满足学生除了单纯的纵向技能以外横向技能的学习需求。一条道走到底的单一化的成长通道并不适宜技能人才培养，也给工学结合、现代学徒制等实施造成了极大的困扰。三是新的课程改革推进存在条件性不足。中职学生的多样化发展存在"条件性不足"，作为"需求方"的学生在长期被动式教育模式下缺乏"选择"的意识和能力，作为"供给方"的社会和学校缺乏足够可供"选择"的场地、师资和课程资源。学生的横向技能培养实施缺乏一些必要条件。此外，开设大量选修课程还会出现课程建设碎片化、课程实施无序化等"衍生性问题"。

3. 实施方略

浙江省中职选择性课程改革将"选择性教育思想"引入中职课程改革，核心思想是让每个学生找到适合自己的成长道路，重点关注学生的横向技能培养，赋予学生充分的选择权，为学生提供专业体验，注重学生综合素养提升，服务终身发展需求。在"选择性教育思想"指导下的课程目标设置紧紧围绕学生的学习和生活，通过不同的课程设置搭建不同的成长途径，为学生未来工作和生活提供选择。选择性课程改革进一步明确，为学生提供升学和就业两条可供选择的途径，并支持切换。通过推动公共必修课程和专业必修课程的融合改造，扩大限定选修课程和自由选修课程的资源供给，为学生就业发展或升学发展提供充分的课程支撑。

在具体实施层面，科学设计"政府行政主导、科研机构顶层设计、试点学校探索先行、区域典型示范、广大学校响应实践"的推进路径，通过省级课改方案引领，区域及学校试点方案上报、评估、反馈、改进的试行机制，全面构建以选择性教育理念为指导、以多样化选择为基础、以课程体系建设为主要内容、以机制建设为保障的可复制、可推广的中职选择性课程改革实践模式。

构建具有中等职业教育特点的"选择性教育"实践模式。"选择性教育"秉持"适合的教育是最好的教育"的理念，充分诠释让学生在活动中发现、在体验中选择、在选择中学习与成长的教育模式，并贯彻于中职课程改革的始终。"选择性教育思想"认为教育是一种权利，要让学生有选择的权利；认为教育是一种手段，要让学生学会选择；认为教育是一种目的，要让学生在选择中实现人生出彩。

构建多次选择、多种选择的选择机制，赋予学生"方向性"选择权。就业与升学是中等职业学校毕业生面临的两种基本选择，体现了中等职业教育两种培养理念。其中，以就业为导向的中等职业教育强调对学生纵向技能的培养，以适应和服务社会发展需求，彰显中等职业教育的社会价值。而以升学为导向的中等职业教育重点关注学生的综合素养的提升，强调对学生横向技能的培养，尊重和助推学生多元发展，体现中等职业教育的育人价值。本质上，这两种价值取向并不冲突，只是需要学校为学生提供合适教育的机制，以及在发现不适合时进行再选择的机会和权利。因此，围绕学生在就业或升学、专业类型或专业方向等方面选择，要求学校为学生提供不少于两次的选择机会，确保让学生找到符合自己兴趣、学得一技之长的专业或专业方向，根据学习情况，最终学生可以选择直接就业或继续升学，真正找到一条适合自己特点、具有发展前景的成功道路。

构建多样化的中职选择性课程体系，赋予学生"内容性"选择权。在坚持国家课程标准的前提下，将中职的课程重新进行整合，提出"必修＋选修""公共基础＋专业核心＋专业方向＋综合素养"的课程框架。其中，公共基础课程符合教育部开齐开足开好的要求。专业核心课程注重专业基础理论与纵向技能的掌握。限定选修的课程科目，强调专业的广度和深度，保证学生职业学习的丰富性和个性化。自由选修课程在于培养学生横向技能，提高学生综合素养。整个课程体系紧紧围绕增加学生的选择性，大幅提高选修模块比例的（不少于 50%）原则。①

　　构建课程改革的推进路径与保障机制（见图 4-6），确保课改落到实处。在课程改革的推进过程中，充分重视"上下联动"，建立区域及学校方案上报、评估、反馈、改进、实施、评估的"循环评估机制"，课改示范校、课改试验区的"示范机制"，专家参与、全程跟踪的"联络员制"和省内选课统筹规划的"平台管理制"等制度。在教学管理上，大胆尝试"走班制、长短学期制、长短课制、弹性学制"等教学组织形式和管理制度，鼓励大班与小班有机组合，长课与短课有机组合，理论课与实践实训课有机组合，为"选择"落地提供保障。建立职业体验中心，全面实施职业体验周、学生"成长导师制"。在评价体系上，全面实施"学分制"，构建一种具有个性化的评价体系。

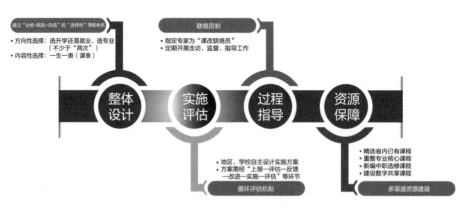

图 4-6　中职"选择性课程"改革的推进路径

---

① 俞佳飞.省域层面中职专业选择性课改指导性实施方案的解读与思考——以浙江省为例[J].职业技术教育，2019，40（8）：36-39.

4. 改革成效

在实践成效层面，关注横向技能培养的浙江省中职选择性课程改革在师生反馈、资源建设等方面，都取得了显著成效。

根据浙江省委教育工作委员会、浙江省教育厅 2016 年发布的《浙江省中等职业学校课程改革督查情况》，在随机抽查的浙江省的 65 所中等职业学校中，91.5% 的学生和 95.8% 的教师认同课改理念，选择性教育理念深入人心。学生成为课改的直接受益者。职业体验让学生明晰了发展方向，他们不再被动接受课程的学习，"专业+课程+教师"的多重选择大大激发了学生的学习动力，学生学习积极性、课堂参与和精神面貌发生明显变化，流生率大大降低，仅 1.3% 的毕业生对母校表示不满。许多学生在初次盲目地选择专业后，通过及时更换专业、重新选择课程学习，回到了适合他们的发展轨道。一些学校的优质课程在选课刚开始就被学生"秒杀"，浙江的中职学校选课经常上演激烈的"抢课"大戏。教师专业能力和整体素质得到极大提升。教师及其课程成为学生"挑选"的对象，"倒逼"教师在教学内容与教学方式上进行不断改进与创新，大大提升了课堂教学能力。将课程的开发权下放至学校乃至教师，教师在完成专业课讲授的同时，根据自身特长开设选修课，使有能力的教师拥有更为广阔的舞台。

资源建设方面，省级层面开发"浙江省职教资源网"，截至 2018 年，组织开发 21 个专业大类、100 多门专业课程的数字化配套资源，从中职学校中评选出 362 本省级优秀校本教材并开发成数字化资源，从普通高中精品选修课程中遴选出适合职业学校使用的近 300 门课程，28 所省职教数字化资源建设示范学校共建成素材资源 2 万余个、核心网络课程 90 余门、教学改革案例资源 400 余个，全部放在资源网上供全省职业学校免费选修选用。截至 2018 年，浙江省职业教育资源网的资源总量已达 387GB，总浏览量达 866 万人次，总下载量达 13 万次。组织并鼓励课程改革优秀团队在中国大学慕课平台中开设专业及选修课程，目前由省内专业骨干教师团队开发的课程涵盖了电子电工、计算机网络、数字媒体、电子商务、文秘等多个专业领域，仅"计算机网络基础"一门课程的省内学生注册学习人次便达到了上千人。全省中职学校共计开发选修课程 15049 门，实际已开设 11338 门，校均开发选修课程达 66 门；共计开发校本教材 3634 本，每所学校平均开发校本教材 16 本，为专业选修课和专业技能方向课程的开设提供了充足的课程资源。

在省域的推广层面，浙江省中职选择性课程改革模式于 2014 年被省教育厅采纳，并在全省全面推广。截至 2018 年，已实现省市校三级联动，学校、专业和学生三个 100% 的课改参与度。全省 227 所教育局主管的中职学校中，限定选修课每周课时在 10 节以上的学校有 191 所，任意选修课每周课时在 6 节以上的学校有 150 所。省级层面制订完成 24 个"浙江省中等职业学校 ×× 专业选择性课程指导性实施方案"，为全省选择性课改的深化推进提供参照样本。所有中职学校按照职业能力、岗位要求对专业课程体系进行重新论证，以核心素养培养来考虑课程模块之间的关联关系，从制度创建到操作路径进行一体化设计，制订较为合理的专业教学指导方案和学校人才培养方案。201 所学校实施了学分制管理，109 所学校实施了弹性学制管理，218 所学校实行了走班制选课。宁波、嘉兴、湖州等多个地市建成了市级职业教育体验中心；中职学校纷纷设计"专业体验包"课程，编制指导手册，录制专业介绍微视频，组织学生参观实训室和企业车间，听专家讲座，与行业专家和企业骨干面对面交流等，使学生了解专业要求、企业发展、职业场景及工作岗位要求。与此同时，各中职学校建立成长导师管理服务中心、心理健康指导中心、生涯规划指导中心等机构，为学生成长提供个性化服务。

促进了中等职业教育领域的多方面变革。课程资源从"盲目自建"走向"共建共享"；在学分制的推动下线上线下混合学习等教学模式在中职学校进行了有效探索；课程改革加快了学校的数字化校园建设，促进学校积极探索"互联网 +"管理模式，网络选课平台、信息公告、二维码 / 人脸识别考勤等信息化教学管理手段得到广泛应用，截至 2018 年，使用省级及学校自主开发的选课管理平台的学校分别达到77所和92所。

5.改革突破

在改革创新层面，关注横向技能培养的浙江省中职选择性课程改革实现了三个方面的突破。

以"适合教育"理念为指引，注重横向技能的培养，形成了中职选择性课程改革模式。围绕学生横向技能培养，创新提出"让学生在活动中发现，在体验中选择，在选择中学习与成长"的育人模式。同时，赋予学生更多的学习选择权，包括"方向性选择权"和"内容性选择权"，赋予学校和教师更多的课程设置权和课程开发权。基于课程建设的"供给侧结构性改革"，为多样化的中等职业教育提供可行的实施模式。

构建适合横向技能培养的"必修课＋限选课＋自选课"的多样化课程体系。实行多学期制、长短学制、走班制选课、学分制、弹性学制，为选择机制的落地提供保障。采用信息化手段解决选择过程中的资源不足、管理繁复等问题。省级层面开发选课管理平台，供省内中职学校免费试用，并提供端口与学校自主开发的选课平台无缝对接，解决选课后出现的人工管理课程繁复、混乱的问题。建设"浙江省职业教育资源网"，将已有课程资源进行二度开发，转化为网络课程、技能微视频和在线实训项目；从普高精品选修课程中遴选出适合职业学校使用的课程；向中职学校、高校和企业广泛征集，开发选修课程资源，放在资源网上供全省职业学校选修课程选用。鼓励学校在中国大学慕课平台等在线课程网站开设或遴选优秀网络课程，对校外选修课程的学习采用不同的质量评价方式，实现最优化利用现有资源，避免陷入盲目自建课程资源的误区。

建设具有充分"自主性"的教育机制，为学生横向技能学习发展提供制度保障。打破学校一直以来的人才培养单一化的模式，根据技能人才培养及人才多样化成长的特点，构建多次选择、多种选择的选择机制，使学生可选择直接就业或继续升学，选专业、选专业方向、选学制、选课程、选教师。采用政策驱动与问题导向、顶层设计与上下联动、试点探索与全面推进，突破"单兵突进"式的封闭性改革，实施系统性、整体性和协同性推进，关注横向技能培养的浙江省中职选择性课程改革成为省级统筹下的省市校联动的深层次课程改革，成为全省深化教育领域综合改革的重要一环。

（三）走向技能融合的中高一体化课程改革

1. 改革背景

伴随着改革开放的不断深入，当前我国经济正处于产业结构调整、增长新动力加速孕育、创新转型升级的关键阶段，技能人才缺口大，无疑会是各行各业持续发展的挑战。此阶段经济的增长和产业的转型升级更多依赖于技术创新、高质量人力资本等投入的提升。加之，以"云""物""移""智"为代表的一系列前沿新技术不断赋能各行各业的生产组织方式，也带来了技能人才成长路径的变化：一是技能人才需要周期性培育。高精生产设备的操作与维护环节更为复杂，工艺流程的设计与改善也进一步推动操作流程、动作精度的改变，无形中通过延长学习时间来掌握操作生产设备的技能。二是技能人才需要动态化培育。当前技能人才面临各类技术更新带来的生产设备、工艺流程、组织方式等方面的不断变化，需要通过及时更新技术知识保持产业行业所需要的生产能力。三是技能人才需要全面化培育。要实现技能人才体面就业、体面工作，一方面要实现技能型人才技能方面的终身发展，另一方面要实现技能型人才文化的再次发展。

反馈到就业领域，近十年来，青年就业群体的受教育水平不断提升，企业对就业者的技能水平和综合素质要求不断升级。同时，人民群众对学历和技能"双提升"的美好期望，也未得到充分满足。为了更好适应社会经济发展需求，职业教育领域进行着积极的调整。2019 年，国家印发《国家职业教育改革实施方案》，明确指出扩大中高职贯通培养的招生规模。重点推动职业教育体系内的中高职贯通人才培养，切实提升高素质技术技能人才的一体化培养效能，着力构建中国特色现代职业教育体系。2021 年 4

月，全国职业教育大会创造性提出建设技能型社会的理念和战略。2022 年 4 月，十三届全国人大常委会第三十四次会议表决通过了新修订的《中华人民共和国职业教育法》，并于 5 月 1 日起施行。新法明确提出了"建设教育强国、人力资源强国和技能型社会"的愿景。从 2019 年《国家职业教育改革实施方案》明确职业教育为类型教育的地位到如今提出建设技能型社会的远景目标，不难发现，国家将职业教育高质量发展的重视程度提到了前所未有的高度，立足点也从教育体系内部转为国家社会经济发展。构建技能型社会，旨在切实增强职业教育适应性，真正实现职业教育与经济发展命脉紧紧相融。在技能型社会下，职业教育更应聚焦于人的全面发展，进一步呈现出终身性、发展性等特点，实现人的全生命周期贯通与普惠性人力资本提升。

根据国家要求和社会需求，浙江省于 2019 年将原有"3+2"中高职衔接培养模式转化为中高职一体化培养模式，总结近二十年课程改革实践经验，启动中高职一体化课程改革，逐渐从局部试点走向整体推进，一体化建设进入了规模扩大和内涵提升的关键阶段。[①]2021 年 6 月，浙江省教育厅印发《浙江省中高职一体化课程改革方案》，全面启动了中高职一体化课程改革。

2. 面临的问题

总结分析已经开展的"3+2""3+3"等多种形式的中高职衔接培养实践，基于纵向技能与横向技能相融合的中高职一体化课程改革需要重点解决以下问题。

一是对高素质技术技能人才培养规格认识模糊。一方面，对职业教育的类型特征有误解，过于强调职业教育的职业性，并将职业性片面理解为操作性，忽视了职业教育作为一种类型教育除了专业技能外，也需要强调学习者的沟通合作、问题解决、创新创业、学会学习等横向技能；另一方

---

① 程江平，刘冰雪.中高职一体化存在的主要问题和应对策略[N].浙江教育报，2020-6-24（3）.

面，中等和高等职业院校的培养目标定位不清，中高职院校各自根据自身的定位制定人才培养目标，造成培养目标定位的重复或脱节，培养目标的差异性、层次性难以体现；且现实中的中高职培养以院校衔接的形式开展，这种衔接关系只发生在特定的中职学校与高职学院之间，以各自制定的培养目标进行衔接培养。不同职业院校所制定的人才培养目标及其规格质量不一，难以实现高质量的中高职协同育人。

二是缺乏中高职一体化设计的专业教学标准。国家尚未研制颁发中高职一体化培养的专业教学标准，从现阶段我国已开展的中高职人才贯通培养实践来看，中高职人才培养教学标准割裂的问题较为严重，人才培养方案一体化设计不完善，主要表现为专业教学标准"两张皮"，即中高职院校依然各自按照旧有的教学标准执行，未能根据技术技能人才贯通培养规律进行一体化规划和设计教学标准，进而阻碍了我国中高职教学体系的有效贯通；加之，中等职业学校与高职院校直接协作程度不高，由此产生一体化人才培养目标定位不准、课程内容重复、教学思路不能一以贯之等问题，直接导致教学资源的浪费、教学满意度的降低。

三是一体化人才培养保障机制不完善。目前，中等职业学校多归属地市、县区管辖，高职院校多归属省、地市、行业（企业）管辖。有些区域负责分管的教育职能部门也不尽相同。中高职一体化人才培养过程中顶层协调的需求更加突出。同时，中高职一体化人才培养的深入推进过程中，教研工作、招生考试、升学转段、学分互认、教师互派等保障机制需要进一步完善。这些问题直接影响中高职一体化人才培养的质量与成效。解决以上问题，仅靠中职、高职学校自身力量很难，因此改进不足，亟须从省域层面聚焦关键问题，加强标准建设，整合资源要素，进行统筹设计与生态重构。

3. 实施方略

浙江省实行中高职一体化课程改革是依照知识本位、社会本位、学生本位三者并重的改革思路，跳出中等职业教育层次，着眼于整个职业教育体系，开展的新一轮课程改革。本次课改倡导学习者能力发展的普适性和可迁移性，不仅仅把职业能力简单视为某种就业能力或职业技能的形成与拓展，还需要将职业能力置于人的全面发展的理念下理解，兼顾纵向技能与横向技能的内在要求。中高职一体化课程改革有效融合了纵向技能与横向技能的培养内容，强调学习者除了掌握扎实的纵向技能（包含专业知识和技术技能）外，还要掌握横向技能（包含人际交往能力、团队协作能力等社会能力，以及自主学习能力、信息处理能力、创新能力、计划能力等方法能力）。这种职业能力已超出了工业时代技能型劳动者拥有"一技之长"的范畴，逐渐发展为"专业能力、通用能力、社会能力和发展能力"四位一体的综合素质能力要求。

主要实施方略如下。

一是明确高素质技术技能型人才的培养标准。面向区域产业转型和经济社会高质量发展的需求，认为专业能力、通用能力、社会能力、发展能力是一个有机整体，是高水平职业人才应具备能力体系。专业能力是胜任职业活动所需的技术技能，是职业人才从新手到熟手必备的能力；通用能力包括语言、数学、科技、人文与社会、艺术、运动与健康、信息技术等；社会能力包括职业道德、法律法规、安全、环境保护、沟通交流、与人合作、项目管理、跨文化与国际视野、公民责任等；发展能力包括学会学习、批判性思维、问题解决、创新思维、创业意识等。这四项能力统称为职业人才的可持续发展能力，培养学生该能力的目的在于发展学生的横向能力，它源于职业能力，而高于职业能力。从专业相关的职业领域出发，分层剖析经济社会发展变化中职业领域对不同层次和类型专门人才的需求，确定各层次人才培养所面向的职业岗位群，聚焦行业企业典型岗位的能力需求，确定高素质技术技能人才的培养规格，促进中等职业教育和高等职业教育协同发展，进而建设一种新型现代职业教育体系。

二是研制一体化的专业教学标准。遵循技能人才系统化、长学制培养的原则，不断改革与创新人才培养模式，全面推动中职、高职一体化合作，建立中职与高职相互衔接的课程体系，以培养较高文化素质和精湛技能水平的专业人才为核心，全面提高人才培养质量。建立由政府教育部门主导，高职院校牵头，中职学校、行业企业共同参与的课改小组。立足省域视角，结合实际需求，开展人才需求调研，明确课改专业所对应岗位的工作任务和职业能力，根据职业能力标准，清晰界定中高职层次的人才培养目标，并据此制定一体化专业教学标准、一体化核心课程标准、一体化实训条件建设标准和一体化顶岗实习标准。学校根据专业教学标准构建一体化人才培养方案，系统设计中高职一体化人才培养模式。遵循技能人才成长规律，同时兼顾学生成长需要和行业企业用人需求，协同多方共同确定技能人才的培养规格，共同设计并实施课程计划、教学实习、质量评价、过程监控等环节，研究制订人才培养方案。按照"把好两端、规范中间"的原则，严把学生入学标准和毕业质量两个环节，严格实施学段管理。设计中高职衔接的一体化课程体系，避免中高职课程内容的脱节或重复，确保中高职课程内容衔接的连续性与逻辑性，着力提升课程有效性和适应性。

　　三是强化一体化课程改革实施。中高职一体化课程改革与一般意义上的课程改革不尽相同，它是一个牵涉多主体、多系统、多维度的全方位改革。这一方面是由职业教育的课程特性决定的，职业教育课程与普通教育课程模式不同，不是以学科知识逻辑为框架，而是以职业行动逻辑为线索的课程体系，所以必然涉及企业、行业多方利益主体的参与；另一方面，中高职一体化的课程跨越了两个学段，融合了中等职业教育和高等职业教育，在办学、教学、师资和评价上均有诸多不同，需要协同磨合。正是认识到中高职一体化课程改革的复杂性和综合性，浙江省教育厅办公室于 2022 年 5 月颁布了《关于开展区域中高职一体化人才培养改革工作的通知》，要求在省域范围内探索基于"六协同"特征的职业教育一体化人才培养模式。其一，在相关利益者协同上，要求由地方人民政府统筹，由国家或省双高院校的高职院校与中职学校、区域行业协会、龙头企业深度参与，在招生、教学、实训、就业等环节全过程参与一体化设计培养，与职业院校形成紧密命运共同体,打造中职、高职、地方、产业紧密互动的产教融合新模式,从而为地方优势产业集群培养一大批急需的复合型高端技术技能人才,更好适应浙江省产业跃迁和学生高质量发展需要。其二,在课程开发的协同上,充分调动行业、企业、职业院校专家等多方力量,根据一体化核心课程标准,共同研发和编写一体化课程教材,及时将新技术、新工艺、新规范纳入教学内容。其三,在课程资源的协同上,持续推动适应一体化人才培养要求的精品在线开放的专业教学资源库建设,加快智能化教学支持环境建设,完善满足学生多样化需求的课程资源。坚持书证融通,促进中高职一体化的课程设置、教学内容与职业岗位能力、职业技能等级证书对接。探索建立一体化校企双元育人机制。其四,在教师研训的协同上,积极建设高职院校、中职学校和合作企业共同参与的中高职一体化教研科研工作机制。组建省级中高职一体化专业教研大组,探索中高职一体化教学创新团队建设,推进中高职教师双向交流。搭建教研活动平台,深入推进校际研训,积极开展人才培养方案制订、课程体系设计、课程实施、教材开发、技能比赛、质量评价等,形成定期交流、专题研讨的常态化教研活动模式。其五,在实训实习的协同上。重新系统规划设计实训实习安排,强化实践性教学,协同建好用好各类校企共建的实训基地,广泛开展各类社会实践活动,将职业素养培养和职业技能训练贯穿整个培养过程。其六,在评价制度的协同上,健全一体化管理评价制度。推进中高职一体化教学管理和学生学业评价制度改革,建立健全中高职一体化人才培养全过程管理评价制度。探索实施中高职教学及管理人员互兼互聘、教育教学定期检查等机制。深化一体化"学分制"管理,改进结果评价、强化过程评价,探索增值评价、健全综合评价,完善中高职一体化的学生学业质量评价体系。优化中高职升段评价,依据一体化专业教学标准,科学设置升段考核机制,全面评价中职阶段人才培养质量;以毕业生就业率、就业质量、企业满意度为核心指标,全面衡量高职阶段高素质技能人才培养质量。

在课改实施推进方面,第一,完善顶层设计。2021浙江省教育厅印发了《浙江省中高职一体化课程改革方案》，为高素质技术技能人才贯通培养提供了行动蓝图。以专业标准体系建设为统领，一体化课程改革为核心，一体化培养机制探索为主线，深化中高职一体化教研协同机制，促进中等和高等职业教育一体化发展。第二，健全工作机制。建立由省教育厅、省教科院、课程牵头学校协同推进的工作机制。省教育厅确定一体化人才培养行动计划；省教科院牵头实施方案的制订、课程牵头院校与专业的遴选，以重大课题的工作方式做好过程管理、成果鉴定，保证实施质量；"双高"高职院校牵头，相关专业的中职、高职院校，行业企业专家、省教科院教研员广泛参与，共同组成课改小组，开展一体化专业教学标准研制，核心课程标准建设，一体化教材开发等工作。第三，提供课改样本。为帮助全省30个中高职一体化课改专业团队更好地领会一体化课程改革精神，明确课程改革的工作任务，掌握课程开发的相关技术，以及课改课题的申报，专门开发了《浙江省中高职一体化课改指导手册》，编制了《中高职一体化课改重大课题申请书要求思维导图》。为课改小组提供了调研报告、职业能力分析表、专业教学标准、专业核心课程标准及人才培养指导性方案等参考框架、文本体例和课题申报方案范本，给各专业中高职一体化课改推进和研究课题申报提供参考依据。第四，做好保障工作。一是经费保障。为保障课改工作有效开展，省财政对每个课改专业资助经费30万元，保障中高职一体化人才培养改革，推动高质量的成果产出。二是课题保障。提出"立足全省、注重调研、一体化设计、科研引领"四个导向，启动重大课题申报工作。三是培训保障。邀请国内一流专家围绕中高职一体化人才培养的重点工作，对相关人员进行中高职一体化人才需求调研方式、职业能力标准、专业教学标准、人才培养指导性方案及核心课程标准制定的理论与方法等方面的培训。

先行先试的学前专业和护理专业，委托全国双高A档建设单位的金华职业技术学院牵头课改。其中学前专业全省有20余所中高职院校参与课改，完成《浙江省中高职学前专业一体化专业教学标准》和20项《中高职一体化学前专业核心课程标准》的研制，研究成果已于 2020 年 10 月 21 日在杭州召开的一体化教学标准论证会议上通过。截至 2021 年，按新课程标准编写的《幼儿卫生与保育》已出版，还有 5 本正在编辑出版中，其余都已交稿。护理专业有 12 所中高职院校参与课改，研制的《浙江省中高职护理专业一体化专业教学标准》和 12 项《中高职护理专业一体化核心课程标准》，也在 2021 年 7 月 18 日召开的"浙江省护理专业中高职一体化教学标准论证会议"上鉴定通过。按新课标编写的教材大部分已交稿。

4. 改革突破

在改革创新层面，浙江省中高职一体化课程改革实现了三个方面的突破。

一是彰显了纵向技能与横向技能一体化设计培养的整体性。中职教育处于基础地位，是高职教育的准备，高职教育是中职教育的延续和提升。中高职一体化课程改革聚焦学生的全面发展和个性成长，注重技能人才培养目标的一体化设计，科学分析并融合纵向技能与横向技能的培养要点，提炼归纳各专业领域的高素质技能人才所应具备的综合职业能力，分析受教育者初始素质与人才培养最终目标之间的差距，依据专业技能人才培养内在的逻辑和规律，逐级、分段制定中职教育与高职教育的人才培养目标，在整体设计中高职人才培养目标的基础上，再进一步细化每一个学年的技能人才培养规格，构建起递进式、立体化的技能人才培养目标体系，实现了中高职技能人才培养目标和价值的有机统一，兼顾了知识本位、社会本位、学生本位三者并重课程改革的价值取向，让职业教育贯通人的全生命周期发展。

二是彰显了纵向技能与横向技能模块化课程设置的层次性。中高职一体化课程改革秉承了"职业教育作为与社会连接最紧密的教育类型"特点，坚持产教融合、校企合作的办学模式不变，工学结合、知行合一的课程实施方式不变，在科学分析中高职技能人才培养目标的基础上，以纵向技能与横向技能融合培养为指向，制定统一的课程标准，中职学校和高职院校联合采用模块化课程设计方式，切实围绕企业典型岗位标准和纵向与横向技能融合培养要求匹配适当的教学内容，同时，重视课程实施过程中学生和教师的参与性、生成性，推动知识技能体系基于教学实践、社会发展的生成与重构。注重不同层次课程内容的延伸和衔接，避免课程教学内容的重复，促进了中高职教育之间课程的有机衔接，构建了一个完整的基于纵向技能与横向技能相融合的课程生态体系。

三是彰显了纵向技能与横向技能双元化评价方式的一致性。设计科学、合理的技能人才质量评价体系是纵向技能与横向技能融合培养成效、输出高素质技能人才的根本保证。中高职一体化课程改革以提高学习者的纵向技能与横向技能为目标，研制职业能力标准和专业教学标准，制定具体的技能人才培养质量评价的工作机制和实施方案，在此基础上深化改革评价考核标准、内容及形式，采取教师评价、学生自主评价和企业评价相结合的方式，兼顾学生的学习过程评价和学习结果评价，构建"学习表现评价＋学业作品评价＋顶岗实习评价"的三维综合评价模式，客观、全面、公正、科学地评价中高职人才贯通培养的质量和成效。本次的中高职一体化课程改革将技能人才培养质量评价体系贯穿整个中职教育和高职教育阶段，建立了一贯和延续的评价标准和评价制度，有效避免了中高职人才培养定位和目标不明确、质量评价不一致等问题。

三、纵横未来

在经济全球化以及技术智能化的发展进程中，经济、科技与社会的发展使学习环境、劳动力市场及未来社会对人才的要求不断发生变化。加之，未来就业趋势将逐步呈现出"波动性、不确定性、复杂性"等发展特征，这要求未来人才要掌握多领域的专业技术技能，并且拥有在实践中处理复杂问题的能力，以便能更好地适应未来社会的新技术、新环境所带来的各种挑战。职业教育作为人才输出的要地，要充分紧紧围绕未来社会经济发展特点，系统分析并归纳未来人才需求特征，以技能内涵发展变化为切入点，不断深化改革技能人才培养模式，从育人目标、课程项目、质量评价三方面入手，创新设计纵向技能与横向技能相互贯通的技能人才培养策略。

（一）育人目标"纵横融汇"

在调查中，我们发现许多中等职业学校的毕业生就业质量普遍不乐观。大部分毕业生在参加企业生产实践中，自身在学校所学的知识、技能"派不上用场"，无法胜任企业岗位，需要"回炉再造"，参与企业"再次培训，方能上岗"，还有少部分毕业生则失去就业机会。究其原因，一方面在于中等职业学校人才培养目标无法与企业用人需求相衔接。具体表现为技能人才规格单一，人才培养质量低下，单纯人力输送无法满足企业在人才、生产等方面需求。另一方面在于学校专业课程陈旧，设施设备老化，无法与行业企业先进技术发展需求相匹配。部分中职学校还固守传统知识本位下的课程体系，无法引入企业先进技术、先进工艺等内容，加之，学校部分专业实训设备落后，单纯知识传授和技能训练已无法满足企业生产需求。

职业教育转型发展伴随着国家经济社会发展的外部环境与行业企业人才的需求方向的变化而变化，加之，职业教育人才培养理念也发生了变化：由单纯强调以就业为导向、以服务为办学宗旨逐步向以学生学习为中心、以学生发展为中心和以学生学习效果为中心的人才培养理念转变，更加注重对技能人才进行专业知识和技能之外的素质、能力的培养。[①] 因此，未来职业教育发展致力于通过多样化的措施和手段，培养面向未来社会，能适应瞬息万变的社会的人才。

目标是方向、是纽带，把各个要素联结在一起，形成有效的合力。育人目标是职业教育改革的指示灯，明确清晰的人才培养目标，可以为人才培养模式改革指明方向，在职业学校人才培养模式中具有举足轻重的作用。

---

① 杨玲燕.职业教育转型发展下人才培养的现实问题与改进路径[J].铜陵职业技术学院学报. 2021，20（2）：1–5.

持续推动中等职业学校人才培养目标与经济社会人才目标、企业人才需求目标相互融合，可以进一步优化中等职业教育技能人才培养目标发展（含层次、规格、规模等方面）。从中可以看出，经济社会人才需求目标能直接反映区域产业乃至整个产业链在未来数字化转型发展进程中，对技能人才的整体需求情况，而企业人才需求目标则以生产高质量的产品或输送高品质的服务为目标，急需一大批高素质的技能人才来支撑。因此，中等职业学校坚持以培养高素质技能人才，服务区域产业经济发展为育人目标，有效融合社会、企业等人才需求，进而对学校在技能人才的目标定位、培养层次、培养规格等方面改革产生深刻的影响。另外，伴随着区域产业经济数字化、智能化转型发展，企业岗位群更新迭代，各个岗位的边界逐渐模糊，工作内容日益复杂，这些也对技能人才培养提出了更高的要求。

结合实践，基于纵横融汇的未来职业教育技能人才培养，其目的是培养能应对复杂多变的未来环境，掌握一门或多门精湛的纵向技能，同时具备问题解决、学会学习、沟通合作、创新创业等横向技能的技能人才，其根本目的是明确职业学校技能人才培养的定位，实现职业教育的社会性目的，使教育的手段、方式和内容随着时代和社会、企业的需求进行变化，最终实现职业教育的个性化发展，以纵横融汇为基础培养时代所需的创造性、创新性的高素质技能人才，同时，依据各专业学生的认知水平和发展水平、各专业的自身特点，参考社会、企业对学生的职业能力要求来设计教育目标。

浙江各地职业院校也在积极探索融合纵向技能和横向技能的复合型技能人才的培养模式。如金华职业技术学院与永康市职业技术学校共同牵头，联合数十家五金制造规模以上企业、浙江省模具行业协会共同设计五金数字化制造产业领域的五年制人才培养模式，共同制定五年制人才的培养标准，面向五金数字化制造领域，强化教学改革与产业数字化转型相衔接，坚持知行合一、工学结合，以培养具备大专学历，取得 1+X 证书、中级与高级工及以上技能等级证书的技能人才为目标，结合五金企业岗位群的能力要求，创新性提出培养"能设计、能操作、能管理、能创新"的复合型技能人才。

与传统技能人才培养相比，这种"四能人才"更具针对性、实用性、新颖性。它有效切合了各类中小型五金企业技能人才需求，同时，也有效融合了纵向技能与横向技能的要求。其中，"能设计"是针对当前企业对具备五金产品工业设计能力、产品加工制造能力的人才需求量大而提出来的。它有效实现了人才培养目标真正建立在企业需求上。让学生参与"真项目、真环境、真生产、真问题"全真体验训练，兼顾学生"纵向技能"（产品设计、加工制造等专业能力）与"横向技能（沟通合作、创新思维等职业能力）"的培养，满足学校人才标准与企业用工标准无缝对接。[①] 这种"四能型人才"规格也生成了一种促进学生基础与能力持续积累的长学制人才培养模式。

（二）课程内容"纵横融通"

课程为有效落实培养兼具纵向技能与横向技能的人才提供依据，推动课堂教学模式的改革与实践，强化课堂教学的生成性。课程是职业学校日常教与学的载体，也是职业学校人才培养方案的重要组成部分。它可以将国家教育宗旨、专业课程标准、行业标准、企业岗位能力要求等方面全面融通，结合教学方式和手段，有效落实到日常教学过程中。

基于"纵横融通"的教学项目设计重点指向学生纵向技能与横向技能融通的培养。教学项目从开发到实施始终秉承"做中学、做中教"理念，以学生为中心，促使学生能实质性参加教学项目的学习、探索、实施等环节，教师则承担参与教学项目实施的技术指导、质量评价、过程监控等方面工作，培养学生在教学项目学习中自主探索，主动构建专业知识、专业技能与职业素养的能力，促进学生形成技能操作、交流合作、问题解决、创新

---

① 胡桂兰．"四方共进四场共训四能共生"的高素质技能人才培养实践[J]．职业教育（下旬刊），2021，20（2）：65-71．

思维、学会学习等多种能力。这正是培养纵向技能与横向技能的有效路径。因此，教学项目的学习过程正是学生内化知识、形成能力的过程，可有效促进学生在教学过程中实现可持续发展。

综上所述，应从教学项目的开发与实践中着手，重点在教学项目选择、教学项目设计、教学项目实施等环节中，贯穿纵向技能与横向技能培养，以确保基于纵横融通的整个教学项目一脉相承，层层递进。

首先，在教学项目选择方面，遵循以典型的工作项目为来源、以规范的工作任务为基础、以符合教与学规律为前提等三大原则，科学遴选出一批典型的工作项目或工作任务作为课程项目，设计生成纵向技能与横向技能"融通"培养的通道。

教学项目选择应以典型的工作项目为来源。科学遴选一批行业企业中具有代表性、典型性、先进性的生产作业项目或服务技能项目，系统分析并归纳这些教学项目的工作情境描述、专业技能要求、岗位能力要求等方面内容，进行教学转换。这种以企业典型或先进的工作项目为基础的教学项目可以让学生更好地了解企业典型的生产过程，直接置身于真实的生产情境中，围绕生产过程，自主发现问题、分析问题、解决问题，在使学生形成精湛的纵向技能的同时，培养学生解决问题、沟通合作等多种横向技能。

教学项目选择应以规范的工作任务为基础。工作任务在教学项目开发过程中处于特殊地位。对于企业而言，工作任务是指企业岗位的职业活动内容或企业岗位的具体职责要求。对于学生而言，工作任务是指学生应掌握的具体的职业能力。第一，系统剖析企业典型岗位所对应的工作任务内容。第二，从纵向与横向两个技能维度，科学梳理该工作任务所对应的职业能力要求。第三，将各个职业能力要求以量化、详细、科学的工作任务分析表直观呈现，便于后续测评。

教学项目选择应以符合教与学规律为前提。对于教师而言，教学项目是教学活动实施的载体。传统学科课程以保持知识的完整性、独立性、严密性为前提，学科知识体量往往过多，过分强调学科知识的严密逻辑，往往忽视学生解决问题能力、团队合作意识、创新思维等方面的培养，不利于促进学生综合能力的发展，而教学项目则以保持知识的科学性、整体性为前提，将专业技术知识、岗位能力要求、信息技术手段等核心要素有效地整合，形成一个开放的课程体系，促使学生围绕一个真实、典型的行业企业项目实践，进行自主开放合作探索，同时教学项目充分结合中等职业学校学生的认知规律与群体特征，兼顾学生个性差异，有利于提高学生持续的学习兴趣与自主的学习行为，实现教学项目实施的效率最大化。

其次，在教学项目设计方面，教学项目始终秉承以学生为中心，让学生学习与生活实际相联系，聚焦学生专业（纵向）技能培养与包含问题解决、团队合作、交流合作、创新思维等横向技能培养需求，从学生视角，围绕综合能力、数字信息素养的提升进行设计。它不是照搬企业典型工作项目的整个生产过程，而是对企业典型工作项目进行"系统化与教学化"改造。在具体实践过程中，实行"纵横融通设计—数字场景设计—结构创新设计"三步骤。

教学项目纵横融通设计是指以企业常见的学徒制岗位群为实践平台，系统梳理企业典型工作项目（或工作任务）实践过程中岗位群涉及的专业技能、能力要求、安全管理等方面知识要点，进行科学地"增减"融合：增加并凸显企业典型工作项目在实践过程中存在的纵向技能模块、横向技能模块等技能要点，减少并弱化与企业典型工作项目实践无关（或联系不紧密）的知识和操作。例如在五金制造企业典型的产品加工项目实践过程中，数控加工岗位往往涉及精密加工、精密测量、设备管理等纵向技能培养，应科学梳理并归纳这类纵向技能的标准化操作步骤、技术难点、7S 管理应用等方面知识，同时，这类岗位在实践中，往往会遇到"刀具损坏、产品加工不合格"等多个实际情景，因此要求具备基本的原因分析、问题解决、团队协作等能力，这就涉及问题解决、沟通合作等横向技能培养。因此，融通设计需要将企业典型的工作项目进行科学系统分解，融合纵向技能与横向技能培养要点，将教学项目内容对应项目实践的每一个环节，找准典型工作项目实践过程与日常教学过程的结合点。学生通过参与课程项目实践，掌握纵向技能的同时实现横向技能的全面发展。

教学项目数字场景设计是指基于计算机数字信息技术手段，对企业典型的工作情景进行模拟与仿真，进而设计出能真实反映企业工作生产活动的数字化虚拟场景。诸如虚拟仿真实训平台、虚拟仿真动画、网络课程等虚拟资源平台。它们具有安全性高、成本低、真实感强等诸多优点。在课程项目设计中引入虚拟仿真技术，模拟典型的企业工作场景，具有较强的真实性，创设数字化学习情境。让学生进入仿真的企业工作环境中进行理论学习与操作实践，并可以随时观察到自身学习过程中所产生的结果，有效降低实际操作过程中的失误率，减少实训设施设备损耗，使学生在实训中可以放心地完成项目，避免危险发生，同时，可以让多人共同参与操作，创设一个学习、讨论、交流的开放式学习平台，培养学生沟通交流、团队协作等横向技能，从而整体上提高教学项目的实践质量。这种教学项目数字场景设计能有效控制教学成本，又可以达到教学目标，弥补因教学环境中各种因素（场地、设备、人员等因素）影响无法真实还原工作项目（或工作任务）的不足。

教学项目结构创新设计是指围绕行业企业人才需求状况，系统梳理企业典型岗位群的真实工作任务内容，详细分析岗位所需的职业能力关键要素，从中分析并提炼纵向技能与横向技能的培养要点，通过对工作进行凝练、派生、再设计的教学化改造，形成教学项目。同时，遵循学生的认知规律，按从简单到复杂、从单一到综合序列化教学项目，最终生成基于纵横融通的项目化课程体系。当前大多数教学项目仅对企业典型的工作项目（或工作任务）的工作流程进行简单的复原和重现，内容陈旧单一，缺乏新知识融入，特别是针对新技术、新工艺、新标准等方面学习与训练。未来工作岗位将面临不断革新与变化，因此，学生要具备必要的创新创业意识，以便应对未来不断变化的工作世界所带来的挑战。因此，结合具体实践，教学项目应以纵向技能与横向技能培养为主线，项目的每个环节对纵向技能与横向技能的培养均有所涉及。详细梳理企业典型的工作项目（或工作任务）的关键要素，引入最前沿新知识，丰富课程内容，在此基础上，对标工作岗位的能力要求，系统归纳岗位实践涉及的问题解决、团队协作、交流合作、创新创业等能力的关键要素。

最后，在教学项目实施方面，教学项目实施是落实纵横技能融通培养的关键。基于纵横融通的教学项目可以采用"教学项目＋学期项目"的能力递进实施方式。通过制定《学期项目实施与管理制度》等相关制度文件来保障实施，在低段年级可以设置以认识体验项目、岗位体验项目为主的教学项目，通过体验、跟班等形式，使学生了解专业，掌握一定岗位技能。到了高段年级，在学校导师、企业导师共同指导下，开展学期项目分散式研习。双导师将竞赛项目、创新项目、科研项目、企业服务项目等设计成学期项目，每位学生可根据自身的兴趣、专长等选择其中一个项目，以师生双向互选的形式，开展学期项目学习。学生通过不断交替"学研"，实现由"做中学、学中做"向"做中研、研中创"转变，提升智能制造技术应用及创新能力。学期项目采用导师指导、项目实施、成果考核的形式开展教学。学生每学期完成一个学期项目，根据能力递进培养规律，逐步提升课程项目技术。

（三）质量评价"纵横融合"

针对教学项目实践成果的认定，质量评价尤为关键。传统教学评价主要聚焦学生专业技能的培养与评价，重点对学生进行专业理论知识和专业技能等纵向技能评价，普遍缺乏对学生进行问题解决、交流合作、创新思维等横向技能的评价，横向技能评价指标比较少，导致教学项目成果无法精准评判。加之，传统教学评价体系单纯注重课堂结果评价，普遍缺乏结果反馈、改进意见、成果激励等多种评价功能支撑，同时，对学生整个学习过程也缺乏有效的监督与考核、评价，影响教师课堂教学的积极性发挥，造成学生课堂学习主动性下降，进而教学项目实施的效率也普遍降低。因此，应在传统教学评价体系基础之上，以教学项目教学特色为依据，以纵向技能与横向技能评价为主线，从评价项目合理性、项目教学过程及学生学习效果三个方面，通过设计成果性评价与过程性评价两种评价策略，包含教学条件、教学方法、项目内容、教师和学生等因素，进行全方位综合测评并给予价值判断。

在学生学习效果评价项目的设计方面，要注重体现学生对整个教学项目中知识和技能的掌握程度，即注重体现学生的纵向技能与横向技能的掌握程度。其中，在纵向技能方面，主要培养学生扎实、精湛的专业知识和技能，即专业能力，而横向技能主要培养学生具备沟通表达、问题解决、团队协作、创新创业、学会学习等方面能力，这些能力能够帮助学生迅速融入新的工作环境，适应在实际工作中不断变化的工作需求，提高自主学习的效率。

实行学生学习效果的成果性评价（见图 4-7）。教学项目成果评判是整个课程项目教学实施的重要依据。因此，围绕项目成果的评价方式设计尤为重要，在具体实践中，一般采用成果性评价策略。待项目完成后，首先，组织组内自评。评价指标主要涉及成员参与情况、项目结果认定等方面内容，重点考查学生交流合作、问题解决等横向技能掌握程度。其次，组织间互评。通过开展组间的各个项目成果展示与分享，促使各组实质性参与成果分享、意见交流、方案讨论等各个评价环节训练，取长补短，进一步强化对学生交流合作、团队意识等横向技能的培养。期间，教师做好过程监督与结果认定工作，组织各个小组有序地参与组间互评活动，同时，对于各个小组完成的项目成果给予量化评判。最后，定期开展专业能力评价。即纵向技能考评，主要涉及专业的理论知识与技能水平等方面掌握程度。专业理论知识的掌握程度直接关系到学生后续专业课程的学习，掌握专业知识也为学生未来学习打下坚实的基础。专业理论知识评价可在项目实施过程中采用提问的形式，同时记录学生回答的情况，给予相应的成绩。技能操作能力评价则主要采取现场操作（或技能演练）的方式，重点考查学生实际岗位的业务操作能力，包括操作的正确性、科学性、有效性和熟练程度等方面内容，给予相应的成绩。

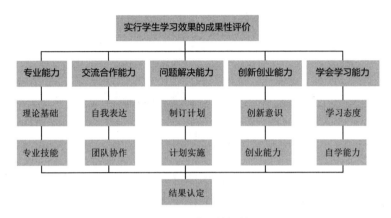

图 4-7　成果性评价

在具体实践中，教师角色已发生了变化，教师不再是课堂教学的讲授者或主体，而逐步向课堂教学的组织者、引导者和监督者角色转变。在教学项目实施整个过程中，教师职责在于做好分组分工、纪律维持、安全管理等组织与监督工作，同时，对学生的学习情况、难点解析、标准操作等方面进行有效指导，引导学生参与交流讨论，营造良好的课堂学习氛围。

实行学生课程学习的过程性评价策略。课堂教学以学生自主学习为主，并不是"完全放手"，而是依靠学生"自主学习、自觉遵守"。在当下的职业院校，不少学生的学习动力不足，学习能力不强，学习习惯不好，需要教师做好课堂教学的组织、引导、监督等工作，否则容易造成学生课堂学习效率下降。因此，实行过程性评价，一方面，要考查学生参与课堂活动的学习情况；另一方面，也要考查教师课堂教学的实施能力。基于此，过程性评价指标主要设立教学项目准备、课堂教学态度、课堂实施管理、项目成果认定四个一级评价指标，下设八个二级评价指标（见图 4-8）。

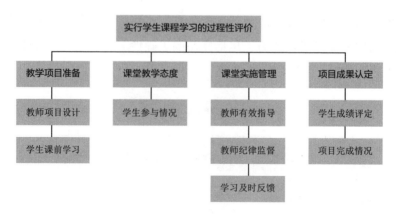

图 4-8　过程性评价

　　在实践中，学生课堂学习过程性评价的主体呈现多元化，即评价主体主要由教师同行、课改专家、学生、企业技术骨干、行业协会代表等对象组成。概括为两类：一类是以学校为主的评价主体，主要由专业组长、省市级名师、优秀教师代表等组成。这类评价主体具有丰富、优秀的教育教学工作经验，具有扎实、精湛的专业技能水平，主要参与教师的教学项目设计、课堂教学态度、课堂实施管理等三个一级指标测评工作，重点考查教师的教育管理、教学实施、专业技能等基本能力，以及直接参与授课班级学生课堂学习效果评定，特别是学生通过课堂学习后专业技能操作等纵向技能水平是否有所提高，学生学会学习、问题解决、交流合作等横向技能水平是否有持续提升。重点考查学生的综合能力水平。另一类是以企业为主的评价主体，主要由企业技术骨干、技能大师、能工巧匠、行业协会代表等组成。这类评价主体具有丰富的一线生产管理经验，掌握最新的生产技术与工艺标准，主要参与项目成果评定的测评工作，重点考查教师的专业技能水平，直接对学生完成的项目成果进行评定。其中，企业技术骨干等评价主体评价方式倾向于按照一线生产标准，从企业典型岗位的能力要求出发，贯穿以"产品合格与不合格、项目失败与成功"为主的绝对性评价方式，更加符合行业企业的实际情况。

　　因此，基于纵向与横向技能融合的教学项目评价采用学生自评、组评、教师评、行业企业评等多种方式，全面、公平地评价整个课堂项目实践过程。诸如针对学生教学项目评价，在具体的教学过程中，教师可以以教学项目实践为载体，对标过程性评价指标与成果性评价指标，采用师生互评、组评、企业导师点评等评价方式，对学生的纵向技能与包含交流合作能力、问题解决能力、学会学习能力等在内的横向技能进行正面、及时的评价，并将评价结果反馈给学生，引导学生更好地参与教学活动。反之，针对教师教学实施评价，可以采用学生评价。教学项目实施以学生为课堂主体，学生对课堂学习情况、教学实施情况、学习氛围营造、课堂纪律管理等方面都有切身的体验与感触，因此，学生评价为教师改进与优化教学项目教学实施提供了有效的参考，进一步促使教师及时弥补教学方法、语言表达、管理艺术等方面不足。

　　此外，还采用企业导师评价方式。企业是学生最终的工作场所，对学生职业能力水平的评价最为中肯，对学生课程项目成果的评定更具有说服力，学校可以定期邀请企业负责人参与教学项目的设计、实施、管理、评价等全过程实践。也可以采用同行专家评价方式。同行专家在本领域具备丰富教学经验，熟悉课程内容及相关研究领域的国内外发展情况，具有较高的教学水平和学术水平，能够从课程设计合理性和学生职业能力发展的角度对教师教学进行合理评价。[①]

　　从浙江省职业教育课程改革的实践探索和迭代发展中不难发现，知识、社会、学生是影响课程的三个基本要素。在不同时期，不同的要素需求占据主体地位就会衍生出不同的课程改革作业取向。知识本位强调客观知识的系统性培养，更适于升学需求和职普融通；基于社会本位的专业课程改革强调技能的掌握与应用，更突显职业教育类型特征和就业导向；基于学

[①]　祝振宇，陈冰红，黄林伟.基于教学平台的项目式教学评价体系构建[J].计算机教育，2019（7）：75-78，83.

生本位的选择性课程改革强调学生的兴趣和需求，更关注学生个性成长和终身发展。知识本位、社会本位、学生本位三者的逻辑取向均是我们需要的，只是相对单一的取向往往易受制于特定的社会历史背景制约，无法全面适应社会发展的客观需求。三种价值取向并不是完全对立的关系，在经济社会发展特定阶段下开展的各类课程改革需要推动不同价值取向之间相互批判、反思、汲取、融合。当前正在推行的中高职一体化课程改革，正是经济社会发展到新时期对职业教育作为类型教育的客观要求，也是技能内涵纵横发展的内在诉求。课程改革需要社会、知识和学生三者并重。因为，职业教育作为与社会连接最紧密的教育类型，产教融合、校企合作的办学模式不变，工学结合、知行合一的课程实施方式不变，适应动态发展的社会需求、培养用得上的一线技能人才的方向不变。职业教育课程改革必须始终回应社会、行业、企业的人才需求，这是保持职业教育类型特征的需要。同时改革过程中要充分考虑学生的主体因素和发展要求，坚持将课程体系融入终身教育体系。要重视课程实施过程中学生和教师的参与性、生成性，推动知识技能体系基于教学实践、社会发展的生成与重构。职业教育课程改革必须注重学生发展，秉承"以人为本"教育理念，这是学校育人本质的必然选择。职业教育课程改革必须兼顾体系化的知识培养，为后续学生纵向发展——职教体系内的贯通升学提升和横向发展——职普体系间的融通转型奠定基础，这是经济社会对高素质技能人才的要求，也是职业院校学生终身发展素养培养的需要。

参考文献

[1] 艾瑞，杨有韦.2021 年在线新经济背景下的新职业与新就业发展专题研究 [J]. 大数据时代，2021（12）：62-76.

[2] 奥尔德里奇.简明英国教育史 [M]. 诸惠芳，等译.北京：人民教育出版社，1984.

[3] 鲍锦霞.职业教育中的横向技能：教学与评估 [J]. 世界教育信息，2017（2）：23-36.

[4] 鲍银霞.欧盟"学会学习"能力监测进展评介 [J]. 上海教育科研，2014（3）：15-18.

[5] 布兰斯福特，等.人是如何学习的——大脑、心理、经验及学校（扩展版）[M].程可拉，孙亚玲，王旭卿，译.上海：华东师范大学出版社，2018.

[6] 布鲁伯克.教育问题史 [M]. 吴元训，译.合肥：安徽教育出版社，1991.

[7] 车文博.当代西方心理学新词典 [M]. 长春：吉林人民出版社，2001

[8] 陈楚庭，王学真.数字经济视阈下企业组织形态和劳动关系新变化及工会应对策略 [J]. 山东工会论坛，2020，26（2）：26-32.

[9] 陈凡，陈昌曙.关于技能的哲学思考 [J]. 社会科学辑刊，1990（3）：13.

[10] 陈均土.美国大学生就业能力培养机制及其启示 [J]. 教育发展研究，2011，31（19）：63-68.

[11] 陈年友，周常青，吴祝平.产教融合的内涵与实现途径 [J]. 中国高校科技，2014（8）：40-42.

[12] 陈鹏.职业能力观嬗变的社会逻辑及哲学溯源——以 20 世纪初为历史

起点 [J]. 职业技术教育，2010，31（10）：10-15.

[13] 陈秋明. 人工智能背景下如何建设世界一流职业院校 [J]. 高等工程教育研究，2018（6）：110-116.

[14] 陈诗慧，张连绪. 新常态下高职创新创业教育的现实困囿与推进路径 [J]. 职教论坛，2017（4）：71-77.

[15] 陈宇. 从就业市场中灰领群体的壮大看高技能人才的最新发展 [J]. 中国职业技术教育，2004（6）：33-37.

[16] 程江平，刘冰雪. 中高职一体化存在的主要问题和应对策略 [N]. 浙江教育报，2020-6-24（3）.

[17] 程江平，庄曼丽. 中职创新创业教育应回归育人本质 [J]. 中国职业技术教育，2017（9）：87-92.

[18] 程智，张雪梅. 高职院校学前教育专业分类分层培养研究 [J]. 职业教育研究，2020（10）：43-47.

[19] 邓文勇. 职业教育制度模式的历史嬗变及启示——基于技术生存的视角 [J]. 职教通讯，2018，4（9）：24-28.

[20] 翟海魂. 职业教育制度论 [J]. 中国职业技术教育，2009，30：9-13.

[21] 翟海魂. 发达国家职业技术教育历史演进 [M]. 上海：上海教育出版社，2008.

[22] 封宗信. 格莱斯原则四十年 [J]. 外语教学，2008（5）：1-8.

[23] 冯佳，俞申妹. 流程化沟通方式在提高护理服务质量中的作用 [J]. 中华护理杂志，2013，48（8）：696-698.

[24] 高明杰. 中职生专业技能培养的现状及对策研究 [D]. 烟台：鲁东大学，2018.

[25] 高志刚，唐林达. 非遗传承背景下现代杭帮菜传承人培养模式探索 [J]. 职业教育（下旬版），2019（1）：27-36.

[26] 拱宸. 数字经济赋能"浙"样干——浙江各地传统制造业数字化改造提升做法汇总 [J]. 信息化建设，2019（12）：18-25.

[27] 勾建霞.欧盟：技能需可描述、可认证 [J].世界教育信息，2017，30（12）：74-75.

[28] 顾志飞.工具理性视域下的职业教育问题思考 [J].开封文化艺术职业学院学报，2018，38（8）：166-168.

[29] 关晶，石伟平.西方现代学徒制的特征及启示 [J].职业技术教育，2011，32（31）：77-83.

[30] 关晶.关键能力在英国职业教育中的演变 [J].外国教育研究，2003（1）：32-35.

[31] 哈夫丹.UNESCO 关于技术和职业教育与培训的发展战略 [J].职业技术教育，2009，30（6）：78-80.

[32] 韩澄.北京传统首饰技艺传承研究 [D].北京：中央民族大学，2011.

[33] 韩永强，彭舒婷.技能大师养成的关键因素及其启示——基于 35 位国家级技能大师的样本数据 [J].中国职业技术教育，2020（9）：42-59.

[34] 郝宁.专长的获得：刻意训练理论及实证研究 [D].上海：华东师范大学，2006.

[35] 何文彬.全球价值链视域下数字经济对我国制造业升级重构效应分析 [J].亚太经济，2020（3）：115-130，152.

[36] 贺世宇，和震.面向未来工作的职业教育创新发展策略探究——基于国际劳工组织系列报告解析 [J].比较教育研究，2020，42（3）：3-10.

[37] 贺星岳.基于现代职教体系的产教融合、校企一体化研究与实践——以浙江工贸职业技术学院为例 [J].职业技术教育，2015，36（21）：61-64.

[38] 黑贝尔斯，威沃尔.有效沟通 [M].7 版.李业昆，译.北京：华夏出版社，2005.

[39] 胡鞍钢，盛欣.技术进步对中国青年城镇就业的影响——基于 18 个行业的面板数据分析 [J].科学学研究，2011，29（5）：707-715.

[40] 胡桂兰."四方共进四场共训四能共生"的高素质技能人才培养实践 [J].

职业教育（下旬刊），2021，20（2）：65-71.

[41] 黄德桥，杜文静，李得发.企业新型学徒制视域下高职酒店管理专业技能型人才培养探索 [J].中国职业技术教育，2019（14）：56-60.

[42] 黄光芳，陈洁滢，朱伟.VR 海洋保护教育游戏的设计与应用 [J].中国教育信息化，2021（6）：92-96.

[43] 黄群慧，李晓华.中国工业发展"十二五"评估及"十三五"战略 [J].中国工业经济，2015（9）：5-20.

[44] 黄晓兰.毕业生就业"实用手册" [J].中国人力资源社会保障，2017（7）：21.

[45] 机械工业教育发展中心.机械工业转型升级：技术技能人才新需求产生 [N].机电商报，2014-08-11（2）.

[46] 贾绪计，王泉泉，林崇德."学会学习"素养的内涵与评价 [J].北京师范大学学报（社会科学版），2018（1）：34-40.

[47] 姜飞月，贾晓莉.新职业主义的主要教学观 [J].外国教育研究，2010，37（4）：48-52.

[48] 蒋乃平.职业生涯规划 [M].3 版.北京：高等教育出版社，2018.

[49] 金福.企业高级技工师徒制培训模式新探 [J].中国人力资源开发，2005（3）：58-62，68.

[50] 匡瑛，石伟平.高职人才培养目标的转换——从"技术应用性人才"到"高技能人才" [J].职业技术教育，2006，27（22）：21-23.

[51] 匡瑛，石伟平.职业院校"双创"教育辨析：基于现实审视与理性思考 [J].教育研究，2017，38（2）：97-103.

[52] 赖德胜，黄金玲.第四次工业革命与教育变革——基于劳动分工的视角 [J].国外社会科学，2020（6）：117-126.

[53] 雷家骕.国内外创新创业教育发展分析 [J].中国青年科技，2007（2）：26-29.

[54] 李刚.微人，微事，微行："第一技能"养成新途径——以杭州市富阳

区职业教育中心信息技术部学生为例 [J]. 职业，2018（33）: 56–58.

[55] 李立国. 工业化时期英国教育变迁的历史研究 [M]. 桂林: 广西师范大学出版社，2010.

[56] 李利正，黄煜栋. 分层分类视域下专业建设探索与实践 [J]. 绍兴文理学院学报，2016（6）: 19–24.

[57] 李梦卿，任寰. 技能型人才"工匠精神"培养: 诉求、价值与路径 [J]. 教育发展研究，2016，36（11）: 66–71.

[58] 李如密，孙龙存. 元学习能力培养: 促使学生学会学习的关键——基于现代教学论视角的思考 [J]. 课程·教材·教法，2007（6）: 43–48.

[59] 李迅. 教育、就业、创业与青年人才培养: 现状与发展趋势 [J]. 中国青年研究，2018（7）: 114–119.

[60] 李玉静，刘海. 绿色技能开发: 国际组织的理念、政策和行动 [J]. 职业技术教育，2017，38（9）: 10–23.

[61] 李玉静，杨明. 世界职业教育与培训的转型: 理念、行动与趋势——基于对 2012 年以来 UNESCO 行动及政策文本的分析 [J]. 职业技术教育，2017，38（21）: 23–28.

[62] 李玉静. 走向 2030: UNESCO 战略框架下全球职业教育发展趋势 [J]. 现代教育管理，2017（7）: 94–100.

[63] 李召存. 现代教学论视野中的学习观 [J]. 中国教育学刊，2002（1）: 29–31.

[64] 李志义. 创新创业教育之我见 [J]. 中国大学教学，2014（4）5–7.

[65] 里夫金. 第三次工业革命——新经济模式如何改变世界 [M]. 张体伟，孙豫宁，译. 北京: 中信出版社，2012.

[66] 连宇江，冯磊，孙琳，赵军亮，樊长军. 基于分类思想的知识自我获取和自我更新技能提升途径研究 [J]. 情报探索，2019（9）: 1–6.

[67] 联合国教科文组织. 职业技术教育与培训的转型: 培养工作和生活技能 [J]. 中国职业技术教育，2012（16）: 23–39.

[68] 梁甘冷，陈乐斌，张德成.基于"塔型进阶"的中职专业课程体系建构与实践 [J]. 中国职业技术教育，2020（26）：5-10.

[69] 梁珺淇，石伟平.人工智能视域下技能人才需求的未来走向与职业教育的路径选择——基于 OECD 教育报告的分析 [J]. 中国成人教育，2019（4）：10-13.

[70] 莱夫，温格.情景学习：合法的边缘性参与 [M]. 王文静，译.上海：华东师范大学出版社，2004.

[71] 林崇德.中国中学教学百科全书·教育卷 [M]. 沈阳：沈阳出版社，1990.

[72] 林健.工程师的分类与工程人才培养 [J]. 清华大学教育研究，2020（2）：52-53.

[73] 林健.卓越工程师创新能力的培养 [J]. 高等工程教育研究，2012（5）：1-17.

[74] 林小琴.加涅信息加工学习理论与教学设计 [J]. 福建论坛（人文社会科学版），2010（S1）：100-101.

[75] 刘春生，徐长发.职业教育学 [M]. 北京：教育科学出版社，2002.

[76] 刘丹阳.斯洛伐克担任欧盟轮值主席国将以技能作为优先发展事项 [J]. 世界教育息，2016，29（18）：75.

[77] 刘凤文竹.新世纪初期国企技能传递组织模式变迁研究 [D]. 长春：吉林大学，2020.

[78] 刘刚.信息技术视野下中职中医护理课教学改革研究与实践 [D]. 重庆：重庆师范大学，2012.

[79] 刘慧，李晨希，高艳.研究型大学精准化生涯教育体系构建 [J]. 江苏高教，2019（1）：102-106.

[80] 刘骥.如何应对全球学习危机？——世界银行《2018 世界发展报告》述评 [J]. 全球教育展望，2018，47（6）：3-14.

[81] 刘兰明，王军红.高端技术技能人才贯通培养的顶层设计与实现路径 [J]. 中国高教研究，2017（9）：84-88.

[82] 刘丽玲.论中国建立可就业能力国家框架的重要性 [J].人口与经济，
2009（6）：36-41.

[83] 刘丽群，彭李.普职融通：我国高中阶段教育改革与发展的整体趋向
[J].湖南师范大学教育科学学报，2013，12（5）：64-68.

[84] 刘儒德.基于问题学习对教学改革的启示 [J].教育研究，2002（2）：
73-77.

[85] 刘淑云，祁占勇.德国职业教育制度的发展历程、基本特征及启示 [J].
当代职业教育，2017（6）：104-109.

[86] 刘素梅，范学刚.双元育人模式本土化实践 [J].教育与职业，2019
（19）：52-58.

[87] 刘晓，陈志新.英、法、德三国职业教育与培训体系的发展演变与历
史逻辑——一个历史制度主义视角的分析 [J].外国教育研究，2018，
45（5）：104-116.

[88] 刘艳，闫国栋，孟威，等.创新创业教育与专业教育的深度融合 [J].中
国大学教学，2014（11）：35-37.

[89] 刘燕.高职院校"分类培养"教学改革探析 [J].职业时空，2012（5）：
96-97.

[90] 柳翠钦.劳动保障部培训就业司副司长信长星强调：要把创新创业教育
引入技校教学之中 [J].职业技术教育，2010（3）：15-17.

[91] 鲁昕.切实加强产教结合，深入推进校企合作 [J].职业技术教育，2011
（4）：54-56.

[92] 陆雄文.管理学大辞典 [M].上海：上海辞书出版社，2013.

[93] 罗赞图勒.沟通的力量：用关键对话提升人际关系的非暴力沟通策略
[M].孙鹤，译.北京：中国友谊出版公司，2021.

[94] 吕铁，韩娜.智能制造：全球趋势与中国战略 [J].人民论坛·学术前沿，
2015（11）：6-17.

[95] 吕妍，古继宝，梁樑.我国现代企业师徒制重构探讨 [J].华东经济管

理，2007（4）：111-114.

[96] 马鸿佳，董保宝，葛宝山.创业能力、动态能力与企业竞争优势的关系研究 [J].科学学研究，2014，32（3）：431-440.

[97] 莫斯，涂尔干，于贝尔.论技术、技艺与文明 [M].蒙养山人，译.北京：世界图书出版公司，2010.

[98] 马尔科夫.与机器人共舞 [M].郭雪，译.杭州：浙江人民出版社，2015.

[99] 马克思，恩格斯.马克思恩格斯选集（第三卷）[M].中共中央马克思恩格斯列宁斯大林著作编译局，译.北京：人民出版社，1972.

[100] 麦肯锡全球研究院.中国的技能转型：推动全球规模最大的劳动者队伍成为终身学习者 [R/OL].中文版.（2021-03-02）[2021-08-02].https://www.mckinsey.com.cn/wp-content/uploads/2021/03/MGI_Reskilling-China_-Full-CN-report.pdf.

[101] 毛琳，杨大伟，张汝波，刘冠群.高校技能型分类人才培养模式研究 [J].大学教育，2016（4）：27-28.

[102] 潘承炜，沐俊杰，陈金伟.基于"汽车医院"的汽修专业高技能人才培养模式的探索与实践 [J].职业教育（评论版），2019（1）：37-45.

[103] 庞世俊.美、英、德、澳四国综合职业能力内涵的比较 [J].中国职业技术教育，2009（4）：67-70.

[104] 祁长伟，金宏，冉云芳.基于大数据的"精准教学"模式建构与实践——以中职汽修专业为例 [J].中国职业技术教育，2021（2）：33-40.

[105] 任君庆.职业教育供给侧结构性困境的破解之策 [J].教育发展研究，2016，36（9）：79-84.

[106] 阮士桂.美国州级纵向教育数据系统（SLDS）发展特征及启示 [J].中国远程教育，2019（12）：71-78.

[107] 萨维奇.合作式思维：有效掌控、激活群体智慧，轻松提高团队效率 [M].信任，译.北京：中国友谊出版公司，2017.

[108] 师曼，刘晟，刘霞，等.21 世纪核心素养的框架及要素研究 [J]. 华东师范大学学报（教育科学版），2016，34（3）：29–37.

[109] 施芳婷，陈雨萌，邓莉.从原则指导到能力导向——UNESCO 与 OECD 面向 2030 年的教育蓝图比较 [J]. 世界教育信息，2020，33（12）：8–17，46.

[110] 石伟平.比较职业技术教育 [M]. 上海：华东师范大学出版社，2001.

[111] 石中英.论专业学位教育的专业性 [J]. 学位与研究生教育，2007（1）：7–11.

[112] 宋乐.能力本位教育视阈下我国职业教育育人模式探讨 [J]. 中国职业技术教育，2019（31）：71–75，96.

[113] 孙名楷，颜梓.高端技术技能人才文化教育长学制初探 [J]. 职教论坛，2020（3）：148–154.

[114] 孙妍妍，顾小清，丰大程.面向学习者画像的评估工具设计：中小学生"学会学习"能力问卷构建与验证研究 [J]. 华东师范大学学报（教育科学版），2019，37（6）：36–47.

[115] 唐智彬，欧阳河，任陈伟."以学习者为中心"：论职业教育现代化人才培养模式变革 [J]. 职教论坛，2017（34）：14–19.

[116] 唐智彬，王池名.全球贫困治理视域下世界银行推动职业教育发展路径与逻辑 [J]. 比较教育研究，2021，43（6）：11–18.

[117] 田娟.卫生学校护理专业"3+2"人才培养模式研究 [D]. 秦皇岛：河北科技师范学院，2014.

[118] 汪福秀，余秋菊，汪成.浅析试行现代学徒制的教育价值取向 [J]. 新课程研究，2020（27）：83–85.

[119] 汪玲，郭德俊.元认知的本质与要素 [J]. 心理学报，2000（4）：458–463.

[120] 王丹中.起点·节点·重点：高校创新创业教育内涵与路径 [J]. 职教论坛，2015，613（33）：27–30.

[121] 王芳，赵中宁，张良智，等. 智能制造背景下技术技能人才需求变化的调研与分析 [J]. 中国职业技术教育，2017（10）：18–22.

[122] 王海岳. 企业高技能人才培养主体作用的机理分析与机制构建 [J]. 企业经济 .2008（9）：52–56.

[123] 王洪刚，杨忠. 试论隐喻思维的特点及功能 [J]. 东北师大学报，2003（2）：86–91.

[124] 王玲. 高技能人才与技术技能型人才的区别及培养定位 [J]. 职业技术教育，2013，34（28）：11–15.

[125] 王琪. 职校学生技能的形成和训练 [J]. 江苏技术师范学院学报，2008（6）：70–71.

[126] 王思然. 论职业本位与以人本位职业教育理念的对立 [J]. 亚太教育，2015（30）：150.

[127] 王小林，朱峥艳. 区域产业背景下中高职一体人才培养探索与实践 [R]. 杭州：浙江省教育厅职成教教研室，2021.

[128] 王星. 技能形成的社会建构 德国学徒制现代化转型的社会学分析 [J]. 社会，2015，35（1）：184–205.

[129] 王亚斌，罗瑾琏，李香梅. 创新型人才特质与评价维度研究 [J]. 科技管理研究，2009，29（11）：318–320.

[130] 王亚南. 元认知的结构、功能与开发 [J]. 南京师大学报（社会科学版），2004（1）：93–98.

[131] 王亚鹏. 第三次工业革命冲击下的高职教育范式转换 [J]. 教育与职业，2016（21）：38–42.

[132] 王佑镁，王晓静，包雪. 创客教育连续统：激活众创时代的创新基因 [J]. 现代远程教育研究，2015（5）：38–46.

[133] 王占仁. "广谱式"创新创业教育的体系架构与理论价值 [J]. 教育研究，2015，36（5）：56–63.

[134] 王周锁，张永良，陈祺，赵建民，李社义，刘卫斌. 高职园林教学

"四位一体" 创意改革实践 [J]. 杨凌职业技术学院学报, 2017, 16（1）: 48–53.

[135] 王竹立. 新知识观: 重塑面向智能时代的教与学 [J]. 华东师范大学学报（教育科学版）, 2019, 37（5）: 38–55.

[136] 温奇. 职业教育的技能积累 [M]. 杨光明, 陈云山, 杨永兵, 等译. 北京: 北京师范大学出版社, 2016.

[137] 吴含荃, 许建民. "化验单" 式教学诊断与改进的实践研究 [J]. 职业教育（下旬刊）, 2019, 18（9）: 74–79.

[138] 伍远岳, 谢伟琦. 问题解决能力: 内涵、结构及其培养 [J]. 教育研究与实验, 2013（4）: 48–51.

[139] 肖龙, 陈鹏. 历史寻径与时代审视: 新时代职业教育与经济发展关系研究 [J]. 教育与职业, 2018（21）: 27–34.

[140] 谢德新, 庄家宜. 从学科本位到综合能力: 新中国职业教育人才培养的历史回眸与未来展望 [J]. 职业技术教育, 2020, 41（28）: 33–39.

[141] 熊少微. 二语习得中的跨文化交际因素影响——听力与跨文化交际 [J]. 语文学刊（外语教育教学）, 2015（6）: 135–136.

[142] 徐国庆. 确立职业教育的类型属性是现代职业教育体系建设的根本需要 [J]. 华东师范大学学报（教育科学版）, 2020（1）: 1–11.

[143] 徐国庆. 新职业主义时代职业知识的存在范式 [J]. 职教论坛, 2013（21）: 4–11.

[144] 徐国庆. 职业教育课程、教学与教师 [M]. 上海: 上海教育出版社, 2020.

[145] 徐国庆. 职业教育原理 [M]. 上海: 上海教育出版社, 2007.

[146] 徐国庆. 职业能力的本质及其学习模式 [J]. 职教通讯, 2007（1）: 24–28, 36.

[147] 徐国庆. 智能化时代职业教育人才培养模式的根本转型 [J]. 教育研究, 2016, 37（3）: 72–78.

[148] 徐赞.包豪斯设计基础教育的启示——包豪斯与中国现代设计基础教育的比较分析 [D]. 上海：同济大学，2006.

[149] 许峰.关于人的适应性培养的社会心理分析 [J]. 教育研究与实验，2000（6）：36-40.

[150] 宣琪，陈磊.漫步"云"端智慧"实训"——基于"互联网+"的电子"云实训"系统开发与实践 [J]. 中国教育信息化，2015（20）：80-83.

[151] 闫飞.我国高技能人才的现状分析及对策研究 [D]. 天津：天津大学，2009.

[152] 严雪怡，张振元，杨金土.关于技能问题的对话 [J]. 职业技术教育，2011，32（9）：66-71.

[153] 杨大伟.技能的形成方式与学徒制 [J]. 职业教育研究，2019（3）：1.

[154] 杨金土，孟广平，严雪怡，等.对技术、技术型人才和技术教育的再认识 [J]. 职业技术教育，2002，23（22）：5-10.

[155] 杨进.工业 4.0 对工作世界的影响和教育变革的呼唤 [J]. 教育研究，2020，41（2）：124-132.

[156] 杨玲燕.职业教育转型发展下人才培养的现实问题与改进路径 [J]. 铜陵职业技术学院学报.2021，20（2）：1-5.

[157] 杨佩昌.德国：技术工人从学徒开始培养起 [J]. 工友，2014（1）：12.

[158] 杨文杰，祁占勇.法国职业教育制度的发展历程、基本特征及启示 [J]. 教育与职业，2018（3）：30-36.

[159] 杨运鑫，罗频频，陈鹏.职业教育产教深度融合机制创新研究 [J]. 职业技术教育，2014（4）：39-43.

[160] 姚梅林，邓泽民，王泽荣.职业教育中学习心理规律的应用偏差 [J]. 教育研究，2008（6）：59-65.

[161] 于志晶，程江平，荣国丞.浙江中职课改：省域推动的实践逻辑 [J]. 职业技术教育.2014，35（36）：10-20.

[162] 于志晶，刘海，岳金凤，等.中国制造 2025 与技术技能人才培养 [J].

职业技术教育，2015，36（21）：10–24.

[163] 余祖光.发达国家技能形成制度的理论与案例分析——基于政治经济学的视角 [J]. 教育与职业，2020，4（20）：14–23.

[164] 俞浩奇，张文清."四课堂三机制"培养地方菜肴创新型传承人实践探索 [J]. 职业教育（下旬版），2019（1）：27–36.

[165] 俞佳飞.省域层面中职专业选择性课改指导性实施方案的解读与思考——以浙江省为例 [J]. 职业技术教育，2019，40（8）：36–39.

[166] 袁维新.国外关于问题解决的研究及其教学意义 [J]. 心理科学，2011，34（3）：636–641.

[167] 岳晓东，龚放.创新思维的形成与创新人才的培养 [J]. 教育研究，1999（10）：9–16.

[168] 泽良.浅谈"黑箱"方法 [J]. 学术研究，1985（1）：56–58.

[169] 祖任平.锻造中国制造中国创造的技能人才力量——我国技能人才工作述评 [N/OL]. 中国组织人事报，2021–06–30[2021–08–29].https://article.xuexi.cn/articles/index.html?art_id=777365133375046937&item_id=777365133375046937&reedit_timestamp=1625062253000&to_audit_timestamp=2021–06–30%2022%3A10%3A53&study_style_id=feeds_default&t=1625511600742&showmenu=false&ref_read_id=86e9dc6b–0791–411a–8f17–76027c4fa85e_1665047085457&pid=&ptype=–1&source=share&share_to=wx_single.2021–06–30.

[170] 张斌贤，王晨.外国教育史 [M]. 北京：教育科学出版社，2015.

[171] 张弛，张磊.中国智造视域下高技能人才职业素质模型与"1+X"育训协同体系构建 [J]. 教育与职业，2019（20）：35–42.

[172] 张德成，梁甘冷.大职教理念下的中职学校人才培养 4.0 模式研究 [M]. 北京：现代出版社，2021.

[173] 张贵新.对教师专业化的理念、现实与未来的探讨 [J]. 外国教育研究，2002，29（2）：50–55.

[174] 张国方，仲爱萍.基于"精准供给"的校企"六协同"人才培养模式实践研究 [J].中国职业技术教育，2016（22）：44–48.

[175] 张华.论核心素养的内涵 [J].全球教育展望，2016，45（4）：10–24.

[176] 张金学，宋春莲.创建"能力超市"实训基地培养高技能人才 [J].天津职业大学学报，2005，14（1）：19–21.

[177] 张金英.多样化人才培养路径让中职"香"起来 [N].光明日报，2018–11–08（14）.

[178] 张军侠，潘菊素.高职院校分类培养多样成才问题及解决路径 [J].中国高教研究，2015（4）：99–102.

[179] 张鹏飞.试析格莱斯合作原则在交际中的局限性 [J].农家参谋，2019（21）：207.

[180] 张学英，朱轩，康璐.中国劳动者技能形成的历史逻辑及演进趋势 [J].职业技术教育，2020（1）：59–66.

[181] 章翱.天津铜艺发展现状及技能传承研究 [D].天津：天津职业技术师范大学，2018.

[182] 赵蒙成.高职扩招背景下中等职业学校转型发展的教育立场 [J].职教论坛，2020，36（5）：14–21.

[183] 赵志群.职业成长的逻辑发展规律 [J].职教论坛，2008（16）：1.

[184] 郑俊乾.技能训练方法简介 [J].中国职业技术教育，2005（15）：47–49.

[185] 中国人民大学国家发展与战略研究院.灵工时代：抖音平台促进就业研究报告 [R/OL].（2020–09–03）[2021–08–03].http://nads.ruc.edu.cn/docs/2020–09/e45e512c133f40aca56c0cf3d4573b90.pdf.

[186] 中国职工教育和职业培训协会.技能大师工作室建设指南 [M].北京：中国劳动社会保障出版社，2013.

[187] 周洪宇.第三次工业革命给人类社会带来什么 [J].教育研究与实验，2013（2）：1–5.

[188] 周莲英.《马克思主义基本原理概论》教学话语体系创新研究 [J]. 课程教育研究，2017（40）：12-13.

[189] 周子勋. 中国技能事业迎来新的历史契机 [N]. 中国经济时报，2021-11-12（002）.

[190] 朱建柳. 高职院校专业规范与特色建设实践与探索——以上海交通职业技术学院汽车技术服务与营销专业建设为例 [J]. 社会科学家，2012（S1）：156-157.

[191] 朱建柳. 基于课程衔接视角的中高职贯通人才培养设计与实践——以汽车服务与营销专业为例 [J]. 教育发展研究，2017，37（5）：59-63.

[192] 朱军，张文忠. 敏捷理念下的职业技能教学模式创新探究 [J]. 职教论坛，2021，37（8）：83-87.

[193] 朱永文. 欧盟职业技能失配治理举措及启示 [J]. 成人教育，2021，41（7）：78-82.

[194] 祝振宇，陈冰红，黄林伟. 基于教学平台的项目式教学评价体系构建 [J]. 计算机教育，2019（7）：75-78，83.

[195] 庄西真. 技能人才成长的二元时空交融理论 [J]. 职教论坛，2017（34）：20-25.

[196] European Union. European skills agenda for sustainable competitiveness, social fairness and resilience[EB/OL].（2020-07-08）[2021-09-09]. https://ec.europa.eu/social/BlobServlet?docId=22832&langId=en.

[197] International Labour Organization. Anticipating and matching skills and jobs: Guidance note[EB/OL].（2015-11-05）[2021-09-08].https://www.ilo.org/skills/areas/skills-training-fo –poverty-reduction/WCMS_534307/lang--en/index.htm.

[198] OECD.OECD future of education and skills 2030 conceptual Learning Framework–OECD Learning Compass 2030[EB/OL].（2019-08-01）[2019-11-19].http://www.oecd.org/education/2030-project/teaching-and-

learning/learning/learning-compass-2030/.

[199] OECD.OECD Learning Compass 2030[EB/OL].（2020-03-10）[2021-08-28]. https://www.oecd.org/education/2030-project/teaching-and-learning/learning/.

[200] OECD.OECD Skills Strategy 2019: Skills to Shape a Better Future[EB/OL].（2019-09-07）[2021-08-30].https://www.oecd.org/skills/oecd-skills-strategy-2019-9789264313835-en.html.

[201] Sanderson M. Education，Economic Change，and Society in England，1780-1870[M].London: Macmillan Press，1983.

[202] UNESCO-UNEVOC. Virtual conference on inclusive TVET[R].Bonn: UNESCO-UNEVOC，2019.

[203] World Bank. Learning for all: Investing in people's knowledge and skills to promote development[R]. Washington DC: World Bank，2011.

[204] World Bank. The STEP Skills Measurement Program[EB/OL].（2019-02-13）[2021-08-30].http:// microdata.worldbank.org/index.php/catalog/step/about.

[205] World Bank. TVET systems'response to COVID-19: Challenges and opportunities [R/OL].（2020-05-14）[2021-08-30]. https:// openknowledge.worldbank.org/bitstream/ handle/10986/33759/TVET-Systems-response-to- COVID-19-Challenges-and-Opportunities. pdf?sequence =1&isAllowed=y.

后　记

付梓成书，当然喜不自胜。本书是我和团队在从事多年职业教育工作后的一次总结和梳理，是基于浙江省三次中职课改的实践，以技能演变为线索，探讨职业教育课程改革的时代动因和逻辑理路。

职业教育是一个宏大的理论命题和实践命题，以"技能"为一个审视切口，是因为职业教育的本质追求就是培养高素质技术技能人才，而在当下，我国要建设重视技能、崇尚技能、学习技能、拥有技能的技能型社会，关于"技能"的讨论就显得尤为迫切和重要。

浙江省一直是教育改革的先行地，近二十年来，聚焦中等职业教育，先后不间断地进行了三轮次、全省域的课程改革。从2006年发端的中等职业教育专业课程改革，到2014年实行中职学校选择性课程改革，再到2021年全面推行中高职一体化课程改革，课改的脚步从未停歇。

我想，工作"被动"与"主动"，改革是在时代洪流中"跟着跑"还是摸清时代脉搏后"领着走"，产生差距的关键原因在于是否有系统的理性思考，是否仅仅将实践停留在经验的层面。正因如此，我们系统回顾和梳理了三次课程改革，发现在经济社会不同的发展阶段，对技能人才的要求呈现出不同特点，而我们的课程改革则生动回应着技能变迁的时代需求。例如，专业课程改革回应当时社会对纵向技能提升的需求，选择性课程改革呼应横向技能的重要价值，而当下如火如荼推进的中高职一体化课程改革则是对纵横交错的技能需求的积极写照。遵循技能的演进规律，职业教育课程改革发生着相应的变化，我希望能借助这次研究，寻找职业教育课程改革的逻辑线索，也尝试为职业教育改革寻找一种新的、突破教育学视域的立场。

本书是一本探讨"技能"与"课程改革"的专著，也可说是对浙江职业教育课程改革的记录、总结和反思，是对改革开放时代的感恩与献礼。没有伟大的时代，没有浙江务实创新的精神，没有浙江省厅领导的科学规划和政策保障、职教同仁的求索和践行、单位领导同事的努力和奉献就不可能有这本书的诞生。

本书对技能和课程改革的研究涉及面甚广，有文献梳理、案例总结、政策分析等内容，是我一人之力所不及的，感谢我团队中的杨雪临、陶婵婵、梁甘冷、陈超杰等老师，他们在繁忙的工作之余还抽出时间承担了大量的研究工作。其中杨雪临老师主要负责文献梳理和国际比较研究，陶婵婵老师主要负责纵向技能的解析研究，梁甘冷老师主要负责横向技能的解读研究，陈超杰老师主要负责政策梳理研究。

还要特别感谢浙江省教育科学研究院高等教育研究所的沈佳乐所长和杭州市教育科学研究院的洪彬彬副院长，她俩全程参与了书稿框架讨论和通稿工作。

跟这样优秀的团队一起工作和研究，我何其有幸。

我还要感谢我的女儿，正处于青春期的她敏感而多思，与她沟通的过程中也激发了我对人生目标和工作意义的重新思考，给予我著书的动力。本书的撰写过程不仅是对过去工作的总结和回顾，也是对工作方式的改变与重塑。走出了舒适区，不再是始于念头、止于交流，述而不作的工作模式。于我而言，亦是成长。

最后，还要感谢浙江大学出版社，为本书的如期出版提供指导和帮助。

是以为记。